유아사회교육의 이론과 실제

장선철 · 김수영 · 윤성운

태영출판사

머리말

초기 아동교육이 인간의 교육과정 중에 가장 중요하다고 논의되는 이론 중에서도 가장 중요한 학설은 아동의 초기경험이 장기적인 영향을 미치는 데 있다고 보는 결정적 시기(critical period)에 대한 가설이다. 결정적 시기의 의미는 “아동의 성장과 발달에 필요한 경험이나 자극이 주어지지 않거나 박탈된다면 손상된 발달의 영역을 치유하기 위한 교육적인 시도가 이 시기 이후에 주어진다 하더라도 회복되기 어려울 뿐만 아니라 어떤 것은 전혀 불가능하다.”는 것이다.

유아기는 모든 생활영역에서 기본적인 개념, 정보, 기술, 태도, 가치관을 형성해 가는 중요한 시기이다. 특히 최근에는 창의 · 인성교육을 포함한 전인교육이 강조되면서 대인관계를 중심으로 하는 사회성 발달에 관한 교육이 중요시되고 있다.
이 책은 유아교사가 유아교육의 장에서 보다 통합적이며 전인적인 유아지도를 위해서 반드시 알고 있어야 할 유치원 교육과정의 한 영역인 ‘사회생활’에 대한 여러 가지 정보를 제공하고 그 구체적인 활동 방안을 강구하고자 쓰여졌다.

제1부 이론편에서는 1장에서 제4장까지 유아사회교육의 개념 · 접근방법을 기초로 유아 행동의 사회성과 발달, 사회생활 영역의 교수-학습 활동 계획에 대한

이론적인 내용을 다루었고 제2부 활동편에서는 나를 알고 사랑하기, 가족과 함께 생활하기, 이웃과 더불어 생활하기, 사회현상에 관심 가지기에 대한 활동 실제를 다루었다.

바라기는 이 책이 개정된 제7차 유치원 교육과정을 중심으로 유아사회교육 전반에 대한 이해와 주제를 중심으로 유아사회교육 학습활동의 계획과 활동 방안 등을 실행하는데 도움이 되었으면 한다.

이 책이 나오기까지 소중한 여러 분들의 도움이 있었다. 언제나 도움을 아끼지 않으시는 태영출판사 김현태 사장님과 자기 일처럼 자료수집 및 정리, 그리고 편집하는 일에 애를 써 준 편집부 직원들께 감사를 드린다.

2011년 7월

저자 일동

차 례

제1부 이 론 편

제2부 활 동 편

제Ⅰ부

이 론 편

제1장

유아사회교육

1. 유아사회교육의 개념

1) 유아사회교육의 정의

사회는 여러 사람이 더불어 협동하며 조화롭게 살아가는 곳이다. 이런 사회의 주인공이 될 유아들에게 민주사회에서 각 개인이 만족한 구성원으로 자기의 능력을 최대한 발휘하며 동시에 자기 자신의 삶과 마찬가지로 다른 사람의 삶을 어떻게 보람있게 보호해야 하는가를 알도록 사회현상을 바르게 이해시키는 일은 매우 중요한 의미를 지닌다.

사회교육이란 한 개체가 사회생활 과정에서 접하는 여러 변인들—인간과 인간, 인간과 물리적 환경—과의 상호작용을 통하여 사회현상을 바르게 이해함으로써 사회적 적응력을 발전시키기 위해 계획된 프로그램을 말한다.

이런 의미에서 결정적 시기를 살아가는 유아를 대상으로 한 유아교육의 이상은 민주적 시민을 양성한다는 데 있게 된다. 이러한 이상을 실현하도록 돕는데 그 궁극적인 목표가 있는 사회교육은 다음과 같은 협의의 정의와 종합적인 측면에서의 정의로 구분되어진다.

(1) 협의의 정의

좁은 뜻에서의 사회교육이란 '시민정신의 전달체', '사회과학 교육의 근원', '반영적 사고의 형성원', '사회적 비판과 행동체', '개인의 인격적 성장 발달의 조성체'를 의미한다.

1 시민정신 전달체로서의 사회교육

이 정의에서는 사회교육을 통하여 유아들에게 우리의 역사와 문화적 유산의 기초를 전달해야 한다는 것을 강조한다. 이 정의는 문화적 유산을 이해함으로써 시민정신이 전세대에서 후세대로 전승되어지고, 이를 통해 책임감 있는 시민이 길러진다는 것을 강조한다.

2 사회과학 교육 근원으로서의 사회교육

사회교육의 학습 내용과 방법이 사회과학에서 추출되어야 한다고 믿는 현실주의자와 실증주의자들이 주장하는 입장이다. 효율적 시민은 사회과학의 기본 개념을 이해할 뿐 아니라 논쟁점이나 문제를 해결하기 위해서 사회과학에서 유출된 방법을 사용한다.

3 반영적 사고 형성원으로서의 사회교육

이 정의는 사회교육의 목적이 사고와 의사결정 능력을 개발시켜 준다고 믿는 실용주의자들에 의해 강조되어졌다. 효율적 시민은 의사 결정의 모델과 과정을 사용하여 문제와 쟁점을 해결할 수 있기 때문에 이와 같은 능력을 길러주는 데 이 정의의 주안점이 있다.

4 사회적 비판과 행동체로서의 사회교육

사회교육의 목적이 사회를 발전시키기 위해 필요한 지식과 기술을 발달시키는 것이라고 믿는 재구성 심리학자들이 강조하는 이 정의에서는 사회교육을 통하여 사회적 비판과 그 비판을 기저로 행동할 수 있는 인간의 육성이라는 데 주안점을 두고 있다.

5 개인의 인격적 성장발달 조성체로서의 사회교육

이 정의에서는 사회교육 프로그램이 유아 중심적이며, 사회교육 프로그램을 통해 유아의 전인적 성장 발달을 꾀해야 한다는 것을 주장하는 진보주의나 실존주의자들이 강조하는 입장을 지지한다. 따라서 이 입장에서는 자아 이해와 자기 지시가 책임감 있는 시민 형성에 매우 중요하다고 믿는다.

이상에서 살펴본 사회교육에 대한 협의의 정의에 있어 처음 두 정의는 '민주시민 육성'을 위한 내용면을 강조하고, 그 다음 두 정의는 '사회 조건 변화 · 문제들을 다루는 데 필요한 능력'을 강조하고, 마지막 정의는 '개인의 최적의 발달'을 강조하고 있다. 그런데 이들 정의는 각각 장점을 가지고 있다. 왜냐하면 모든 사회교육 프로그램에서는 문화적 유산 측면을 가르치며, 사회교육의 내용과 방법은 사회과학에서 추출되며, 효율적이며 현대적인 프로그램에서는 항상 유아의 사고 과정과 의사 결정 능력 발달을 위해 노력하기 때문이다. 또한 사회적 비판력과 행동은 규칙 준수나 다른 활동에서도 고려되는 문제이다. 나아가 개별적 발전 속에서 이루어지게 된다.

따라서 위에서 제시된 어느 한 가지 강조점에 의해 사회교육을 정의하는 것은 바람직하지가 않다고 하겠다.

(2) 종합적 정의

사회교육을 인간과 인간의 주변, 사회적 · 물리적인 관계에 중점을 두어 종합적인 관점에서 고찰하여 보면 [그림 1 - 1]과 같이 요약된다.

[그림 1 - 1]의 내용에서와 같이 종합적인 관점에서의 사회교육 프로그램은 유아교육에 있어 가장 중요한 사람들간의 관계에 대한 연구를 포함한다. 사회교육은 특히 사람과 사람, 사람과 물리적 환경의 상호작용에 강조를 둔다. 사회교육에서는 사람과 지구, 사람과 기관, 사람과 가치 체제에 대해 탐색한다. 사회교육 주체나 사회교육 연구 방법을 포함하는 사회교육 내용은 사회과학이나 선택과 주제, 문제 연구에 필요한 다른 자료에서 유출된다.

사회교육에 대한 종합적인 관점에서의 모든 프로그램은 지적 · 개인적 · 사회적 측면을 모두 포함하게 된다. 즉, 지적 측면에서는 사고의 도구가 되는 사고과정과 개념, 주제, 일반화 과정을, 개인적 측면에서는 유아가 지니고 있는 개념, 가치관, 학습방법, 경험의 배경 등을, 사회적 측면에서는 유아들간의 상호작용을 포함한다. 따라서 이 프로그램에서는 유아가 인간 관계에 대해서 생각하고 유치원, 학교, 지역사회 활동에 참여함으로써 스스로 상호작용의 과정을 발견할 수 있게 된다.

문화적 · 시간적 그리고 공간적 측면도 중요하다. 문화적 측면은 사람들과 생활하는 다양한 방법을 포함하고, 시간적 측면은 과거 현재 · 미래를 포함하게 되는데 여기서의 강조 측면은 언제나 유아의 성숙도에 따라 달라지게 된다. 공간적 측면은 유아가 특수영역에 대해 연구하고 거리와 영역 관계를 명확히 하는 것을 학습할 때 중요하게 작용되어진다.

책임감 있는 시민을 기르기 위해서는 단계적 프로그램을 제공하는 것이 필요하다. 이웃과 지역사회에서 국가, 그리고 다른 나라와 그곳 사람들에 이르는 다양한 집단의 문화적 배경에 대한 비교 연구도 제시되어져야 한다.

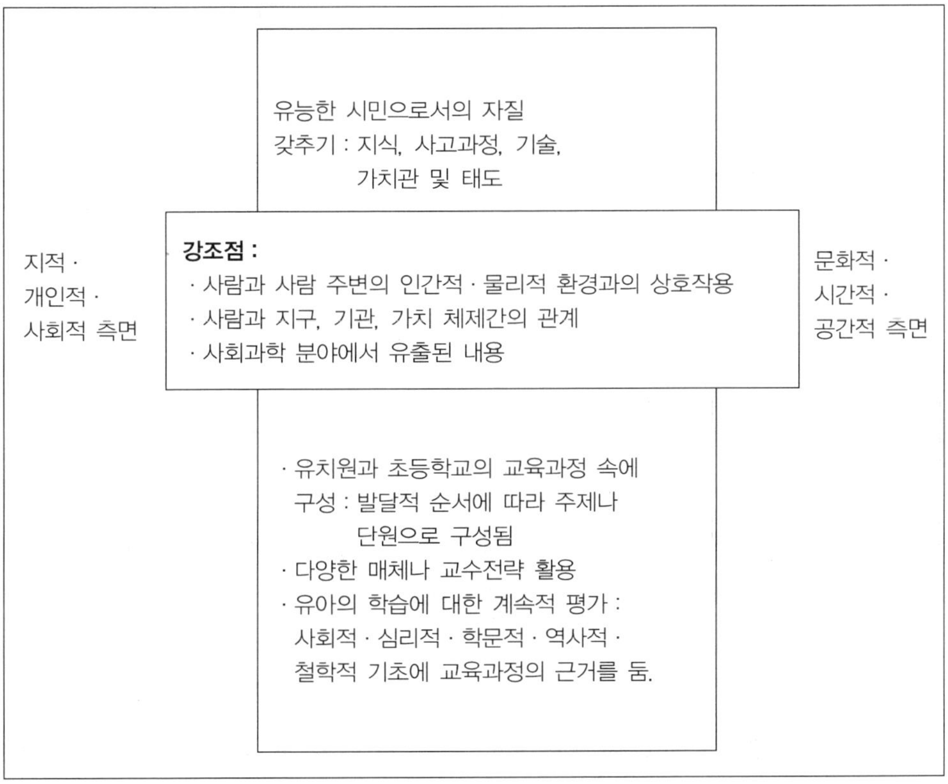

[그림 1-1] 종합적인 관점에서의 사회교육

사회교육 프로그램은 사회적 · 심리적 · 학문적 · 역사적 · 철학적 기초 등에 근거를 두고 있다. 프로그램의 계획 · 개발 · 평가에 유용한 아이디어나 아이디어의 적응 등은 이러한 기초에서 시작되어진다.

사회적 기초로부터 민주적 시민으로 개발하기 위한 프로그램 계획에서 고려되는 가치관, 지역적 요구 등을 끌어낼 수 있으며, 심리적 기초로부터는 학습과 발달과정이 발견될 수 있고 교육과정과 교수계획에의 적용 전략이 세워질 수 있다.

학문적 기초가 되는 과학이나 다른 분야로부터는 개념, 일반화 그리고 단원 또는 주제 전개와 관련된 탐구방법의 계획을 세울 수 있다. 역사적 기초로부터는 전통, 목표, 조직의 형태, 내용, 과거에서부터 사용되었던 과정 등을 끌어낼 수 있다. 철학적 기초로부터는 견해 · 가치관 · 목적 그리고 프로그램의 계획 교수 평가를 안내하는 목표가 세워질 수 있다.

이런 관점에서 유아사회교육은 다음과 같이 정의내릴 수 있다.

> "유아사회교육은 유아의 사회화 과정을 도와주기 위해 필요한 보다 적극적인 사회행동의 기술과, 유아기의 문제해결에 필요한 사회과학 분야의 지식 및 유아 주변의 사회적 문제와 제반 사회과학 개념 등을 유아에게 적용, 경험시켜 주는 교육 프로그램이다."

2) 유아사회교육의 목적과 지침

(1) 유아사회교육의 목적

사회교육의 궁극적 목적은 책임감 있는 민주시민을 양성하자는 데 있다. 이의 실현을 위한 목적 진술은 크게 지식, 사고과정, 기술, 태도와 가치관과 행동양식이란 4개의 기본 카테고리로 분류된다(Michaelies, 1980).

1 지 식

지식이란 민주시민으로서 요구되는 정보, 개념, 이해, 주된 아이디어, 그리고 일반화에 강조를 두는 카테고리인데, 유아를 위한 사회교육은 개념과 일반화에 중점이 주어진다.

정보는 실재적 내용을 의미하는데 현대 사회교육 프로그램에서는 사실적 내용을 강조한다. 그러나 사실에 대한 언어적 습득이 최종적 목표가 아니라 오히려 의미발달에 있어서 사실에 대한 기능적 역할에 강조를 둔다.

개념은 지각한 것에 의미를 부여하기 위하여 변별 · 통합한 추상적인 것이다. 개념은 분석과 비교를 통해 이루어진 추론이다. 개념의 습득은 적절한 경험을 가지게 되는 시간을 필요로 한다. 유아의 경험이 넓어지고 추상화되어지는 과정에 대해 보다 원숙해지면 개념의 범위가 확대되고 보다 깊이 있게 된다.

이해는 정보 개념 · 일반화의 학습을 포함한다.

일반화는 개념들간의 추상적 관계이다. 일반화는 형식적인 단어들을 기억하는 것으로 습득되지 않는다. 일반화는 관계를 명백하게 이루는 문제해결의 소산이다.

지식 측면에서 다루는 개념과 일반화의 예는 다음과 같다.

- 사람들은 가정 · 이웃 · 국가 속에서 어떻게 기본 욕구를 충족시키며 서로 상호 의존하며 사는가.
- 지역사회, 국가의 역사 · 지리 및 경제적 · 정치적 · 입법적 체계.
- 세계 다른 지역의 문화와 우리 문화와의 관계 및 생활방식의 공통점과 차이점.
- 환경 · 에너지 · 남녀평등 · 직업교육 · 가치교육 등과 같은 사회적 관심이 되는 주제나 문제들
- 교통 · 통신 · 생산 · 분배 · 소비 · 보존 · 정부 · 교육 · 오락 · 종교 · 심미적 표현 등과 같은 사회적 기능에 대한 지식

2 사고과정

사고과정은 인지과정, 탐구과정 또는 지적 능력이나 과정으로 생각할 수 있다. 이 카테고리는 비판적 · 창조적 사고과정이나 문제해결력, 의사결정 능력, 그리고 이러한 과정이나 능력에 포함된 특수과정의 모델을 활용할 수 있는 능력의 발달에 중점을 둔다.

이 영역의 주된 목적은 다음과 같다.

- 비판적 사고의 신장 : 평가 또는 비판하기 위한 목적이나 활동을 확인하고, 평가할 기준을 명료히 하고, 관계되는 정보를 분류하고, 해석하며 기준을 적용하여 최종 판단을 내리게 한다.
- 창조적 사고력의 신장 : 창조적 활동의 핵심을 명료히 하고, 새로운 방법으로 표현하려는 요소를 확인하고, 제시 형태들을 탐색 · 비교해 보고, 새로운 방법으로 요소들을 종합하게 한다.
- 문제해결 능력의 함양 : 문제에 대한 정의를 내리고, 가설이나 가능한 해결책을 진술하기 위하여 주변 자료를 분석하고, 가설이나 해결책을 테스트하기 위한 새로운 증거를 수집 · 해석하고, 결론을 내리게 한다.
- 의사결정 능력의 신장 : 내려질 결정 사항을 분명히 정의하고, 다른 해결책을

밝히고, 다른 결정이나 결정 후의 결과를 예측해 보고, 여러 사항들 중 한 가지를 설정하여 실천에 옮기고, 행동을 평가해 보는 과정을 반복해 보게 한다.

- 관찰, 기억, 해설, 비교, 분류, 일반화, 추정, 가설 설정, 예측, 분석, 종합, 평가 등을 제시하여 위에서 포함되었던 전 과정을 전개할 수 있는 힘의 배양.
- 사고과정을 적용하는 능력의 신장.

3 기 술

유아가 사회교육과 관련된 어휘, 개념, 다양한 제시형태나 자료에 접할 때 적용하며 또한 지식과 사고과정이 심화되고 보다 정교하게 될 수 있도록 하기 위해서는 읽기 기술과 같은 언어 기술이 발달되어져야 한다. 또한 참여 기술도 강조되어야 하는데 참여 기술은 유아가 그룹활동에 참여함에 따라 발달되어지게 된다.

사회교육 영역에 속하는 기술 중에는 지도 사용 기술, 시간과 영역 해석 능력, 지도나 모델 만들기 기술 등이 포함된다.

이 영역의 주된 목적은 다음과 같다.

- 기본 아이디어 발견하기, 감각적 인상 형성하기, 핵심을 증명하기, 활동의 방향에 유의하기, 결과 예측하기 등과 같은 목표를 달성하기 위하여 읽기 능력을 적용할 수 있는 능력의 신장.
- 책이나 다른 자료에서 발견한 정보의 위치를 지적하고, 정보를 수집하고 평가하며, 구성하는 능력 등을 포함하는 연구기술을 적용하고 발전시키기.
- 대 · 소그룹에서 작업하고, 아이디어와 자료를 나누고, 다른 사람을 존중하고, 역할 담당 활동에 참여하기, 토의에 참여하기, 회의를 주관하고 인도자와 추종자의 역할을 맡으며, 그룹 결정을 내리고 따르는 능력 등을 포함하는 참여 기술 발달시키기.
- 지도나 지구의(地球儀)를 해석할 수 있는 능력과 차트 읽기 자료에 제시된 시간과 연대, 그림, 차트, 도해 자료, 도표, 그래프, 만화 자료 등을 해석할 수 있는 능력의 신장.
- 지도, 벽화, 모델, 차트, 그래프 등을 만들 수 있는 능력의 신장.

4 태도 · 가치관과 행동 양식의 발달

태도 · 가치관과 행동 양식의 발달이란 민주 시민으로서 갖춰야 할 본질적인 민주적 생각과 행동을 증진시키는 데에 목적이 있다. 따라서 이 영역에서는 자기 또래 및 이웃에 대해 긍정적인 태도 가지기, 우리생활에 개별적 · 집단적으로 현재 또는 과거에 공헌한 사람들에 대한 감사한 마음 가지기 등이 강조된다.

이 영역의 주된 목적은 다음과 같다.

- 교육기관 내외에서 접하는 다양한 사람들, 집단, 문화에 대해 긍정적인 태도 가지기.
- 개별적 · 사회적 가치관을 명확히 할 수 있는 제 능력, 정의된 가치 기준 내에서 문제 분석하기, 도덕적 추리 과정에 참여하기, 의사결정이나 행동 착수에 참여하기와 같은 일련의 가치관 형성 과정 발달시키기.
- 인간의 존엄성, 개인의 권리, 자유, 재산, 법의 공정성 및 동등권, 일반적 복지, 문제해결에 지식을 사용할 수 있는 능력에 대한 신념을 가지고 동의하기, 다른 사람의 견해나 권리 및 그들에 대한 책임감, 다른 사람에 관심가지기, 창조성, 협동심 등을 포함하는 우리 사회의 종합적 가치관과 민주적 행동 관련 양상을 이해하고 인정하는 태도 발달시키기.

한편, J. Schickedanz를 비롯한 여러 학자들(1983)은 유아기에 초점을 두어 사회교육의 목적을 다음과 같은 4가지로 진술하고 있다.

① 자기와 자기 가족에 대한 이해의 증진
② 인간과 사회에 대한 지식과 이해의 발달
③ 사회생활에서 기능을 원활하게 발휘할 수 있는 기술의 발달
④ 가치관과 태도의 바른 형성

이와 같은 목표들은 일반적으로 다음과 같은 내용을 포함한다(이은화 외, 1998).

① 일상생활에 필요한 개인 및 가정의 예절과 규범을 알고 실천할 수 있는 태도와 습관을 기른다(신체적 욕구조절, 자기물건 간수하기, 규칙적 생활습관 등).
② 집단생활에 필요한 질서를 지키며 참여하고 생활하는 태도를 기른다.

③ 타인의 감정, 권리를 존중하고 타인의 견해를 받아들여 탈중심화와 협동심을 갖는다. 특히 탈중심화는 조망수용적 사고(perspective thinking), 역할수행(role taking), 감정이입(empathy) 등으로 접근된다.

④ 도덕적 개념을 이해하고 관심을 가지며 도덕적 태도로 행동하게 한다(가치를 생각할 수 있는 기회를 충분히 주거나 갈등상황 제공이 포함된다).

⑤ 유아 자신에 맞는 성역할 개념 및 행동을 습득한다.

⑥ 사회 구성원으로서 직업의식 이해, 직업에 대한 태도를 기른다.

⑦ 민주국민으로서 애국심과 국가관을 기른다.

(2) 유아사회교육의 지침

NCSS는 사회과 교육과정의 지침을 다음과 같이 제시하고 있다. 이 지침은 9개의 주항목과 60여 개의 소항목으로 구성되어 있으며 그 내용은 다음과 같이 프로그램 전반에 걸친 지침으로 활용될 수 있다(NCSS, 1990 : 이은화, 앞의 책에서 재인용).

① 사회과 프로그램은 아동의 연령, 성숙도, 관심사와 직접적으로 관련되는 것이어야 한다.

② 사회과 프로그램은 실제의 세계를 다루어야 한다.

③ 사회과 프로그램은 인간경험, 문화, 신념에 근거한 최신의 가치 있는 지식에 기초해야 한다.

④ 목표는 신중히 선택되어야 하고 제시된 프로그램의 방향에 따라 분명히 진술되어야 한다.

⑤ 아동은 학습과정에 직접적이고 적극적으로 참여해야 한다.

⑥ 학습지도 활동의 전략은 광범위한 학습 자원에 기초해야 한다.

⑦ 사회과 프로그램은 경험의 조직을 촉진시켜야 한다.

⑧ 평가는 프로그램의 목표에 대해 유용하고 체계적이고 종합적이고 명백한 것이어야 한다.

⑨ 사회과 교육은 학교 프로그램의 생동감있고 책임있는 부분으로서 전적인 지지를 받아야 한다.

2. 유아사회교육의 접근방법

유아사회교육의 접근방법으로서는 등심원적 접근과 나선형적 접근방법, 그리고 아동발달 · 학문 · 과정중심 접근방법이 있다.

1) 등심원적 접근과 나선형적 접근방법

(1) 등심원적 접근방법

등심원적 접근방법은 사회교육의 접근 및 전개 방법으로 유아의 생활 주변세계에서 시작하여 시간과 공간적으로 유아와 원거리에 있는 내용들은 유아가 연령적으로 성장한 후에 다루어져야 한다는 것을 강조한다.

따라서 등심원적 접근방법에서는 유아 자신과 가족을 중심으로 시작하여 점차 이웃, 지역사회, 국가, 세계 여러 나라로 넓혀 사회교육 내용을 전개한다.

유아의 제한된 경험과 자기 중심성으로 인해 구체적이며 가까운 환경에서 접한 기본 사회적 개념 이해를 기저로 하여 그 기본적인 개념이 점차 주변 세계로 확대되어져야 한다는 생각에서 나온 접근방법이 바로 등심원적 접근방법이다.

(2) 나선형적 접근방법

나선형적 접근방법에서는 유치원에서 초등학교에 이르기까지 다루어지는 사회교육의 내용들이 하나의 중핵적인 주제를 중심으로 구성하여 다루어지게 된다. 이 때 다루어지는 기본 주제들은 반복해서 다루어지게 되며 학년이 높아질수록 같은 주제에서 다루어지는 폭을 넓혀가게 된다.

나선형적 접근방법은 유치원에서 다루어진 가정에서의 상호의존에 대한 이해가 초등학교 1학년에서 보다 발달된 단계로 포함이 되고 그 다음의 계속적 학습 수준에 그 전 단계의 이해가 포함된다는 것을 제안해 주고 있다.

나선형적 접근방법은 J. S. Bruner에 의하여 처음 주장되었으며 사회교육 측면에서는 H. Taba에 의해 보다 구체화되었다.

H. Taba(1971)는 주된 개념의 나선형적 발달이 이루어짐에 따라 점차적으로 개념의 일반화 · 복잡성 · 추상성이 더해져서 상위 수준에 도달하게 됨을 시사하였다.

H. Walsh(1980)는 3, 4 · 5, 6 · 7세 사이의 유아기 사회교육의 개념 발달이 나선형적 형태로 이루어지고 있음을 다음과 같이 설명하고 있다. 한 가지 예로써 나에 대한 개념의 나선형적 발달을 연령의 증가에 따라 연상학습 측면에서만 살펴보면 〈표 1 - 1〉과 같다.

표 1-1 **나에 대한 개념의 나선형적 발달**

3세 유아	4~5세 유아	6~7세 유아
· 나는 사람이다. · 이 세상 사람들은 모두 다르다. · 나는 이 세상에서 하나밖에 없는 사람이다.	· 우리는 모두 자기 자신에 대해 좋은 생각을 가질 수 있다. · 우리는 누구나 가치가 있는 사람이다.	· 사람은 각자 자기에게 중요한 가치가 무엇인지를 알아야 한다. · 우리는 다른 사람과 생각을 나누어 봄으로써 가치를 학습할 수 있다. · 각 개인은 자기 자신의 가치관을 선택할 권리가 있다. 그러나 그 선택의 결과에 대하여 숙고하여야 한다.

〈표 1 - 1〉에서와 같이 '나'라는 개념은 연령의 증가에 따라 반복해서 다루어지나 점차 추상화된 개념으로 확산되어진다. 이와 같은 나선형적 접근 방법은 모든 다른 개념 발달에도 적용될 수 있다.

2) 아동발달 · 과정중심 접근방법

(1) 아동발달 중심 접근방법

1920년 Hall의 질문지법이나 Gesell의 표준행동목록 등의 발달적 관점이 대두된 이래 Dewey, Freud에 많은 영향을 받아 사회적 상호작용이 중시되었다. 내용 선택에 관심이 있기보다는 아동의 요구에 중점을 두므로 문제 행동의 원인을 찾아 해결하는 데 관심을 갖는다. 따라서 극화놀이, 블록 쌓기, 미술, 음률활동 등을 통한 문제해결 접근이 강조된다.

(2) 과정중심 접근방법

아동발달 심리학에 근접하며 학습방법이나 과정이 중요하다고 생각하는 입장이다. 각 영역과 다양한 성장을 어떻게 연결하느냐 하는 데 관심을 두므로 아동이 '어떻게 생각하는가'라는 방법과 논리적 사고과정을 중시한다. Piaget의 영향을 받아 신체적 활동과 구체적 활동을 통한 개념 습득을 강조하므로 사회교육 활동은 사물과의 구체적 경험에서 형식적 경험으로 전개되어야 한다. 과정중심 접근방법에서는 발달수준을 고려하고 배경, 흥미, 욕구에 기초해야 하며 아동이 조작을 통하여 개념적 접근에 참여하도록 하는 데 관심을 두고 있으므로 '무엇을 가르칠 것인가' 보다는 '어떻게 가르칠 것인가'가 중요하다.

3. 유아사회교육의 내용

사회교육의 범위(scope)와 계열(sequence)에 대해 전미사회교육위원회(NCSS Ad Hoc Committee)는 프로그램의 목적과 원리진술에서부터 민주적 신념과 가치, 능동적 학습과 사회적 상호작용, 문화적 유산의 지식과 감상, 다양성에 대한 지식과 감상, 자아존중감, 역사와 사회과학의 개념 등을 포함한 24가지 기준을 제시하였다. 이러한 기준들은 사회과의 범위와 계열에 대한 계획을 포함하여 다음과 같은 세 가지 차원을 설명하고 있다(NCSS, 1990).

① 역사성, 사회과학 분야
② 지역, 국가, 세계적 환경에서의 우리 사회의 요구들
③ 아동의 욕구, 관심, 발달적 특징

사회교육의 내용과 범위는 상당히 광범위하다. 관점에 따라서는 사회화를 강조하여 모델링 효과와 감정이입 및 역할수행에 중점을 둔 학자들도 있으며 Smith(1982)와 같은 사람은 사회교육을 개인적 발달(신체와 감각적 인식, 정서와 감정이입)과 사회적 발달(우정과 유대관계, 갈등과 협동, 애정과 친절)로 설명하였다. 한편 Pagano(1978)는 사회교육이 사회과학분야의 구조와 내용을 중심으로 계획되는 유아교육 교수-학습과정의 기초적이고도 필수적인 영역으로서 모든 교육과정의 중핵이 되어야 할 것을 강조하고 있다.

사회과학의 접근방법을 통한 사회화는 여러 학자들에 의해 주장되어 왔으며, 유아사회교육은 시민정신의 전달을 주된 목표로 태도, 지식 및 기술을 습득하는 사회과학적 접근과 사회적 맥락에서 의사결정 과정을 습득하는 반성적 탐구를 포함한다(Wolf, 1978).

따라서 유아사회교육이라는 의미는 유아를 위한 기초생활훈련이나 발달 에 있어 사회성 발달이나 사회교육만을 의미하는 것은 아니다. '사회화'와 '사회과교육'에 대한 논란으로 혼동이 있기는 하지만 대체로 ① 사회화 : 기초생활훈련과 주로 사회 · 정서적 발달, ② 사회과 교육 : 사회과학의 기본개념(역사 · 지리 · 경제 등)을 포함하는 경향이다(이은화 외, 1998).

일반적으로 유아사회교육의 내용은 사회교육의 목표와 관련지어 크게 자기와 가족에 대한 이해, 인간과 사회에 대한 지식과 이해의 발달, 가치관 형성 및 풍습과 전통에 대한 이해, 사회적 기술 등으로 요약이 된다.

1) 자기와 가족에 대한 이해

자기와 가족에 대한 이해를 증진시키기 위하여 유아사회교육에서 다뤄져야 할

구체적인 내용은 자기에 대한 이해와 바람직한 감정 표현방법, 개인의 가치 및 존엄성, 가정과 가계의 이해 등이다.

(1) 자기 자신에 대한 이해

유아의 자아개념 형성은 성인의 반응과 행동에 의하여 영향을 받는다. 특히 유아들은 자신이 판단하는 자신에 대한 성인의 생각에 의해 많은 영향을 받는다. 부모뿐만 아니라 교사도 유아의 자아 개념에 중요한 작용을 한다.

유아의 행동에 대한 교사의 기대는 유아의 자아 개념 형성에 큰 역할을 한다. 유아는 한 개체로서 다른 사람들과 신체적 특성면에서 공통적인 점도 있지만 개인 특유의 특성을 지니고 있다. 유아는 자신의 신체적 특징의 차이를 잘 이해하고 보다 깊이있게 인식하게 됨에 따라 다른 사람의 특성도 공감하게 된다.

(2) 바람직한 방법으로 감정 표현하기

즐거움, 슬픔, 화남, 좌절, 무력감들은 생의 전 과정을 통하여 계속적으로 경험하는 느낌들이다. 유아 역시 자기에게 주어진 상황 속에서 여러 가지 형태의 느낌이나 감정을 갖게 되는데 유아교사나 부모는 유아가 자신의 감정을 보다 건설적이며 긍정적으로 표현할 수 있도록 도와 주어야 한다.

(3) 개인의 가치 및 존엄성

자아 존중감이 발달하게 되면 유아에게는 다른 사람에 대한 존경심도 발달하게 된다. 그런데 유아는 다른 사람들이 자신의 소리에 귀를 기울이고 흥미와 즐거움을 가지고 반응해 주며, 자신의 성취에 대해 인정해 줄 때 자신에 대해 좋은 느낌을 갖게 된다. 이와 같은 자아 존중감이 형성되어야 유아는 다른 사람에게 긍정적 반응을 나타내게 되며 나아가 다른 사람에 대한 존경심도 표현할 줄 알게 된다.

(4) 가정 및 가계

가정은 사회의 기초이며, 유아의 성장 발달에 있어 최초의 사회화 기관이다.

따라서 가정의 안정은 유아가 사회의 문화적 상황에 적응하는 데 도움을 준다.

가정의 구성원으로서의 유아는 가족 구성원의 역할과 경제적 · 사회적 · 심리적 측면에서 가족 구성원간의 상호 의존성에 대해 학습하여야 한다.

유아가 자신의 가계에 접하는 경험을 갖는 것도 사회교육의 중요한 목표의 하나이다. 유아가 조상과 혈통에 대한 인식의 경험을 가진다는 것은 가장 및 가계에 대한 긍지와 존경심을 갖게 한다.

(5) 죽 음

죽음은 생의 한 실재이기 때문에 아무도 피할 수 없는 것이다. 따라서 유아에게 죽음에 대한 실재를 알리는 것을 피하려고만 하는 것은 바람직 하지 않다. 오히려 유아가 생활의 장 속에서 죽음에 대해 자연스럽게 이해할 수 있도록 도와 주어야 한다.

즉, 출생과 생활, 그리고 죽음은 모두 생의 과정이라는 것을 이해하도록 도와 주어야 한다.

죽음에 대한 개념은 유아의 질문이나 발달 단계에 맞게 안내되어지고 지도되어져야 한다. 유아들이 필요시 또는 교육과정의 계획에 의해 죽음이나 죽어가는 것과 관련된 경험과 정보들을 유아들이 서로 교환하도록 교사는 격려해야 한다.

2) 인간과 사회에 대한 지식과 이해의 발달

유아에게 인간과 사회에 대한 지식과 이해를 발달시키기 위해 취급되어야 할 내용은 다음과 같다.

① 인간의 평등성과 기본 권리
② 책임감에 대한 이해
③ 인간의 기본적 욕구
④ 공공 생활에서의 규칙
⑤ 지역사회에 대한 이해
⑥ 생산과 소비 활동에 관련된 지식

⑦ 여러 종류의 직업
⑧ 역사적 주요 사건과 원인

3) 가치관 형성 및 풍습과 전통에 대한 이해

(1) 가치관 형성

가치관이란 내면적 안내와 지시의 기초란 의미를 지닌다. 유아기 이전에서부터 형성되기 시작하는 가치관은 성인의 모델과 요구에 의해 이루어지는 사회화 경험에 의해 습득되어진다.

그런데 유아의 생활에 중요한 영향을 미치는 교사가 자기 자신의 가치관을 떠나서 유아와 활동하기는 어렵다. 따라서 때로는 교사의 가치관과 가정을 통해 형성된 유아의 가치관 사이에 갈등이 생길 수도 있다. 이 때 부모나 교사는 형성하기를 원하는 가치관과 대립되지 않는 범위 내에서 유아 의 가정이 공유하고 있는 가치관을 존중하여야 한다.

예를 들면, 가정의 가치관이 어른이 얘기할 때에 유아는 듣기만 해야 하는 태도를 강조한다면 우선 교사는 이러한 가정의 가치관을 존중하여야 하되 나아가 유아에게 단순히 듣기만 하는 것도 중요하지만 성인과 상호작용하는 것도 가치가 있음을 점진적으로 깨우쳐 주는 것이다.

(2) 전통과 풍습에 대한 이해

역사적 · 종교적 사건에서 유래된 공휴일을 배경으로 형성된 전통과 풍습은 우리가 물려 받은 풍요한 유산의 하나이다. 설, 정월대보름, 단오, 추석, 부활절, 추수감사절, 성탄절 등 명절이나 종교적 행사와 관련된 전통과 풍습의 참뜻을 유아가 올바르게 익히며 즐기도록 돕는 일과 함께 공휴일의 의미를 살펴 알 수 있도록 도와 주어야 한다.

전통과 풍습은 미술, 음악, 연극, 옷, 음식 등과 같은 소재로 유아교육 활동에 원용될 수 있다.

4) 사회적 기술

사회적 기술은 사회교육의 기본 개념을 이해하게 됨에 따라 가정과 유아교육 기관에서의 일상생활을 통하여 습득되고 숙달되어진다. 사회적 기술은 유치원에서 초등학교에 이르기까지 계속적으로 습득되어지고 보다 심화되어야 할 영역이다.

유아 사회교육에서 다뤄져야 할 사회적 기술의 내용은 다음과 같다.

① 양보하며 교대할 줄 알기
② 협상하는 방법 등의 협의 기술
③ 좌절당했을 때의 대처 기술(coping skills)
④ 새로운 사회적 상황에 적합한 언어적 기술
⑤ 모든 사람의 권리가 보호되고 모든 사람의 욕구가 존중되어야 한다는 공정성의 기술

4. 제7차 유치원 교육과정*

1) 영역별 개정의 중점

2007년 개정 유치원 교육과정은 건강생활, 사회생활, 표현생활, 언어생활, 탐구생활의 5개 영역으로 구성되어 있으며, 영역별 개정의 중점 사항들은 다음과 같다.

---

* 자료 : 교육과학기술부, 「유치원 교육과정 해설 Ⅰ 총론」, 2008.
　　　　__________, 「유치원 교육과정 해설 Ⅱ 건강한 생활, 사회생활」, 2008.
　　　　보건복지부, 「표준보육과정의 구체적 보육내용 및 교사지침」, 2007.

(1) 건강 생활

'건강생활' 영역은 자신의 신체를 긍정적으로 인식하고 생활에 필요한 기초 체력을 기르며, 건강하고 안전한 생활 습관을 가지게 하기 위하여 다음과 같은 사항에 개정의 중점을 두었다.

첫째, 유아가 건강하고 안전하게 생활하도록 하기 위해 감각 경험 및 신체에 대한 긍정적 인식을 강조하였다.

둘째, 유아의 기초체력을 증진하기 위한 기본 운동 기능을 강조하였다.

셋째, 유아의 신체적 · 정신적 건강의 조화로운 발달을 위해 정기적인 바깥놀이 활동을 강조하였다.

넷째, 유아가 매일의 일상생활 속에서 건강한 식습관과 즐겁게 생활하는 태도를 갖도록 하기 위해 건강한 생활 태도 형성을 강조하였다.

다섯째, 유아가 생활 속에서 겪게 되는 다양한 종류의 사고나 위험에 대비하도록 하기 위해 안전한 생활 습관의 형성도 강조하였다.

여섯째, 유아의 발달을 위해 선정한 교육 내용의 계열성을 위해 초등학교 교육과정과의 연계성을 고려하였다.

(2) 사회생활

'사회생활' 영역은 21세기 사회 구조에서 요구하는 측면과 시대적 변화에 부응하기 위해, 공동체적 삶의 태도와 관계 중심의 교육을 강화하고, 유아기에 적합한 사회화 과정의 경험을 강조하며, 가족 구조의 변화와 자아 개념에 대한 요구의 증대, 민족 정체성과 다문화 교육의 필요성 증대, 사회과학적 지식과 문제해결 능력에 대한 요구 등을 반영하였다.

이 영역은 자신과 다른 사람을 존중하고, 더불어 살아가는 능력을 기르도록 하기 위해 다음과 같은 사항에 개정의 중점을 두었다.

첫째, 유아가 긍정적 자아 개념을 기초로 타인을 소중하게 생각하도록 하기 위해 자신과 타인을 이해하고 존중하는 태도를 강조하였다.

둘째, 유아가 가족이라는 공동체에서 정서적으로 안정되고 행복하게 생활할 수 있도록 가족 간에 화목하고 협력하는 태도를 강조하였다. 구체적으로 부모와 자녀 세대로 구성되는 기본적인 가족 형태만이 아니라, 사회적 상황에 따라 구성된 다양한 가족 형태를 이해하도록 하였으며, 특히 함께 모여 사는 가족 간에 따뜻한 마음을 가지고 서로 사이좋게 지내며, 갈등이 있어도 협력하여 해결하며 화목하게 생활하는 태도를 기를 것을 강조하는 데 중점을 두었다.

셋째, 유아가 가정 · 유치원 · 지역사회 등 공동체 삶을 살아가면서 지켜야 할 예절, 약속, 질서, 규칙, 협동 등 민주 시민적 태도와 기능을 몸에 익힐 것을 강조하였다.

넷째, 지구촌 사회가 도래하면서 다양한 문화권의 사람들을 만나고, 다양한 문화를 경험할 수 있게 됨으로써, 각 문화를 경험할 때 만나게 되는 다양성의 차원을 이해하고 존중할 수 있어야 한다. 이에 따라 우리나라의 전통문화에 대한 자긍심과 함께 외국의 다양한 문화에 대한 바른 인식과 존중하는 태도를 기르는데 중점을 두어, 전통문화와 다문화에 대한 이해와 존중을 강조하였다. 구체적으로 최근에 부각되는 코시안, 결혼 이민자, 새터민 등에 대해서도 친밀감을 갖고 이들과 함께 더불어 살아가는 태도를 기르도록 하였다. 또한 다문화 교육 이전에 먼저 기본적으로 형성해야 할 태도인 '다른 사람을 이해하고 존중하는 마음'을 가질 것을 강조하여, 유아들이 문화마다의 다른 점을 발견하고 다르기 때문에 더 가치가 있음을 느끼며, 때로는 나의 것을 변화시켜 더 큰 '하나'가 되기 위해 노력하는 태도를 형성할 수 있도록 하는 데 의미를 두었다.

다섯째, 유아가 생활하면서 경험하게 되는 다양한 사실이나 사건, 현상들 간에 연결을 지을 수 있는 관계적 사고를 발달시킬 수 있도록 하기 위해, 유아가 생활하는 데 필요한 지리 · 역사 · 경제 · 시사 등 사회과학적 지식에 관해 알아보고, 이 지식들을 유아가 생활 속에서 관계지어 생각해 볼 수 있도록 하는데 중점을 두었다.

여섯째, 21세기 세계 공동체 사회로 변화하는 시점에서 개인의 사회적 능력은 어린 시기부터 지속적으로 계발되어야 한다는 점을 고려하여, 초등학교 교육과정의 바른생활, 슬기로운 생활 및 사회, 도덕 교과와의 연계성을 반영하는데 중점을 두었다.

(3) 표현생활

'표현생활' 영역은 유아가 자연과 생활 속에서 느낀 감정을 예술적으로 표현하고 감상하는 활동을 통해 유아의 감성 및 창의성을 기르고자 하는데 주안점을 두고, 다음과 같은 사항에 개정의 중점을 두었다.

첫째, 음악 · 움직임과 춤 · 조형 활동 · 극놀이의 통합성을 강조하였다.

둘째, 제6차 유치원 교육과정에 있던 하위 내용 용어를 보다 통일성 있게 하기 위해, 활동 유형별 하위 내용의 용어를 정리하였다.

셋째, 유아의 예술 개념이나 능력을 향상시키기 위하여 예술적 경험의 과정이나 개별적 느낌의 중요성을 강조하였다.

넷째, 유아가 우리 문화에 대한 자부심을 가지며 전통문화의 소중함을 깨닫도록 하기 위해 전통문화의 친숙함을 강조하였다.

다섯째, 음악, 움직임, 조형의 기본 요소를 수준별 내용에 추가하여 활동의 내용을 구체화함으로써 초등학교 교육과정과의 연계성을 고려하였다.

(4) 언어생활

'언어생활' 영역은 일상생활에서 언어의 사용을 즐기며, 바른 언어 사용 태도를 갖도록 하기 위하여 다음과 같은 사항에 개정의 중점을 두었다.

첫째, 유아가 언어 학습에 관심을 갖고, 일생 동안 언어 사용을 즐기는 성향을 갖도록 하기 위해 언어가 사용되는 맥락 속에서의 의미 이해에 주안점을 두고, 일상생활에서의 언어 사용 능력을 강조하였다.

둘째, 유아가 목적에 따라 적절하게 말을 하며 듣기에 필요한 능력을 증진시킬 수 있도록 하기 위해 듣기 · 말하기의 구어 능력을 강조하였다. 구체적으로 '낱말과 문장 듣고 이해하기'와 '낱말과 문장으로 말하기'를 각각 듣기와 말하기의 하위 내용으로 하였고, 또한 읽기에서는 하위 내용인 '읽기에 관심 가지기'에 '주변에서 친수한 글자를 찾아 읽어 본다.'의 수준별 내용을 추가하였다.

셋째, 유아가 듣기와 말하기를 통해 문자 언어의 특징을 인식할 수 있도록 듣기 · 말하기와 읽기 · 쓰기 간의 연계성을 강조하였다. 구체적으로 창의적인 이야기짓기 활동의 중요성을 강조하기 위하여 말하기에 '이야기지어 말하기'의 내용을 신설하여 표현 언어로서 말하기와 쓰기 간에 연결이 되도록 하였으며, 쓰기에서는 하위 내용인 '쓰기에 관심 가지기'에 '말이나 생각을 글로 옮길 수 있음을 안다.'를 수준별 내용으로 넣어, 음성 언어인 말하기 활동이 문자 언어인 읽기와 쓰기 활동에 직접적으로 연결되도록 하였다.

넷째, 유아가 일상생활 속에서 언어를 사용함에 있어 다른 사람을 배려하며, 예절 바른 언어를 사용할 수 있도록 하기 위해 말과 글의 힘을 인식한 바른 언어 사용 태도를 강조하였다.

다섯째, 질 높은 문학 작품을 접하는 가운데 심미감, 창의성, 어휘력, 표현력이 향상되도록 하기 위해 문학의 요소를 강조하였다. 이에 따라 듣기의 하위 내용에 '문학 작품 즐겨 듣기'와 말하기의 하위 내용에 '이야기지어 말하기'를 신설하였고, 쓰기의 하위 내용 중 '쓰기에 관심 가지기'에 '자신의 생각과 느낌을 그림으로 나타내거나 긁적거리기를 즐긴다'를 Ⅱ수준에 제시하였다.

여섯째, 한글의 고유한 특징과 총체적 언어 접근법의 강조점을 함께 반영하고자, 균형 잡힌 접근(balanced approach)의 입장을 취하고 있으며, 초등학교 국어과 교육과정과의 연계를 고려하여 내용 범주는 읽기와 쓰기로 구분하였다. 즉, 유아의 언어 발달에 적합한 범위 내에서 초등학교 국어과 교육과정의 '듣기', '말하기', '읽기', '쓰기', '문학', '문법'의 내용 체계와의 연계를 위해 '듣기', '말하기', '읽기', '쓰기'로 구분하였다.

(5) 탐구생활

'탐구생활' 영역은 자연을 소중하게 여기며 창의적으로 탐구하고 논리적으로 문제를 해결하기 위한 기초 소양을 기르는 것에 주안점을 두고, 다음과 같은 사항에 개정의 중점을 두었다.

첫째, 유아가 자신을 둘러싼 주변 사물과 자연 현상에 대해 지속적으로 관심을 가지고 탐구하며, 창의적으로 사고하고 문제를 해결할 수 있는 기본 소양을 기르도록 하기 위해 탐구하는 태도와 과정을 중시하여, '탐구하는 태도 기르기'를 하나의 내용 영역으로 분리하여 강조하였다.

둘째, 과학을 탐구하는 근본적인 목적인 '인간이 자연과 더불어 잘 살아가기 위한 것'을 지향하기 위하여 자연 존중에 대한 가치를 반영하였다. 이러한 관점을 고려하여 제6차 유치원 교육과정의 '과학적 탐구'에서는 '우리 몸', '생물'로 나뉘어 있던 것을 2007년 개정 유치원 교육과정에서는 '생명체'로 묶고 '생명체와 자연환경 소중하게 여기기'로 하여, 자연의 가치를 인식하고 인간과 자연, 자연물 간의 관계를 이해하고 공존하기 위한 태도와 기초 소양을 기르도록 강조하였다.

셋째, 유아기부터 자신을 둘러싼 여러 가지 자연현상을 접하면서 자연을 느끼고 이해하는 경험을 하는 가운데, 생활 속에서 '변화와 규칙성'이라는 자연의 본질을 이해하도록 하는데 중점을 두었다.

넷째, 과학의 발전으로 사람들의 생활이 편리해지기도 하지만, 과학 문명의 이기로 인간이 어려움을 겪게 되는 경우도 생기므로, 2007년 개정 유치원 교육과정에서는 과학의 이로움 및 폐해에 대한 관심을 부각시켰다. 따라서 유아기 때부터 생활 속에서 흔히 접하는 간단한 도구와 기계를 활용하면서 편리성과 동시에 역기능에 대해서도 관심을 가질 수 있도록 하는 내용을 포함하였다.

다섯째, 21세기 지식 정보화 및 고도의 과학 기술 사회에서 필수적으로 요구되는 수학적 능력의 토대를 유아기에 발달시키기 위해 수학적 감각 기르기를 강조하였다.

여섯째, 2007년 개정 초등학교 교육과정의 슬기로운 생활, 수학 및 과학 교과와의 연계성을 갖도록 하는데 중점을 두었다. 수학적 기초 능력 기르기의 하위 내용인 수 감각, 공간 및 도형 감각, 측정 감각, 규칙성, 그리고 자료 정리 및 결과 나타내기는 우리나라 초등학교 수학과 교육과정에서 제시하는 내용 체계인 '수와 연산', '도형', '측정', '확률과 통계', '규칙성과 문제해결'과 연계성을 갖는다.

2) 교육과정의 구성 방침 및 교육 목표

(1) 구성 방침

2007년 개정 유치원 교육과정은 21세기 지식 정보화 시대를 주도할 '사람과 자연을 존중하고 사랑하는 한국인 육성'을 기본 방향으로 한다. 이에 따른 구성 방침은 다음과 같다.

① 사람과 자연을 존중하고 사랑하는 세계관을 바탕으로 구성한다.

교육과정 구성의 첫 번째 방침은 우리나라의 건국이념이자 교육이념인 홍익인간의 이념에 근거하고 있다. 홍익인간의 정신은 널리 사람을 이롭게 하는 것이며 또한 사람이 몸담고 있는 자연도 이롭게 해야 한다는 것을 포함하며, 인간이 자연에 소속되는 것으로 보는 인간관과 자연관을 가지고 있다. 따라서 자연의 일부인 사람에게 유익이 되는 것은 동시에 자연에게도 이로운 것이다. 사람과 자연을 존중하고 사랑하는 것은 나와 다른 사람 모두 그리고 사람과 사람의 관계를 존중한다는 의미이며, 자연과의 관계에서도 사람과 자연에 대하여 보고, 듣고, 느끼고, 이해하는 데에서 출발하여 사람과 자연을 인정하고 수용하고 배려하고 협력하는 태도를 길러주는 것이다.

② 유아의 기본생활 습관과 전통문화, 창의성을 강조하여 구성한다.

21세기 세계화 시대에 전통문화에 대한 이해는 주체성의 근간이 된다. 따라서 우리의 전통 문화를 알고 이해하는 것은 자신의 정체성을 키우는데 밑바탕이 될 수 있으며, 이를 기초로 새로운 가치 창조를 할 수 있는 것이다. 이에 따라 '우리 문화에 대한 이해의 토대 위에 새로운 가치를 창조하는 사람'을 추구하여 교육과정의 내용에서 강조하였다. 이와 함께 핵가족화에 따라 상대적으로 취약해진 가정에서의 기본생활습관 교육을 강화하고자 하였다. 기본생활습관에는 일상생활 습관과 사회의 규범이라는 두 가지 내용을 포함하여 유아기부터 바른 습관을 형성하고 몸에 익혀 일상화하도록 하였으며, 공동 사회의 일원으로서 갖추어야 할 다른 사람의 권리 존중과 다른 사람에 대한 배려를 생활화할 수 있도록 하였다.

③ 지역과 유치원의 자율성을 확대하도록 구성한다.

2007 개정 유치원 교육과정에서는 유치원 교육과정 편성 · 운영에서 교육과학기술부, 시 · 도 및 지역 교육청, 단위 유치원 수준의 역할 분담 체제를 확립하고 이를 통해 각 지역과 유치원의 자율성을 보장하도록 구성하였다. 교육과학기술부에서는 교육과정 문서를 통해 교육 내용에 대한 국가수준의 기준을 제시하고, 시 · 도 교육청에서는 교육과정 편성 · 운영 지침을 제시하도록 하였다. 지역 교육청에서는 이러한 지침에 따라 각 지역의 특수성에 알맞게 실천 중심의 장학 자료를 유치원에 제시하며 각 유치원에서는 이에 근거하여 유치원의 실정과 유아들의 실태를 고려하여 교육과정을 편성, 운영하도록 하였다.

④ 유치원 교육과정의 정체성을 살리며 초 · 중등학교와 연계하여 구성한다.

유치원 교육은 유아의 발달 특성상 유아의 흥미와 일상생활의 경험을 최대한 활용하여 교수-학습 과정을 놀이를 중심으로 하여 통합적인 접근방법으로 이루어지도록 계획한다. 이에 따라 유치원 현장에서 이러한 유치원 교육의 특성에 충실하게 교육과정을 편성, 운영할 것을 기본 방향으로 강조하면서 아울러 전체 교육과정의 문서 체제와 내용은 초 · 중등학교 교육과정과의 연계를 도모하도록 구성하고자 하였다. 추구하는 인간상은 초 · 중등학교 교육과정과 동일하고, 지역 및 유치원에서의 교육과정 편성 · 운영은 초· 중등학교 교육과정 편성 · 운영 지침에 준하여 기술하였으며, 5개 생활영역에서의 내용 및 내용 체계, 용어 사용은 초 · 중등학교 교육과정과 연계되도록 구성하고자 하였다.

⑤ 유아의 발달 특성을 고려하여 수준별 교육과정을 구성한다.

수준별 교육과정은 수준별로 학습 내용을 제시한 것으로, 교육과정 분야에서 일반적으로 사용되고 있는 능력별 집단 편성이나 능력별 학습 편성과는 다른 의미이다. 유치원 교육에서 수준별 교육과정은 유아의 능력, 흥미, 필요에 있어서의 개인차를 최대한 고려하여 유아의 잠재력을 극대화하고 교육적 효율성을 높이고자 하는 것이 목적이다. 따라서 수준별 교육과정을 편성, 운영할 때 유아의 연령이 일차적으로 고려될 수 있으나, Ⅰ·Ⅱ 수준과 공통 수준의 제시는 교육 내용의 계열성 면에서 연계성을 고려한 개별화의 방안을 의미하는 것으로 유아의 발달 수준에 적합한 개별화 교육을 이루고자 하는 것이다.

⑥ 교육과정 평가 체제를 통하여 교육에 대한 질 관리를 강화하도록 구성한다.
2007 개정 유치원 교육과정에서는 국가 수준에서 교육과정의 질 관리를 위한 평가를 실시하고, 이 과정에서 유치원 교육의 목적과 교육 대상을 고려하여 평가 시 고려되어야 할 사항을 제시하고 있다.

(2) 교육목표

유치원 교육은 유아에게 알맞은 교육 환경을 제공하여 유아를 교육하고 심신의 조화로운 발달을 돕는 것을 목적으로 한다. 이에 따른 구체적인 교육목표는 다음과 같다.

① 몸과 마음을 건강하게 하며 기본생활습관을 기른다.
유아기에 몸과 마음을 건강하게 하고, 건강에 관련된 바람직한 태도와 기본적인 습관을 형성하는 것은 인간 성장 · 발달의 기초가 된다는 점에서 중요하다. 따라서 유아기 동안 감각과 지각 기능을 사용하고 몸을 움직여 기본 운동 능력을 기르는 과정을 통해 유아가 자신의 몸을 소중히 여기며 건강하고 안전하게 살아가기 위해 필요한 기본적인 태도와 기술을 익히도록 충분한 기회를 제공해야 한다.

② 더불어 사는 태도와 우리 전통문화를 사랑하는 마음을 가진다.
21세기는 첨단 통신과 기술 과학의 발달로 세계화가 급속히 진행되고 있으며, 이러한 국제화된 사회에서 요구되는 덕목 중 하나가 공동체적 삶의 태도이다. 따라서 유치원 교육에서는 이러한 시대적 경향을 고려하여, 일상생활을 통해 세계 여러 나라 문화의 다양성과 다른 문화권의 사람들에 대한 개방성을 경험하고 건전한 비판력 형성을 위한 기초를 마련하여 유아가 다양한 편견으로부터 자유로우며 열린 마음과 책임감을 가지고 다른 사람을 대하기 위해 필요한 지식·기술·태도를

익히도록 도모한다.

③ 자신의 생각과 느낌을 자유롭고 창의적으로 표현하는 경험을 가진다.

유아가 주위의 자연과 일상생활 속에서 아름다움을 찾아보고 이를 음악, 조형 활동, 움직임과 춤, 극놀이 등 여러 가지 활동으로 표현하는 가운데 감성, 상상력, 주도성과 자기 정서 조절 능력을 향상시키고, 창의성을 발달시키며, 이러한 과정을 즐기는 태도를 형성하도록 도모한다.

④ 의사소통을 위한 언어 능력을 기르며, 바른 언어 사용 습관을 기른다.

유아가 일상생활의 자연스러운 상황에서 언어 사용의 효과를 경험함으로써 언어 사용의 중요성을 깨닫고 언어 학습에 대한 동기를 가지며 언어 사용을 즐기도록, 듣기·말하기 활동을 통해 이해와 표현의 언어 사용 능력을 공고히 하고 이를 통해 읽기·쓰기에 대한 흥미를 갖도록 도모한다.

⑤ 호기심을 가지고 주변 세계를 탐구하며 자연을 존중하는 태도를 가진다.

유아가 주변 세계의 탐구 활동을 통해 자연에 대한 지식을 알아가는 가운데, 생명체와 자연 환경을 보호하고 보존하고 존중해야 할 필요성을 이해하고, 이를 실천하는 경험을 하면서 자연에 대한 경외심을 가지고 자연과 더불어 조화로운 삶을 살아가는 태도를 형성하도록 도모한다.

제2장

유아행동의 사회성

1. 사회성 발달의 기본 개념
2. 사회화의 이론적 배경
3. 사회화의 과정과 선행 조건
4. 사회성 발달의 제 요인

1. 사회성 발달의 기본 개념

1) 사회화와 사회성

어느 한 개체가 사회적 상호작용을 통해서 그 사회에 적응하고 또 그 사회가 지닌 문화가 몸에 밴 성원으로서 성장해 가는 과정을 사회화라고 한다. 즉, 사회화란 사회의 기존 질서가 무엇인지도 모르는 어린이가 그 사회에 어울려 살아갈 수 있도록 그 사회에 적절한 행동 · 가치관 · 지식 등을 습득케 하는 과정이다.

이러한 사회화는 가족, 또래, 유치원, 이웃 등 비교적 적은 집단 안의 직접적인 교호작용을 통해서 이루어지나 최근에 와서는 매스커뮤니케이션을 통한 간접적인 교호작용도 무시할 수 없게 되었다. 사회화 과정을 통해 어린이는 기본적인 생활 습관, 정서적인 표현, 사회적으로 승인된 행위와 금지된 행위의 구별, 언어 등을 학습하게 되어 생물적 존재로서의 욕구를 외부의 사회규범에 따라서 한정하고 방향짓게 된다.

사회화된 개체는 그가 속한 사회의 규범이나 양식에 따라 예기해서 행동하게 된다. 따라서, 동일한 사회에 속한 사람들의 행동이나 태도, 그리고 정서적 표현에 있어서 일치되는 점을 많이 찾아볼 수 있게 된다. 그러나, 항상 언제 어디서나 일정한 형태를 나타내는 것은 아니다. 왜냐하면, 사회화 과정은 한 개체의 심신에 있어 생득적 소질이나 환경의 차이, 그리고 개체가 속한 사회집단의 차이 등에 대해서 개인차가 생기기 때문이다.

사회화의 과정이 어떤 심리적 기제를 통하여 일어나는가에 대해서는 학자에 따라 다양하게 설명되고 있으나, 최근에 이르러서는 행동주의 이론에서의 강화(reinforcement)의 원리에 의한 조건화(conditioning)와 정신분석 이론의 동일시(identification)의 기제에 의한 설명이 가장 널리 받아들여지고 있다.

사회성(sociability)이란 사회 관계의 의식을 말하며 사회 생활에 적응하는 성질을 의미한다. 다른 사람들과 사귈 수 있는 개체의 능력 또는 개체의 사회적응성 · 대인

관계의 원만성을 나타내는 사회성은 인간관계를 통하여 발생되고 발달해 나간다.

2) 사회적 관계와 사회적 행동

사회성은 인간관계를 통하여 나타나고 발달하게 된다. 이 때 대인관계 나 인간관계로 표현되고 있는 인간과 인간의 상호 관계를 사회적 관계(social relation)라고 한다.

사회적 관계에서 나타나는 행동, 즉 개인 또는 집단에 대한 행동양식을 사회적 행동(social behavior)이라고 한다. 사회적 행동은 사회행동을 해나가는 가운데 사회적 관계를 통하여 학습하게 되는 행동으로 주로 다른 사람에 대한 태도 감정 등이 포함되어 나타나는 행동이다.

인간의 사회적 행동 양식은 구체적으로 모두 열거할 수 없으나 다른 사람과의 관계를 성공적으로 유지하려는 적극적인 사회적 행동(positive social behavior)과 다른 사람과의 관계를 성공적으로 유지하지 못하는 소극적인 사회적 행동(negative social behavior)이 있다.

2. 사회화의 이론적 배경

1) 사회화의 이론적 접근

사회화에 대한 이론은 '사회인류학적 접근' '성숙론적 접근', '유전학적 접근', '인지발달론적 접근', '정신분석학적 접근', '학습 이론적 접근'이 있다.

(1) 사회인류학적 접근

사회화의 중요성을 일깨워 준 사회인류학에서는 문화적 요인이 인간 행동에 결정적인 영향을 미친다는 전제 아래 문화 유산의 전수를 위해서는 사회화의 역할이 매우 크다는 것을 강조한다. 또한, 사회화가 특정 집단을 대표하는 성격 특성을 만들어 낸다고 주장한다. 따라서 사회인류학에서는 어떤 집단의 문화를 연구할 때 사회화의 문제를 중시하며, 사회화 그 자체가 문화의 차이에 따라 달라지느냐 아니냐 하는 문제와 모든 사회에서 공통적인 사회화가 어떤 것이며, 한 나라 국민들의 일반적 성격 특성인 국민성이 사회화에 의해서 어떻게 형성되는지의 여부를 밝히려고 노력하고 있다.

(2) 성숙론적 접근

인간의 성장과 발달은 거의 전적으로 생득적 요인에 기인한다는 결정론적 입장을 취하고 있는 A. L. Gesell을 중심으로 한 성숙론적 접근자들은 어린이의 행동을 종단적 방법(longitudinal method)으로 연구하고 설명을 한다. 성숙론적 접근에서는 각 연령별 행동 규준을 만들어 놓고 이 규준에 비추어서 유아의 사회화를 평가하고 있다. 이 접근법에서는 사회화 과정을 자녀 양육의 실제와 관련지어서 미리 만들어 놓은 사회적으로 중요한 연령별 행동 규준을 부모들에게 알려 주고 양육의 방법을 자문한다.

그러나 이 접근법은 미리 정해 놓은 규준이 개인차가 심한 어린이 개개인에게 모두 부합될 수는 없으며, 어린이 개개인이 나타내 보이는 사회적 행동의 이유나 원인을 파악해낼 수 없다는 비판을 받고 있다.

(3) 유전학적 · 체질적 접근

사회화 과정에 관한 많은 연구가 환경적으로 기울어져 있으나 유전학적 체질적 관점에서는 유전적으로 결정되는 체질적 · 신체적 요인들이 유아의 사회화에 영향을 미친다고 주장하고 있다. 이 입장에서는 인간의 생리적 특징이 행동 발달을 결정하는 중요한 요인이 되기 때문에 사회적 반응, 정서의 질과 강도 등에서 나타나는 사회적 행동의 개인차가 유전적 요인에 의해서 좌우된다는 것이다.

따라서, 이들은 남녀 차이에 따른 성 역할의 사회화가 동일시(identification)의 결과로 이루어지는 것이 아니라 어디까지나 남성과 여성이라는 서로 다른 확고한 유전적 차이가 성 역할 발달의 원인이 된다고 주장한다.

(4) 인지발달론적 접근

인지발달론적 접근에서는 사회화 과정에서 중요한 요인이 되는 것은 바로 경험을 소화하는 인지구조(cognitive structure)이기 때문에 사회화 과정을 이해하기 위해서는 어린이의 인지, 사고 등의 내재적 변화에 대한 이해가 있어야 한다는 것을 강조한다.

인지발달론적 접근 이론에 가장 대표가 되는 것이 바로 J. Piaget의 인지발달론이다. J. Piaget(C. S. Lavatelli, 1973)는 발달을 내재적 과정, 즉 활동 및 경험에 의존하는 균형(equilibration)의 함수로 본다. 그에 의하면, 단순한 변화가 아니라 질적인 인지구조의 변화를 의미하는 인지과정의 발달은 시간의 흐름에 따라 재조직되고, 또한 새로운 인지구조 및 조작이 계속 생겨나는 것을 말한다. 결국 J. Piaget 역시 다른 발달론자들과 같이 고정된 단계를 밟으면서 인지가 발달하여 간다고 보고 있다.

인지발달론적 접근에서는 생리적, 사회 · 경제적, 문화적, 그리고 성격적 차이로 인해서 생기는 사회적 행동의 뚜렷한 개인차를 소홀히 하고 있다는 비판을 받고 있다.

(5) 정신분석학적 접근

정신분석학은 S. Freud에 의해 창시되고 많은 그의 추종자들에 의해 전개 발전된 이론이다.

S. Freud는 그의 이론에서 정신구조의 특수한 형태를 가정하여 어린이는 그의 행위를 쾌락의 원칙(pleasure principle)에 따르도록 하는 본능적인 성적 충동 체계인 원본능(id)을 갖고 태어난다고 한다. 어린이는 단지 자기 자신을 위한 쾌락과 만족을 구하는 데만 흥미를 갖는데, 이러한 경향은 그가 성장함에 따라 그의 부모에 의해 이유와 배변 훈련을 받는 등 다양한 방식으로 억제되어진다.

원본능의 쾌락의 욕구는 자아(ego)에 의하여 통제를 받게되는데 자아는 어린이의 행위를 현실 원칙(reality principle)에 따르도록 하게 한다.*

S. Freud의 연구(C. Brenner, 1973)에 의하면 자아의 분화는 출생 후 6~8개월 이내에 시작되며 그 후에도 성장과 발달이 잘 이루어져 2~3세까지는 잘 수립된다고 한다. 또한, 그에 의하면 초자아(super ego)의 분화는 5~6세까지도 이루어지지 않으며 10~11세가 되어야 분화가 이루어진다고 한다.

자아가 다루기 어렵다고 생각하는 요소는 보통 Freud가 말하는 무의식 중에서 억제되고 숨겨진다. 무의식은 꿈, 환상, 몸짓, 정신질환, 정신병적 불안이나 개인 상호관계의 수많은 양상 속에서 표현되는 강력한 힘이다.

S. Freud는 인간 유기체의 영아기부터 성인기에 이르는 발달을 중요시했으며 이 발달 과정을 사회화 과정으로 보았다. 그의 이론에서 주요 개념인 리비도(Libido)나 오이디푸스 콤플렉스(Oedipus Complex) 등은 가족 내에서의 인간관계의 발달에 초점을 맞춘 것이다. 즉, 가족간의 차이가 사회화 및 이로 인한 성격의 차이를 낳게 하는 주요 원인이 된다.

(6) 학습이론적 접근

사회화 과정에 대한 학습이론적 연구는 크게 세 주류로 분류한다.

가장 널리 알려지고 또 많은 영향을 미친 것은 사회화를 자극과 반응의 관계에서 분석하려는 입장인데, C. L. Hull을 선조로 하는 이 입장에서는 외적 강화를 중요시한다. 두 번째 입장은 A. L. Bandura를 중심으로 한 사회적 학습이론이다. 이 입장에서는 외적 강화의 중요성을 인정하되 모델링과 모방, 간접 강화 등 주로 관찰에 의한 학습을 더 강조한다. 세 번째는 B. F. Skinner의 입장이다. 사회화 과정에서의 다양한 행동은 전적으로 강화에 의해서 형성된다는 것이다.

이들 세 입장은 그 초점이 다소 다르게 나타나지만 공통점도 있다. 그들은 모두 환경론적 접근 방법으로서 적절한 자극 또는 강화를 통해 인간의 행동을 변화시킬 수 있다고 보는 것이다.

---

* 이러한 현상을 S. Freud(1911, 1929)는 현실 검증(reality testing)으로 설명하고 있는데 현실검증이란 외부세계로부터 일어하는 자극이나 지각과 원본능의 소망이나 충동에서 일어나는 자극과 지각을 식별해내는 자아의 능력을 의미한다(C. Brenner, 1973).

2) 사회화와 심리적 기제

어린이가 자기 자신이 속해 있는 문화가 요구하는 행동의 규범, 또는 가치, 도덕 등을 획득해 가는 과정이 사회화이다. 어린이는 사회화 과정을 통해서 적절한 사회적 판단과 자기 조절을 할 줄 아는 책임감 있는 사회의 성원으로 성장 발달해 나간다. 어린이의 사회화 과정에 작용하는 심리적 기제로서는 보상과 벌, 사회적 학습, 동일시가 있다.

(1) 보상과 벌

대개의 부모들이 자기의 자녀를 양육하는 데 있어서 가장 많이 사용하는 심리적 기제가 보상(compensation)과 벌(punishment)이다. 어린이들은 보상과 벌이 주어지는 일상 생활을 통하여 부모가 원하며 기대하는 행동 즉, 그 사회에서 요구하는 행동 규범을 학습해 나가게 된다.

학습이론에 의하면 보상이 주어진 행동이나 반응은 점차적으로 강화되고 벌이 주어진 행동이나 반응은 점차적으로 소멸(extinguishment)된다고 한다. 그러나 벌의 효과는 단순한 것만은 아니다. 왜냐하면 벌이 벌받는 그 행동이나 반응을 강화하는 수도 있기 때문이다. 이런 경우에는 벌을 주기보다는 그 행동에 대하여 차라리 무관심한 것이 좋다.

어린이의 바람직한 사회화 과정을 유도하기 위해서는 보상 체계의 일관성을 유지하는 것이 좋다.*

(2) 사회적 학습

A. Bandura를 중심으로 한 사회학습 이론(social learning theory)에서는 어린이가

---

* 한 실험 연구에 의하면 인형을 때리는 똑같은 행동에 대해 50%는 보상, 50%는 벌을 주었더니 종속 상황에서 100% 보상이나 벌을 준 경우보다 공격성이 더 높은 것으로 나타났다(서봉연 · 유안진, 1990).

그의 행동에 대하여 직접적인 보상을 받지 않더라도 다른 사람이 그러한 행동에 대하여 보상을 받는 것을 보고 학습을 하게 됨으로써 여러 가지 행동 및 가치를 배워갈 수 있다. 즉, 이를 대리적 학습(vicarious learning)이라고 한다.

또한 사회적 학습이론에서는 이러한 대리적 보상에 의한 학습만이 가능하다고 보지 않고 보상과는 상관없이 보이는 모방을 통해서 여러 가지 행동양식을 습득해 나갈 수도 있다는 것을 주장한다. 이에는 어떤 행동을 보자마자 흉내내는 경우도 있으나 보고난 후 상당한 시간이 경과한 후에 흉내내는 지연 모방(deferred imitation)도 있다.

이와 같이 어린이가 타인의 행동을 관찰하고 모방함으로써 그 행동을 학습하기 때문에 이를 관찰학습(observational learning)이라고도 한다.

어린이의 사회화 과정에는 이러한 관찰학습이 중요한 역할을 한다. 그런데 어린이들이 사회적 학습을 하는 가운데 습득하는 모방은 의식적이며 부분적인 모방에 그치지 않고 좀더 심층심리적 동일시로 발전하는 경우가 많다.

관찰학습이 이뤄지는 하위과정은 다음과 같다.

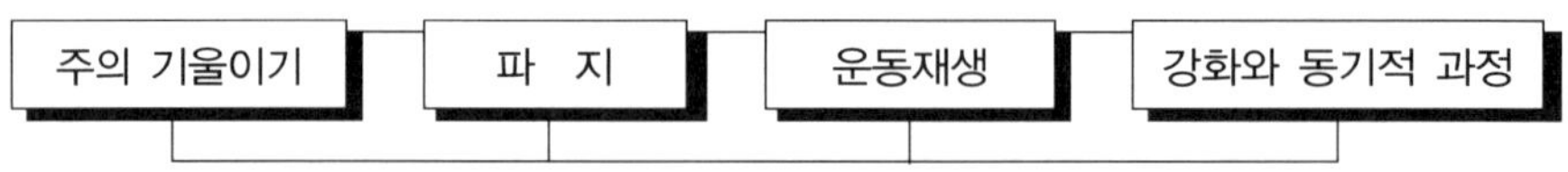

[그림 2-1] 관찰학습의 하위과정

(3) 동일시

동일시란 원래 정신분석적 용어로서 무의식적 수준에서 이뤄지는데, 타인의 감정 · 태도 · 행위를 마치 자신의 것처럼 취하는 과정을 말한다.

앞서 설명이 된 모방은 높은 인지 능력을 필요로 하지 않기 때문에 생후 1년 이내에서부터 일찍 시작되지만 동일시는 타인의 성격과 역할을 표상할 수 있어야 가능한 것이므로 2세는 지나야 한다.

부모를 동일시하는데 영향을 미치는 요인들을 서봉연과 이순형(1993)은 다음의 4가지로 제시하고 있다.

① 어린이와 부모를 동일시하기 위해서 가장 중요한 것은 부모-자녀 관계가

밀접하고 온정적이어야 한다.

② 부모와 비슷하다고 생각되는 주관적 유사성을 가질 때 동일시가 일어난다.

③ 동일시 대상이 되는 사람이 어떠한 특성을 가진 사람인지를 명확하게 지각할 수 있을 때 동일시되기 쉽다.

④ 부모를 동일시하는 행동이 부모로부터 보상받을 때 증가된다.

이상에서 사회화 과정에 작용하는 세 가지의 심리적 기제, 즉 보상과 벌, 사회적 학습, 동일시를 살펴보았는데 이 세 가지 기제는 모두 각각 독립적으로 작용하는 것이 아니라 상호 보완적으로 작용되어지는 것이다.

3. 사회화의 과정과 선행 조건

1) 사회화의 과정

(1) 사회화의 단계

사회화란 연속적인 작용이기 때문에 그 발달 단계를 구분짓는 데는 여러 가지의 어려움이 따르게 된다. 그러나 사회화의 과정을 발달적으로 보면 기본적 생활의 자립 단계, 문화형 · 행동의 공통성 획득의 단계, 통합적 단계란 3개의 특징적 단계로 나눠질 수 있다(김재은, 1991에서 재인용).

1 기본적 생활의 자립 단계

1단계는 기본적 생활에서 자립하는 단계이다. 유아 사회화의 제1보는 기본 생활의 자립이다. 그러기 위해서는 식사, 옷입고 벗기, 배설 등의 이른바 기본적생활 습관의 형성이 필요하게 된다. 이 단계에서는 가정 환경의 영향이 압도적으로 크게 작용되어진다.

2 문화형 · 행동의 공통성 획득의 단계

2단계는 문화형 · 행동의 공통성 획득의 단계이다. 이 단계는 그 사회의 공통된 생활양식, 사회적 규범을 습득하는 단계인데 유아기 후반부터 시작된다. 그러나 처음에는 이들이 왜 필요한지를 이해하지 못하며, 어른이나 환경으로 부터 영향을 받게 되면 이에 동조하는 데 지나지 않는다. 이 단계가 되면 가정 이외의 환경의 영향이 차츰 강해진다.

3 통합적 단계

3단계는 통합적 단계이다. 사회화의 최종 단계인데, 자립화와 비분화된 동조행동이 조화적으로 통합된다. 이 때까지는 바깥에 있는 사회적 틀에 맹목적으로 동조해 온 어린이가 드디어 이 틀과의 갈등 속에서 그 틀을 내재화하고, 자기의 행동을 자율적으로 통제하게 된다.

(2) 성 역할의 획득

인간에게 주어진 많은 사회적 역할 가운데서 어린이가 최초로 획득하는 것이 바로 성 역할이다. 인간에게는 생물학적인 성차가 있음과 동시에 행동 양식, 사고방식, 태도에 있어서도 성차가 있기 때문에 자기의 성에 알맞은 성 역할을 인지하고 거기에 적합한 행동을 취하는 것이 사회화를 촉진시켜 준다.

어린이가 성 역할을 획득하는 기관은 바로 부모이지만, 그 획득 과정은 부모가 자신이 가지고 있는 성 역할관에 일치된 행동을 취하도록 자기의 자녀에게 의도적으로 영향을 주는 방향짓기(sex-typing)와 부모 쪽에서의 의도적인 작용이 없다 하더라도 유아가 부모를 관찰하고 의식적 · 무의식적으로 부모의 성 역할 행동을 자기 것으로 만들어 나가는 동일시가 있다.

(3) 사회 환경과 사회화

가정에서 성취되는 어린이의 사회화는 비록 생활의 자립이라는 중요한 면을 포함하고 있지만 그것은 어린이가 습득해야 할 사회화의 일부에 지나지 않는다. 어린이가 가정 밖에서 생활의 장을 갖게 되면서 유치원, 지역사회, 매스 미디어 등과 같은 사회적 환경이 그들의 사회화에 직접 간접으로 보다 강렬하게 영향을 미치게 된다. 어린이들은 이들 사회적 환경 속에서 생활하는 가운데 행동의 규준이 되는 사회적 · 문화적인 틀과 대인행동의 양식을 스스로의 책임을 통하여 습득해 나간다.

따라서 어린이들은 또래와의 집단 활동이나 사회 속의 집단 생활을 통하여 인간 사회를 살아가는 데 필요한 사회적 기능을 습득하고 타인과의 관계에서 자기 실현을 꾀하는 훈련을 하게 되며 나아가 지도성(leadership)과 추종성(followship)에 필요한 자질을 스스로의 노력으로 습득해 가는 등의 사회 환경 속의 사회화를 이루어 나가게 된다. 여기에 보다 바람직하고 교육적인 사회 환경 조성의 필요성이 있게 된다.

2) 사회화를 위한 선행 조건

F. Elkind(이동원 역, 1980 : 7~21)에 의하면 인간이 사회화되기 위해서는 다음과 같은 3가지의 선행 조건이 필요하다고 한다.

① 이미 진행되고 있는 사회가 있어서 어린이는 그 세계 속으로 사회화되어져야 한다.

② 어린이는 필수적인 생물학적 유전질을 갖추고 있어야 한다. 만일 그가 정신박약이거나 심각한 정신질환으로 고통을 받고 있다면 적절하게 사회화의 관계를 유지해 나간다는 것이 극히 어려워진다.

③ 어린이는 인간성 즉, 다른 사람들과 정서적 관계를 확립할 수 있고 사랑 · 동정 · 창피 · 시기 · 두려움 등과 같은 감정들을 경험할 수 있는 조건들은 또한 사회화를 이해하기 위한 기초적인 배경 자료가 된다.

4. 사회성 발달의 제 요인

1) 놀 이

어린이들은 놀이의 전과정을 통하여 세상과 자기 자신들에 대한 발견을 보다 새롭게 한다. 새로운 기술을 배우고, 그 기술은 언제 사용하는지를 배운다. 삶의 여러 면을 시도해 본다. 그들은 또한 실생활을 재현해 봄으로써 복잡하고 대립되는 감정들을 경험해 본다. 놀이란 실제와 환상으로 완전히 분리되지 않는 어린이들 생활의 중요한 부분이다.

교수-학습 방법으로서 놀이는 유아교육에서 중요한 학습 원리로 간주되어 왔다. 어린이는 '자발성'과 '흥미'로 스스로 참여하는 놀이를 통하여 가장 효율적으로 학습할 수 있기 때문에 가능한 한 자유롭게 놀 수 있는 교육환경을 제공해 주는 것은 중요한 일이다.

그러나 최근 사회가 복잡해지고 경쟁적이며 빠른 속도로 발전해감에 따라 이러한 개념들이 점차로 학습이라는 구조적인 활동으로 대치되어지고 있다.

즉, 놀이와 학습을 상반된 개념으로 보고 서로 분리시키는 것이다.

놀이를 학습과 분리된 개념으로 이해하면서 좀더 빨리(hurried), 구조적이며 일(work-oriented)과 연관된 접근법으로 몰고 가려는 현대의 경향에 대해서, Rogers와 Sawyers(1988)는 다음과 같은 잘못된 신화들을 그 이유로 들고 있다(이기숙, 1994에서 재인용).

첫째, 일찍부터 가르치는 것이 효과적이라는 신념이다.

둘째, 어린이는 외적 보상에 의해서만 학습에 흥미를 느끼게 된다는 것이다.

셋째, 탐구하는 과정과 노력보다는 성공과 일의 결과가 더 중요하다는 것이다.

넷째, 교사 중심의 교사의 지시적인 활동이 어린이의 학습에 가장 효율적인 방법이다.

다섯째, 따라서 놀이란 별 가치가 없는 것이다.

이러한 신화들은 현대 사회에서 가정이나 유아교육기관에서 놀이와 학습을 유리시키고 계속해서 구조적이며 성인 주도적인 활동을 강조하게 된다. 그러나 놀이를 단순히 학습과 무조건적으로 결합시킨다든지 놀이를 학습과 완전히 분리된 것으로 본다든지 하는 것은 어느 것도 적절한 접근법이라고 할 수 없다.

2) 공격성

공격성의 정의는 다양하다. 일반적으로 분노, 적의, 증오, 불만, 원한 등에 의해서 타인이나 자신 또는 다른 대상에 대하여 손상, 공포, 고통을 주는 행동을 말하나, 경우에 따라서는 공격에 대한 경향성으로 이해될 때도 있다.

(1) 공격성에 대한 제이론

공격성에 대한 이론적 배경은 다음과 같다(최경숙, 1992).

공격성의 근원에 대해 Lorenz 등의 비교행동학자들은 모든 동물이 공격적으로 행동할 잠재력을 갖고 있는 것으로 미루어 공격적 행동에 대한 선천적 경향 즉, 싸우고자 하는 선천적 본능이 있음이 틀림없다고 믿었다. Lorenz는 우리 사회 안에서 공격성을 감소시키거나 통제할 수는 있지만 근본적으로 공격성은 선천적인 것으로 보았다.

Freud 또한 공격성은 선천적이며 본능으로부터 나온다고 믿었다. Freud는 그의 초기 저서에서는 리비도의 충동이 저지되었을 때의 결과로서 공격성을 생각하였다. 후에는 공격성이 죽음의 본능(thanatos), 즉 리비도와는 반대되는 본능으로부터 온다고 생각하였다. 공격성은 죽음의 본능이 자신의 자아파괴를 피하여 다른 사람을 향하려는 시도라고 보았다. 만약 밖으로 방향지어지지 않는다면 죽음의 본능에 의해 그 개인은 결국은 파괴되고 말 것이라고 설명하고 있다. 따라서 공격성은 때로는 파괴적인 충동의 해소, 또는 심리적 정화(catharsis)를 허용하기 때문에 건강한 반응으로 보아지기도 한다. 이러한 심리적 정화의 개념은 많은 논란의 대상이 되고 있다.

아동의 공격성에 대해 상호작용의 성격을 강조하는 학자들은 공격성을 비교행동학적 또는 선천적인 본능으로 보는 정신분석학적 견해를 받아들이지 않으려는 경향이 있다. 대신 그들은 추동이론(drive theory)을 받아들이는 데 이 이론에 의하면 공격성은 공격적인 동기나 추동에 근거한다고 보았다. 즉, 공격적인 외적 행동을 통해서 감소될 수 있는 고조된 유발 상태에 기초한다고 주장한다.

공격성을 추동이론으로 설명하려는 초기 주장은 Dollard 등의 연구에서 보여진다. 이들은 공격성이란 욕구불만의 결과라고 가정하였다. 욕구불만은 진행중인 목표지향적인 행동이 저지되는 것이라고 생각될 수 있다. 욕구불만은 공격적인 충동이 공격적 행동을 향하도록 시발작용을 유발하게 되는데 결국 이러한 충동이 공격적 행동을 하게 된다.

이러한 욕구불만-공격성 가설이 적용되리라 보여지는 여러 사례가 일상생활에서 발견될 수 있다. 확실히 아동들이 욕구불만 상태가 되었을 때에 흥분하고 화를 잘 내며 다른 사람을 향해 공격적으로 행동하는 것을 관찰할 수 있다.

Miller와 Sears는 욕구불만-공격성 가설을 수정하였다. 즉, 공격성은 욕구불만에 대한 많은 가능한 반응 중의 하나라고 인정하였고 벌이나 공포를 통해서 공격적인 반응을 통제하거나 억제하는 것이 가능하다고 시사하였다. 만약 공격적인 행동이 억제될 수 있다면 공격성은 욕구불만 대상을 향하지 않고 다른 대상으로 향할 수 있다. 이와 같은 전이된 공격성(displaced aggression)의 개념은 욕구불만-공격성의 이론으로 쉽게 설명될 수 없는 여러 공격적인 행동을 설명하는 것 같이 보인다. 이 이론에서는 공격성은 선천적인 것이 아니고 욕구불만의 경험에 의존한다고 설명된다.

아동의 공격성에서 학습의 역할은 계속적인 논쟁의 대상이 되어 왔다. Bandura는 공격적 행동의 3가지 요소를 강조하여 왔다.

① 처음에 어떻게 공격적 행동이 학습되거나 획득되는가?

② 어떤 자극이나 상황이 공격성을 일으킬 가능성이 있는가?

③ 무엇이 공격적 행동을 지속시키는가?

Bandura는 Freud나 Lorenz가 말한 본능적 충동의 개념을 반대하였으며 모방이나 강화의 중요성을 강조하였다. Bandura는 공격성은 학습된 행동이며 아동이 획득하는 다른 사회적 행동과 다를 바가 없다고 주장하였다. 즉, 사회학습의 일반적 원리—직접적 강화와 사회적 모방—에 의해서 공격성도 형성된다고 보았다.

공격성이 나타나는 것은 여러 가지 상황변인과 경험에 관계될 수 있다. Baron은 공격적 행동의 발생을 증가시켜 주는 환경적 자극은 다른 사람으로부터의 직접적인 도전, 공격적 모델에 접하는 것, 소음, 군중 같은 환경적인 긴장요인, 생리적 유발상태 등이라고 지적하고 있다.

공격성을 유지시켜 주는 것은 공격성이 획득될 때에 영향을 준 요인들이라고 Bandura는 지적하고 있다. 예를 들어 공격성이 보상되었을 때에, 즉 공격적 행동에 의해 원하는 목표를 달성하였을 때에 그와 같은 공격적인 행동은 유지된다.

Bandura의 이론에서 보면 확실히 아동의 사회적 세계에서 중요한 인물(부모, 교사와 친구들)이 아동의 일반적 · 사회적 행동형성 뿐만 아니라 공격적 행동발달에도 중요한 모델이 된다. 역할모델이 아동에게 언제, 어떻게 공격적으로 행동하는가, 언제, 어떻게 자제력을 발휘하는가 등을 볼 기회를 제공하기 때문이다. 그들은 또한 아동의 공격적 행동을 직접적으로 강화하거나 벌이나 부적강화 등을 통해 공격성을 금지시킬 수 있기 때문이다.

(2) 텔레비전과 공격성

많은 연구들이 텔레비전 속의 모델이 사실적이든 만화와 같은 내용이든 아동의 공격성을 증가시킨다는 보고를 하고 있다.

Liebert와 Baron은 Bandura가 아동의 공격성을 오뚝이풍선 같은 무생물과 상호작용할 때에 나타나는 행동으로 측정한 것을 반대하였다. 이러한 절차 대신 Liebert와 Baron은 4세~9세 집단에서 그들 친구들을 향하여 공격적인 행동을 보이는 것을 평가하였다. 실험집단의 아동들에게는 싸우고 칼로 찌르는 등의 텔레비전 폭력 프로그램을 보여 주고 통제집단에는 공격성이 없는 스포츠 프로그램을 보여 주었다.

3분 30초간 텔레비전을 보게 한 후 각 아동을 한 방안으로 데리고 가 반응상자 앞에 앉혔다 그 상자에는 두 개의 단추가 있었는데 오른쪽은 초록색 단추, 왼쪽은 빨간색 단추였다. 두 개의 단추 위에 하나의 하얀 전등이 있었다. 실험자는 아동에게 우리와 옆 방에 있는 한 아동과 게임을 하게 된다고 말하였다. 그 아동이 그 방안에서 핸들을 돌리면 이 방 상자의 전등에 불이 들어오게 된다고 말하였다.

만약에 이 방에서 초록색 단추를 누르면 옆 방의 다른 아동을 도와서 핸들을 돌리는 것을 쉽게 할 것이고 만약 빨간 단추를 누르면 옆 방의 핸들을 뜨겁게 해서 그 방의 아동을 다치게 할 것이라고 말하였다. 물론 옆 방에는 아무도 없었다. 폭력적인 텔레비전 프로그램을 본 아동들은 다른 아동을 다치게 하려는 경향이 높은 것으로 나타났다. Liebert와 Baron은 공격적인 모델에 접하는 것이 아동의 공격적인 경향을 증가시킨다는 결론을 지었다.

공격성과 텔레비전을 관련시킨 연구보고서는 많다. 이들 보고서는 일반적으로 텔레비전 속의 폭력과 공격성을 비난하고 부모의 지도를 강조하여 왔다. Rothenberg는 10,000여편이 넘는 연구결과를 종합하여 몇 가지 결론을 내렸다.

첫째, 아동은 텔레비전의 공격물을 통해서 새로운 공격적인 행동을 학습한다. 텔레비전에서 관찰된 상황과 아동의 실제 상황이 유사할 때, 관찰된 공격성이 성공할 때, 벌을 받지 않고 목표를 달성하기 위하여 공격적인 행동이 자주 사용되어지는 것을 보았을 때에 아동의 공격성의 모방이 증가 된다.

둘째, 텔레비전이나 영화에서 빈번하게 공격물을 관찰함으로써 대상 매체의 공격성에 정서적인 예민성이 감소된다. 즉, 공격성의 불안이 감소되고 다른 사람에 대한 공격성이 증가된다.

셋째, 심리적 정화에 관련된 연구결과들은 심리적 정화의 반대 결과를 보고하여 왔다. 다시 말해서 관찰자의 공격성의 증가가 나타났다. 고통, 공포나 괴로움 등을 관찰하는 것이 심리적 정화로 이끈다는 명확한 증거는 아직 없다.

넷째, 공격성은 ① 관찰자의 도덕 기준에 비추어 공격성이 옳지 않다는 것을 상기시키거나 ② 공격의 고통스러운 결과를 인식할 때 억제될 수 있다. 또한 공격성은 관찰 후에, 관찰 때의 공격성과 관련된 단서가 제시되거나 공격자의 일반적인 각성상태에 따라 촉진될 수 있다. 예를 들어 언어적인 공격을 받은 후에 텔레비전에서 공격물을 보았을 경우 공격을 받지 않은 사람보다 더 공격적이 될 것이다.

3) 자아개념

자아개념(self concept)이란 타인과 구별되는 자기의 본질적이고 현저한 특징에 대한 추상적인 개념으로서 다른 사람과의 상호작용을 통한 경험과 평가를 통해서

형성되는 총체를 말한다.

자아개념의 발달 단계는 다음과 같다(최경숙, 1992).

(1) 초기단계

자아개념 발달의 첫단계는 우선 영아가 자신이 다른 사람과 분리되어 있다는 것을 인식하여 어머니의 신체가 자신의 일부가 아님을 아는 것이다. 즉, 실존적 자아개념이 성립되는 것이다. Freud는 영아가 어머니와 자신을 하나의 단위로 생각하는 것과 같은 어머니와 아기의 공생 관계를 언급하였다. Piaget 또한 어린 영아들은 자신이 아닌 것으로부터 자신의 분리를 이해하지 못한다는 점을 강조하여 왔다. 이러한 분리를 의식하게 되는 것은 사물개념의 발달과 함께 생후 6~8개월 사이에 발달하는 것으로 보인다.

다른 사람과의 분리를 인식한 후에는 아동은 자신을 지속된 존재로서 볼 수 있어야만 한다. 오늘 문으로 들어온 어머니가 어제의 그 문으로 들어왔던 어머니라는 것을 알아야 하듯이 자신을 시간과 공간 속에서 지속되는 존재로서 볼 수 있어야 한다. 아동이 자신을 이와 같이 지속된 존재로서 이해하였다는 것은 아동이 자신의 이름을 사용할 수 있다는 데에서 보여진다.

최근 영아의 자아인식에 관한 많은 연구가 보고되어 왔다. 이들 연구에서는 18개월에서 24개월 사이의 아동이 거울 속에서 자신을 발견하며 다른 아기의 사진보다는 자신의 사진을 더 오래보며, 사진 속의 자신을 이름 부를 수 있다는 것을 보고하고 있다. Gallup에 의하면 사춘기 침팬지들이 거울 속의 자신을 발견할 수 있었으나 고립되어 자란 침팬지는 거울 속의 자신을 인식하지 못하였다. 따라서 Gallup은 자신에 관한 지식을 갖기 위해서는 다른 사람들에 대한 지식이 있어야만 한다고 지적하고 있다. 영아들도 생의 초기에 부모나 다른 사람들과의 사회적 접촉을 통해 자아개념이 발달된다.

(2) 유아기

영아기의 자아의 기초적 이해가 형성되면 유아기에 들어오면서 범주적 자아,

즉 사람들을 구별하는 차원을 발견하고 그 차원에 따라 자신의 위치를 찾는 등의 긴 기간의 발달 과정이 시작된다.

예를 들어 Edwards와 Lewis는 3세와 5세 사이의 유아들이 연령을 중요한 차원으로 본다는 것을 발견하였다. 이 연구에서 유아들은 사진을 보고서 어린 아동들, 큰 아동들, 부모, 조부모 등의 집단을 구별하였다. 이 유아들은 또한 자신을 어린 아동 또는 큰 아동으로 소속시켜 구별할 수 있었다. 유아기의 자아개념 발달의 또 하나의 증거는 독립심과 자율에 대한 주장이 증가하는 것으로도 보여진다. Erikson이 지적하였듯이 이 시기의 독립심에 대한 강력한 주장은 자기 자신에 대한 아동의 탐색과정으로서 보여질 수 있다. 즉, 유아는 '내가 무엇을 할 수 있나?', '내가 어디로 갈 수 있는가?' 등 자기 자신의 능력이나 기술의 한계를 검증해 본다.

이와 같은 변화와 함께 3, 4세 유아는 물건이나 사람에 대해서도 내 인형, 내 가방 등의 소유를 나타내기 시작한다. Allport는 이와 같은 행동은 자아에 대한 개념을 자신에게 속한 물건에까지 확대해 가는 과정이라고 지적하였다

(3) 아동기

4, 5세 경에 이르면 아동의 범주적 자아는 성숙한 수준에 도달한다. 아동은 여러 차원에서 자신을 기술할 수 있고 같은 차원 내에서 타인과 자신을 비교할 수 있다. 그러나 아동기에 들어서면서 점차 복잡한 개념을 발달시키며 자아개념도 점차 복잡하여진다.

이와 같은 변화는 Montemayor와 Eisen의 연구에서 생생하게 보여진다. 이 연구에서는 아동의 자아개념을 직접적인 방법으로 측정하였다.

4, 6, 8, 10, 12학년 아동들에게 '내가 누구냐'라는 질문에 대해 20가지의 다른 대답을 쓰도록 요구하였다. 그 결과, 어린 아동들의 대답은 연령, 크기, 주소 또는 좋아하는 활동 등 외적으로 보이는 범주에 초점을 두었다. 그러나 나이 든 아동들은 그들 자신의 신념, 다른 사람과의 관련성 및 성격특성 등을 열거하였다. 확실히 나이 든 아동들의 자아개념은 추상적이며 이것은 구체적 조작단계로부터 형식적 조작단계로의 이행을 반영하는 것이라고 보여진다.

발달 초기의 자아긍지의 발달에 관하여는 거의 연구된 바가 적다. 그러나 5, 6세 경이 되면 아동은 명확하게 자신을 좋아하는지 않는지를 표현할 수 있다. 범주적 자아개념에서와 같이 자아긍지가 부각되는 차원도 나이와 함께 변화한다. Kokenes는 Coopersmith의 질문목록을 사용하여 4학년에서부터 8학년까지의 아동을 대상으로 연구한 결과 4학년과 5학년에서 자아긍지에 관련된 중심 주제는 학교와 친구관계에서의 성공이었다. 그러나 8학년에서는 부모와의 관계이다. 부모와 만족스러운 관계를 유지하고 부모가 격려해 주며 지지하여 주는 경우이다. 따라서 아동의 자아긍지는 고정되어 있는 것이 아니고 그 당시의 중요하게 생각되는 관계나 과제에서의 성공에 크게 의존하게 된다.

4) 부모 – 자녀 관계

부모 – 자녀 관계는 양적, 질적 측면에서 대단히 다양하다. 우선 양적 측면에서 보면, 부모와 어린이가 함께 보내는 시간의 양은 가정에 따라 그리고 문화에 따라 다르게 나타난다. 일반적으로 어머니들이 아버지들 보다 매일의 아동양육을 위해 더 많은 시간을 할애하고 아동양육의 책임을 맡는다.

아동 심리학자들은 부모 – 자녀 관계의 질적 특성에 흥미를 가지고 그것이 그들의 사회적 발달에 어떤 영향을 주는가를 연구하였다.

부모-자녀 관계의 질적 특성은 온정적, 수용적, 보호적 그리고 적대적, 거부적이거나 무관심하고 냉담할 수 있는 것으로 나타난다.

아동의 사회적 발달에 주는 영향은 부모 – 자녀 관계의 양적 측면보다는 질적 측면이 더 중요하기 때문에 부모-자녀 관계의 질적 특성을 살펴보면 다음과 같다 (김태련 외, 1992).

(1) 부모 – 자녀 관계의 질적 특성

많은 연구자들은 부모역할(parenting)의 특성을 연구하였다. 특히 Schaefer(1959)는 부모역할의 유형으로서 2개의 주된 차원을 제시하였다. 즉, 부모가 애정적이고 보상적이며 수용적인가, 아니면 적대적, 거부적 혹은 차별적인가를 나타내는 애정대 적대감 차원과 허용적인가 구속적인가에 따라 자율 대 통제의 차원으로 구분하였다.

또한 Diana Baumrind(1971)는 부모역할의 유형은 아동의 사회적, 성격적 특성에 영향을 준다고 가정하고 아동의 유형과 부모의 양육방법 사이의 관련유형을 분석하였다. 가정과 유아원에서 관찰한 자료를 토대로 분류한 3가지의 아동유형과 부모와의 면접, 태도검사와 성격검사 그리고 관찰을 통하여 추출해 낸 4가지 유형의 부모 양육방법의 관련 여부를 조사하였다〈그림 2-2 참조〉.

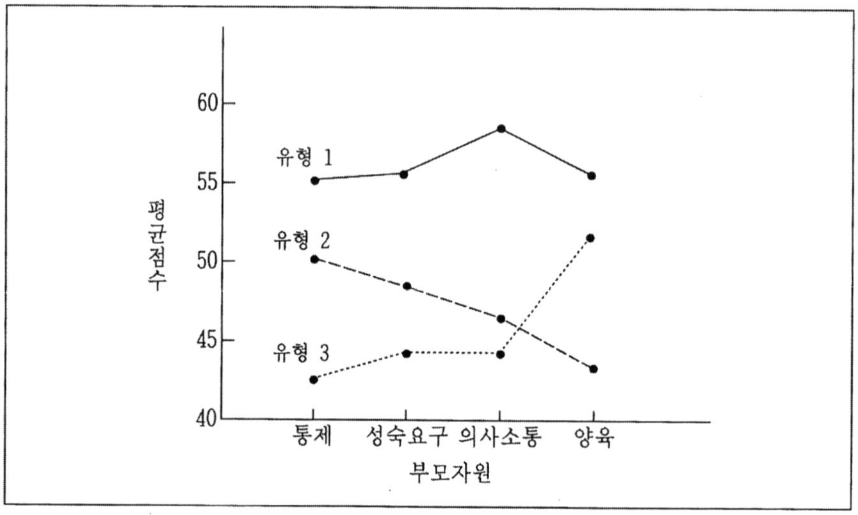

[그림 2-2] 아동의 유형과 부모의 양육방법간의 관계

Baumrind가 분류한 아동유형과 부모 양육방법의 유형은 다음과 같다.

1 아동유형

① **유형** 1 : 성숙하고 경쟁적이며 독립적이다. 일상생활에서 만족을 느끼며 자신을 통제할 줄 알고 탐구적, 친화적, 자기주장적이다.

② **유형** 2 : 어느 정도 자신을 신뢰하고 통제할 수 있으나 만족을 느끼지 못하고 불안정하다. 때로는 근심하고 회피하며 동료와 친하게 지내지 못한다.

③ **유형** 3 : 가장 미성숙하고 의존적이며 자기통제가 부족하다. 긴장 상황에서

도피하려고 한다.

2 부모의 양육방법

① **통제** : 아동의 의존적이며 공격적 행동을 수정하고 부모가 제시한 표준을 따르도록 하려는 노력이다.

② **성숙 요구** : 지적 · 사회적 그리고 정서적으로 아동의 능력수준에 적합한 행동을 수행할 것을 요구한다.

③ **의사 소통** : 부모와 자녀 사이에 서로 의견을 나누고 아동의 감정에 관심을 갖는다.

④ **양육** : 자녀를 사랑하고 포용하며 돌본다.

[그림 2-2]를 살펴보면 성숙하고 능력 있는 아동의 부모는 네 가지 차원에서 모두 높은 점수를 얻고 있는 것을 알 수 있다. 부모는 자녀에게 따뜻하고 지지적이며 의사소통을 충분히 하고 있었다. 동시에 그들은 자녀를 통제하고 성숙한 행동을 요구하였다.

(2) 부모 양육태도의 유형

한편 Maccoby와 Martin(1983)은 Schaefer와 Baumrind의 연구 결과를 종합하여 [그림 2-3]과 같은 부모역할의 유형과 차원을 제시하였다. 그들이 제시한 부모 유형을 살펴보면 다음과 같다.

1 권위적 (authoritative)

권위적 부모들은 아동 중심적이었으며 아동의 욕구와 소망을 인정하고 수용하였다. 그들은 성숙한 행동을 위한 확고한 표준과 규칙을 설정해 놓고 자녀들과 허심탄회하게 대화하며 의사결정에 대한 이유를 설명해 주고 아동의 견해에 귀를 기울였다. 권위적 부모의 자녀들은 자주적이고 자기통제적이며, 유능하고 우호적이며 높은 수준의 자아존중감을 지니고 있었다.

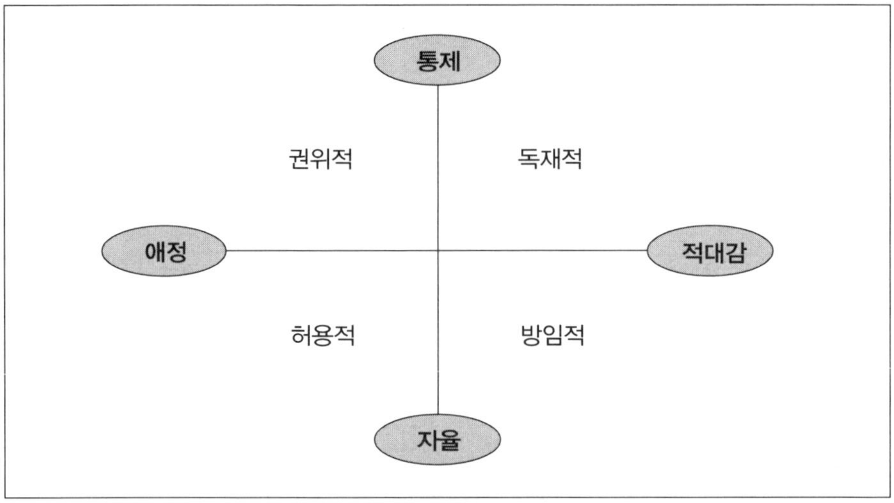

[그림 2-3] 부모역할의 유형과 차원

2 독재적 (authoritarian)

독재적 부모들은 성숙한 행동에 대한 그들의 욕구와 아동의 욕구 사이에 조화를 이루지 못한다. 그들은 아동의 욕구 표현을 제한하고 규칙이나 의사결정을 아동과 의논하지 않으며, 부모 권위에 도전하는 아동을 억압한다. 독재적인 부모들은 신체적 처벌을 가하고 거칠게 비난한다. 독재적인 부모의 자녀들은 사회적 능력과 자발성이 부족하고 냉담하며 낮은 수준의 자아존중감을 갖는다.

3 허용적 (permissive)

허용적 부모들은 애정적이고 반응적이며 수용적이나 아동의 행동을 거의 통제하지 않는다. 그들은 가능하면 제한을 가하지 않고 아동 자신이 스스로 자신의 행동을 결정하기를 원한다. 따라서 취침 시간, 식사 시간 그리고 TV 시청 시간도 아동이 결정하도록 원한다. 허용적 부모의 자녀들은 충동적이고 공격적이며 책임감이 부족하다.

4 방임적 (indifferent)

방임적 부모들은 부모로서의 역할을 수행하지 않는다. 그들은 가능한한 아동과

적은 시간을 보내려고 하며, 아동의 요구를 거부하거나 무시하고 일관성 있는 지도나 훈육을 제공하지 않는다. 자녀와의 접촉은 단지 부모 자신의 즉각적인 위안을 얻기 위하여 이루어진다. 방임적 부모의 자녀는 적대적, 공격적, 불복종적이다. 그들은 낮은 수준의 자아존중감을 지니고 있으며 타인의 권리를 고려하지 않는다. 그 결과 아동이 청소년으로 성장하면 과도한 음주나 비행을 범할 가능성이 높다.

결론적으로 권위적인 부모들이 가장 바람직한 특성을 갖는 자녀를 양육할 수 있다. 자녀들과 빈번한 의사소통을 갖고 그들의 욕구를 수용해 주는 동시에 확고한 표준과 규칙에 따른 성숙한 행동을 요구하면 자녀들은 능력 있고 사회적 책임감을 갖는 아동으로 성장할 수 있다.

제3장

사회성 발달

1. 영아기의 사회성 발달
2. 유아기의 사회성 발달
3. 유아의 사회적 특징
4. 유아의 사회적 행동발달을 돕는 방법

1. 영아기의 사회성 발달

사회성 발달은 표현 행동(expressive behavior)이 나타나는 영아기에서부터 시작된다. 표현 행동이란 외부 세계와의 의사 전달로서 자신의 욕구나 호기심 등을 표시하는 행동을 말하는데, 여기에는 울기, 응시하기, 미소하기, 옹아리, 모방하기 등이 있다. 이런 행동은 생후 6개월쯤 되면 주위 사람들에게 애착하거나 혹은 주위 사람들로부터 이탈하여 어떤 특수한 형태로 분화되어 가는데, 2세 경이 되면 이런 패턴이 외부 세계에 대한 태도로 통합되어 가게 된다.

1) 표현 행동

영아들의 의사 소통을 위한 표현 행동에는 울기(crying), 응시하기(gazing), 미소하기(smiling), 옹아리(babbling), 모방하기(imitation)가 있다.

(1) 울 기

영아 초기에는 주로 배가 고프거나 아플 때 우는데 점차 그 울음의 의미는 분화되기 시작한다. 즉, 영아들은 배가 고플 때는 점점 소리가 커지면서 리드미컬한 울음을 울게 되고 아픔에 대해서는 갑작스럽고 불규칙적인 울음을 나타내게 된다.

한 실험(R. O. Bell., and M. D. S. Ainsworth, 1972)의 결과에 의하면, 생후 3개월쯤 된 영아는 자기 혼자 있을 때 엄마가 그들을 안아 줄 때보다 더 많이 우는 데 비해 생후 9~12개월쯤 되면 혼자 있을 때보다 오히려 엄마는 보이지만 자기를 안아 주지 않을 때 더 많이 울게 된다고 한다. 이러한 사실은 결국 영아가 생후 1년 경이 되면 울음을 사회적인 의사 전달로써 사용하게 된다는 것을 나타내어 준다.

(2) 응시하기

아기는 생후 며칠만 지나도 사물에 초점을 맞추고 눈으로 따라갈 수 있게 되는데, 4주 정도가 경과하면 사물보다는 얼굴을 쳐다보는 것을 더 좋아하게 되고, 4~5개월이 경과하면 지각 변별이 가능하게 되면서 다른 사람보다 엄마의 얼굴을 더 잘 쳐다보게 된다. 이렇게 얼굴을 쳐다보는 것, 특히 눈과 마주치는 것은 새로운 관계를 형성하는 데 큰 역할을 하는데 이때부터 대다수의 어머니는 자기의 아기를 하나의 대상으로서가 아니라 한 인간으로서 대하게 된다고 한다.

이러한 과정을 통해서 아기는 주위 사람들의 주의와 관심을 자신에게 유도하게 되고 타인과 자신과의 교섭을 갖게 된다.

(3) 미소하기

미소의 발달은 변화하는 양상이 비교적 뚜렷한 반사적 미소(reflexive smiling), 무선택적인 사회적 미소(unselective social smiling), 선택적인 사회적 미소(selective social smiling)의 세 단계로 구분되어 발달해 간다.

출생시부터 아기는 내적 상태에 따라 자발적으로 웃음을 보이나 생후 1주 정도에는 순간적이며 반사적인 미소를 보이는데 이 때의 웃음소리는 여자 목소리와 같이 고음이다.

출생 후 4~6주가 되면 웃음소리는 좀더 극적으로 바뀌어지고 오랫동안 미소를 지으며 눈을 치켜뜨는 등 얼굴 표정도 짓게 된다. 사물보다 사람 쳐다보기를 더 좋아하면서 사람과 눈이 마주치게 되면 사회적 미소를 보내는데 처음 몇 달간은 처음 보는 사람에게도 미소짓는 무선택적인 사회적 미소를 보이나 5~6개월 경이 되면 얼굴을 구별해서 미소를 짓게 되는 선택적인 사회적 미소를 보인다.

이와 같이 아기는 미소로써 주위 사람들의 환심을 사면서 사회성 발달의 기초가 되는 사회적 교섭을 이루어 나간다.

(4) 옹아리

아기는 아픔과 즐거움을 나타내는 소리를 내는데 4~6주가 되면 사람의 목소리에 반응하여 새소리와 같은 목구멍 소리를 낸다.

이것은 주위에 대한 사회적 흥미를 표시하고 다른 사람의 주의와 관심을 끌고 애정을 받고자 하는 신호이다.

대개 여자 목소리는 아기에게 소리를 내도록 자극하는 것으로 보이는데, 그 증거로서는 1개월 정도의 아기가 자기 어머니의 목소리를 구별하고 더 잘 반응하는 것을 볼 수 있다.

미소와는 달리 아기의 발성은 자신이 들을 수 있기 때문에 주위에 상대해 주는 사람이 없어도 혼자서 옹아리를 반복한다. 이렇게 자기 소리를 다시 흉내내는 옹아리는 6개월쯤에 나타나는데, 9~10개월쯤 되면 다른 사람이 내는 소리를 모방하기도 하고 스스로 발성해 보기도 한다. 이 때부터 모방이 두드러지게 된다.

(5) 모방하기

어린이가 어른이 되는 것을 배우는 데 있어서 가장 중요한 방법 중의 하나가 바로 모방하기이다. 어린이는 사회적 기술(social skill)을 능동적으로 학습하지는 않으나 생후 1년쯤이 되면 모방 행동을 통해서 상호관계가 긴밀해진다.

아기는 모방적 옹아리에서 시작하여 다른 사람의 행동을 모방하게 되는데 자기가 본 것, 들은 것을 모방하는 경향은 부모-자녀 상호관계에 새롭고 재미있는 놀이 유형을 만들어 내게 된다. 짝자꿍, 잼잼, 곤지곤지, 불무불무 등의 놀이가 그 좋은 예가 된다. 이러한 모방을 통한 놀이는 사회적 관심의 표현으로서 사회적 반응을 유발하는 데 매우 효과적이다.

모방은 처음부터 아기가 애착을 느끼는 친근한 사람에게 선택적으로 지향하는데, 아기가 상대편 어른과의 상호적인 강화로 작용되어지기 때문에 모방을 통해 결국 양자의 애착은 더욱 강화되어진다.

2) 애착행동과 불안

(1) 애착행동

유아는 처음의 무선적인 표현 행동들이 점차 선택적으로 되어짐에 따라 그들 세계에서 친숙한 사람에게 특별한 애착(attachment)을 발달시키게 된다.

이런 애착은 사랑과 의존심을 포함하는 것으로서 아기는 애착을 가지는 사람이 보이지 않으면 찾게 되고 그의 주의를 끌려고 하며, 그가 자신을 떼어 놓으면 당황하고 불안해한다.

대부분의 유아가 6~8개월이 되면 이런 선택적인 애착을 갖게 되는데 거의 대부분의 경우 엄마가 그 대상이 되나 간혹 아버지에게 애착을 보이는 경우도 있다. 애착의 대상이 나중에는 형이나 누나 또는 할머니, 할아버지, 아주머니, 아저씨, 집안끼리의 또래들에게 퍼져 나가게 된다.

애착은 부모가 아이들에게 자극을 주고 또 아이들이 울거나 신호를 보낼 때 신속하게 반응함으로써 길러지는 것이다. 이 때 부모가 자극을 주거나 따뜻하게 대해 주지 못하면 애착이 형성되는 시간이 오래 걸리고 또 그 강도도 약해진다.

이와 같이 애착은 유아가 받은 애정의 양이나 질에 따라서 그 형성의 정도가 좌우된다.

M. D. S. Ainsworth와 B. A. Witting(1969 : 김재은, 1991에서 재인용)에 의하면 애착은 다음의 두 단계로 발달된다고 한다.

1 사람일반에의 애착

제1단계는 '사람 일반'에의 애착이 생겨난다. 특히 졸립다든가 배가고프다든가 하는 상태가 아니면, 다른 물체보다 사람이 가까이에 다가오면, 가장 기뻐하고 위로를 받게 되는 모습을 관찰할 수 있다. 더욱이, 처음에는 특정한 사람이 유효하다고 할 수는 없고, 사람이면 누구라도 좋아하는 것처럼 보인다.

2 특정인에 대한 애착

제2단계는 '특정인'에 대한 애착이 거기에 첨가되는 시점으로서 이 시기에는 단수 또는 복수의 '특정인'이 가장 유효하지만, 그렇다고 그 외의 다른 사람은 전적으로 거부되는 것은 아니고, 기분이 좋은 상태에 있을 때에는 다른 사람도 받아들이게 된다. 그렇지만, 다른 사람은 주변으로 밀려 나는 것처럼 보인다.

(2) 애착을 가지게 된 후 나타내는 불안

어린이가 애착을 가지게 된 후 나타내는 불안(anxiety)으로는 낯가림(stranger anxiety)과 격리 불안(separation anxiety)이 있다. 이 불안은 어린이가 대인관계의 틀을 형성하고, 또 새로운 사람에 대한 자극을 잘 동화할 수 없을 때에 나타나는 반응이다.

1 낯가림

아기가 선택적인 애착을 형성하게 되면 그 반작용으로 낯선 사람에 대해서 불안을 보이게 된다.

5~8개월된 어린이는 낯선 사람을 보면 처음 10초 동안은 두리번거리며 쳐다보다가 얼굴이 굳어지고 울기 시작한다. 낯선 사람이 없어지면 다시 원상태로 돌아와 예사롭게 놀다가 다시 낯선 사람이 나타나면 울기 시작한다. 이를 낯가림이라 한다. 낯가림은 6개월에서 시작하여 8개월이면 절정을 되고, 12개월에서 15개월이 되면 사라진다. 어머니 품에 안겨 있을 때 이 현상은 덜 나타나고 어머니와 떨어져 있으면 더 심하다. 이는 어머니와의 접근 방해가 공포를 더해 주고 있음을 보여 주는 것이다.

그러나, 생후 6개월 동안의 성장 과정에서 아기가 주위 사람들과 긍정적인 사회적 경험을 갖게 되면 낯선 사람에 대해 불안을 느끼게 되는 시기에도 심한 불안을 경험하지 않을 수도 있다. Collard(1967 : 김성태, 1974에서 재인용)의 고양이 집단을 대상으로 한 다음과 같은 실험 결과에서 이 사실을 잘 알 수가 있다.

Collard는 새끼고양이들을 세 집단으로 나누어, 첫째 집단은 1주에 5일씩 4주일 동안 여러 사람이 교대로 다루었고, 둘째 집단은 한 사람이 계속해서 위와 같은 날짜와 같은 기간에 같은 고양이만 다루게 하였으며, 셋째 집단은 아무도 손을 쓰지 않고 그냥 두었다. 이 모두에게 4주일 되는 끝날에 낯선 사람을 대하게 하니 둘째와 셋째 집단이 가장 낯가림을 하고, 첫째 집단은 낯선사람과 잘 어울리는 것이었다.

결국 아기는 평소에 사회적 접촉을 빈번하게 가짐으로써 낯선 사람에 대한 불안, 낯가림이 줄어들 수 있게 된다.

2 격리 불안

낯선 사람에 대해서 경계를 하게 되면서 유아는 그들이 애착하는 부모에게서 격리되는 데 대한 불안을 갖기 시작한다. 이런 격리 불안은 낯선 사람에 대한 불안 반응이 사라지기 시작하는 13~18개월 경에 나타난다. 이 때에는 기거나 걸을 수 있으므로 엄마에게서 떨어지면 엄마 곁으로 가려고 애를 쓴다.

R. O. Bell과 M. D. S. Ainsworth(1972)에 의하면, 엄마와 아이를 놀이방에 넣어 두고 엄마가 잠시 나갔다 돌아오게 했더니, 1세 경 아이는 엄마가 없어지면 울고 엄마를 찾기 위해서 문 주위로 가서 밖을 기웃거리며 나가려고 하다가 관심이 사라졌다고 한다. 그러다가 엄마가 돌아오게 되면 울음을 그치고 엄마에게 매달려 꽉 붙들고 잠시 동안 떨어지지 않았다고 한다.

격리되거나 만나게 될 때 나타나는 이런 반응은 10~18개월의 아기에게서도 흔히 볼 수 있다.

격리 불안은 김성태에 의하면 무서워하는 기질적인 소질과 함께 어머니가 없어서 생기는 세마(schema)상의 차이점, 어머니에게 늘 반응하던 습관적 반응의 붕괴, 어머니에게 가고 싶지만 갈 수 없을 때에 나타난다고 한다.

(3) 애착 대상에서의 분리와 개체화

10~18개월 경이 된 유아는 짧은 동안의 격리에도 불안 반응을 보이나 2년쯤부터는 엄마가 잠깐 동안 떠나는 것에 대해서 그리 심한 불안을 보이지 않게 되고 3, 4세가 되면 더욱 태연해져서 애착 대상으로부터 분리(detachment)되어진다. 낯선 사람이나 격리에 대해 초연할 수 있는 능력이 증가함에 따라 2세 경부터 부모에게서 분리되어 개체화가 시작된다.

이와 같이 개체화가 이루어지는 데는 두 가지 능력의 증가가 뒷받침되고 있다.

하나는 2세 경부터 사물을 스스로 조작할 수 있는 능력의 증가이고, 또 하나는 자신이 부모나 타인에게 영향을 줄 수 있는 것을 알아차리기 시작하는 능력의 증가이다. 아직도 부모는 아기에게 상당한 영향력을 행사하지만 반대로 아기도 부모에게 영향을 미칠 수 있음을 안다. 예를 들면, 엄마가 야단을 치면 음식을 쏟아 버리거나 옷을 더럽히는 행동으로 대응한다. 그리고 '안해' 또는 '싫어'라는 낱말을 알게 되면서 말로 자신의 입장을 주장하게 된다. 이렇게 함으로써 아기는 점차 분리된 개체로 독립하게 된다(서봉연 · 이순형, 1983 : 262).

인간발달 과정에서 이러한 개체화는 제1반항기인 2, 3세와 제2반항기인 사춘기에 나타난다. 이 두 반항기가 모두 자기 개념 내지 자아의식의 증가로 인해서 나타나는 현상이다.

애착 대상에서의 분리를 통한 개체화로써 어린이는 보다 적극적인 사회적 관계를 형성하게 되고 사회화되어진다.

2. 유아기의 사회성 발달

2살부터 6살 사이에 있는 유아들은 사회적 접촉을 어떻게 하고 또 가 족 외의 사람들, 특히 같은 연령의 또래 유아들과 어떻게 어울려야 하는가를 배운다. 이들은 다른 사람들에게 순응하고 또 어떻게 협동적으로 놀이를 할 것인가를 배운다. 이 시기에 형성된 사회적 태도나 행동은 별로 변하지 않고 지속된다.

유아기는 종종 '갱전 시기(pre-gang's age)'라고 한다. 이 시기의 유아들은 다른 유아들과 빈번한 접촉을 가진다. 이것은 부분적으로 그들의 사회적 발달을 어떻게 진전시킬 것인가를 결정한다. 유아교육기관에 다니는 유아들은 그렇지 않은 유아들보다 훨씬 많은 사회적 접촉을 하게 되며, 그래서 보다 나은 사회적 적응을 할 수 있게 된다. 그 이유는 유아교육기관에 다니는 유아들이 집에 있는 가족들이나 가까운 이웃 유아들하고만 지내는 유아들보다 더 적극적으로 집단 활동에 참여할 수 있기 때문이다.

또한 2세부터 6세 사이에는 영아기 때 획득한 여러 행동들이 개인적인 패턴으로 응고되기 시작하며, 타인과 구별되는 태도, 선호(選好), 행동방식을 발달시키게 된다. 무엇보다도 자신을 한 개인으로 점차 인식하게 되며, 자신에 대해서 긍정적 태도나 혹은 부정적 태도를 형성하기 시작하면서 점차 여러 유형의 주위 사람들과의 새로운 사회적 상호작용을 하게 된다.

이와 같이 유아기의 사회성 발달은 자기와 주위 사람들에 대한 개인적 대응 양식과 사회적 교섭 양식으로 나누어 살펴볼 수가 있다.

1) 개인적 대응 양식

(1) 신체적 자기 의식

신체적 성장이 급속도로 이루어지게 된 유아기의 어린이는 점차 자신을 의식하게 되고 자신에 대한 새로운 태도를 형성하게 된다. 2세 경의 어린이는 자신이 신체를 가진 하나의 독립체임을 인식하게 되고, 자신의 몸을 자기 자신이 통제한다는 것을 알게 된다.

이 시기의 어린이는 자신이 신체를 소유한다는 기본적 인식을 갖게 되고, 자기 몸에서 일어나는 변화와 다른 사람과의 신체적 차이에 관한 지각이 분명해진다. 2세부터 6세 사이의 어린이는 자기 신체의 크기에 관해 자긍심을 갖거나 관심을 보이는 것을 자주 볼 수 있다. 유아기 어린이는 남성과 여성과의 신체적 차이를 알게 되며, 자신의 성에 관한 정체(identity) 의식을 갖게 된다. 4세 경 어린이는 옷을 벗어 본다거나 성적 관심을 나타내는 놀이도 흔히 한다. 4~6세 된 대부분의 어린이는 부모에게 성에 관한 질문을 자주 한다.

그리고 이 시기의 어린이는 가끔 자기의 신체가 상처를 받지 않을까 하는데 특별한 관심을 보인다.

어린이가 자신의 신체에 대해 관심을 많이 나타내는 데 대해 주위 어른이 어떻게 반응하는가에 따라 어린이가 자신을 대하는 태도가 좌우된다. 어린이가 성장하는 것에 부모가 기쁨을 가지고 이를 표현하게 되면 어린이는 자신을 자랑스럽게 느끼며 자신을 갖게 된다.

이와 같은 어린이의 신체적 자기 의식이나 자신감은 사회성 발달 및 사회적 행동의 양상에 기초가 된다.

(2) 신체적 자기 의식에 따른 여러 특징의 발달

유아기에 접어들어 어린이는 신체적 자기 의식에 따라 여러 면에서의 특징적 발달이 이루어진다. 여기에는 숙달감의 발달, 자율성의 발달, 자존감의 발달, 양심의 발달 등이 포함된다.

1 숙달감의 발달

숙달감(feelings of mastery)은 새로운 활동을 잘 해내고자 하는 노력을 하면서 새로운 활동을 충분히 완성해낼 수 있을 때 즐거움을 느끼게 한다. 숙달감은 이미 영아기 때, 아기가 자기 몸과 주변의 환경을 조절할 수 있게 되었을 때 기쁨을 느끼는 데에서 시작된다. 유아 전기에 접어들면 어린이가 새로운 일을 익히려고 하는 경향이 더욱 뚜렷해진다.

새로운 기술을 익히는 것이 어린이에게는 굉장한 즐거움이 되므로 한가지 기술을 익히고 나면 또 다른 기술을 익히려고 하는 시도를 계속해 나간다. 이러한 의미에서 이와 같은 숙달의 욕구는 자기 지속적(perpetuating)인 충동인 것이다.

이와 같이 여러 가지 기술을 계속 익혀가는 가운데 어린이는 점차 숙달감을 형성해 나가게 되는데 이 시기에 발달되는 숙달감은 어린이가 일상생활에서 얻게 되는 성공적인 성취 경험에서 비롯된다. 대개 2~5세 사이에 숙달감의 발달이 가속화되는데, 그 이유는 이전 시기에 이미 상당히 발달되었고 또 이 시기에 계속 발달되는 운동적 · 인지적 능력이 어린이로 하여금 여러 가지 다양한 시도를 감행하게 해 주며 나아가 이러한 시도에서 성공할 수 있는 경험이 만들어지기 때문이다.

2 자율성의 발달

유아기는 자율성(autonomy)이 발달되는 시기이다. 이 시기에는 신체성장과 근육운동의 발달에 힘입어 어린이들이 자기 몸을 자유롭게 움직일 수 있고 대소변도 통제할 수 있게 되므로 자기가 자신의 신체를 스스로 통제하고 자기 일을 스스로 할 수 있다는 생각을 갖게 된다. 이 때 부모가 어린이의 자발적인 작업을 허용해 주고 고무해 주면 어린이들의 자율성이 발달하게 된다.

3 자존감의 발달

자존감(sense of self-esteem)이란 개인이 자기 자신에게 부여하는 가치로서 자신이 행하는 일의 성공을 예견하는 수준과 관련이 있다. 자존감은 앞에서 말한 자기 의식의 대두와 함께 숙달감 및 자율감의 발달과 더불어 취학 전기에 그 바탕이 형성된다.

4 양심의 발달

양심의 싹은 대개 2세 경에 뚜렷해지는데 이는 특수한 행위들에 대한 금지를 학습한 결과로써 이루어지는 것이다. 나이가 들어감에 따라 어린이들의 양심은 점차 더 포괄적이고 더 이상적으로 내면화되어 가는데 취학 전기 동안에 초보적인 형태의 양심 내지는 초자아가 나타나게 된다.

어린이들은 양심을 통한 가치와 태도를 내면화함으로써 그가 속하고 있는 사회와 문화 집단의 규칙과 기준들을 내면화하게 된다.

(3) 성 유형의 형성

성 유형(sex typing)은 한 문화 속에서 남자와 여자가 각각 적절한 행동 태도 · 가치를 획득하는 것을 말한다.*

유아기의 어린이들에게는 자기의 성을 의식하여 남아는 남자답게 여아는 여자답게 행동하는 경향이 나타난다.

어린이가 특정한 문화 속에서 통용되고 있는 성 유형을 획득해 나가는 것은 동일시, 강화 및 관찰학습과 같은 심리적 기제에 의존한다. 이 시기에 어린이들은 동성의 부모에 동일시함으로써 그들의 행동 양식을 습득해 나간다. 그리고 주위

---

* 한국의 문화에서는 강하고, 활동적이며, 다소 공격적이고, 독립적 · 과제 중심적인 특성을 남성성(masculinity)으로 규정짓고 약하고, 온순하며, 의존적이고, 인간관계 중심적인 여성성(femininity)이라고 규정짓고 있다.

사람들의 강화에 의해 성 유형이 형성되어 나간다. 흔히 남자가 전쟁놀이와 같은 놀이를 하거나 여아가 소꿉놀이 같은 것을 하면 주위의 어른이 남자답다, 여자답다 칭찬해 주는 것이 그 예가 된다. 또한 어린이들은 자기 또래나 어른들이 하는 행동을 관찰함으로써 자기의 성에 알맞은 행동을 배워 나가기도 한다.

2) 사회적 교섭 양식

(1) 성인과의 관계

연령이 높아질수록 유아가 어른들과 보내는 시간은 점점 적어지며 그들과 함께 있으면서 얻는 즐거움도 적어진다. 동시에 같은 연령에 있는 놀이 친구들에 대한 관심이 점차 커지며 그들과 어울리면서 얻는 즐거움도 점점 더 강해진다. 또한 독립성을 가지려는 욕구로 인해 유아들은 어른의 권위에 저항하게 된다. 그러나 한편으로 독립하려는 욕구가 있음에도 불구하고 아직도 이 시기의 유아들은 어른들의 관심을 끌고 인정을 받으려고 계속해서 어른들, 특히 가족들과 따뜻하고 친근한 관계를 맺으려고 노력한다. 특히 유아기 어린이의 사회적 관계는 부모-자녀 관계와 가정 분위기에 따라 좌우되는데 그 구체적 요인으로는 모성실조(mothor deprivation)나 부성실조(father deprivation), 그리고 형제 자매 관계가 있다.

(2) 또래와의 관계

영아기의 어린이들은 다른 어린이와 모여서 놀기는 하지만 대체로 서로의 존재를 의식하지 않고 노는 독자적 또는 병행적인 놀이를 많이 한다. 또한 같은 또래의 어린이나 장난감 보다는 어른에게 더 많은 관심을 가지고 어른과 놀기를 좋아한다.

그러나 3, 4세쯤 되면 이전과는 다르게 어른보다는 친구와 장난감에 더 많은 관심을 쏟으며 또래들과 함께 모여서 놀기 시작하며 놀면서 서로 이야기를 주고 받는 가운데 자기가 좋아하는 유아들을 선택하게 된다.

이와 같이 유아기에 접어든 어린이들은 나이가 많아질수록 같은 나이 또래와 지내는 시간도 많아지고 관계도 안정성이 생기며 보다 밀접해진 다. 또한 같은 나이 또래와의 사귐이 확대됨에 따라 유아는 서로가 다르다는 것을 점차 인식하게 된다. 어떤 아이는 자기보다 크고 어떤 아이는 자기보다 작으며, 어떤 아이는 힘이 더 세고 어떤 아이는 더 약하다는 것, 그리고 어떤 아이는 자기보다 놀이를 더 잘하고 어떤 아이는 기술이 부족하다는 것 등을 경험하게 되는 것이다.

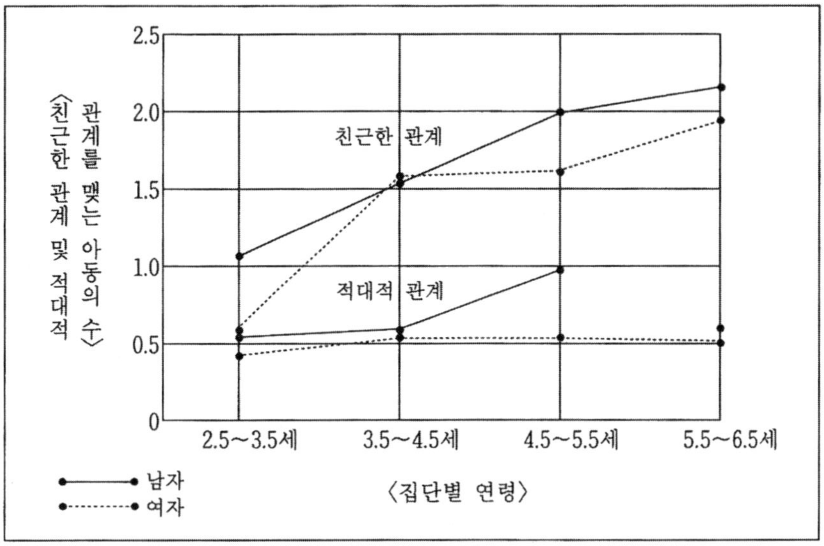

[그림 3-1] 유아의 사회적 접촉에 대한 연령별 성별 비교

H. R. Marshall(E. B. Hurlock, 1978)에 의하면 유아교육기관의 유아의 경우 [그림 3-1]과 같이 연령이 올라감에 따라 또래들과 친해지려는 경향이 높아지는 반면에 적대적 상호작용이 적어지는데 남아가 여아에 비해 또래와의 친근한 관계 및 적대적 관계가 더욱 활발하게 형성된다고 한다.

(3) 사회적 행동

유아기에 나타나는 사회적 행동 중 일부는 영아기에 그 기초를 두고 있다. 그러나 유아기에 들어와서 새롭게 발달하는 사회적 행동도 있다. 이 행동들 중 대부분은 가정 밖에서 또래들과의 접촉을 통해서 또는 유아들이 보는 TV나 영화 등을 통해서 형성된다. 유아들의 사회적 행동 중에는 비사회적이거나 심지어는 소극적인 사회적 행동도 있다. 그러나 실제로 이들 각 행동은 사회화 과정에서 매우 중요한 것이다. 유아기에 형성되는 사회적 행동의 기초는 후일에 유아가 접촉하는 환경범위가 보다 더 넓어지고, 영아기에 받았던 부모의 보호를 받지 않게 되는 사회적 상황에서 얼마나 잘 적응할 수 있느냐를 결정해 준다.

유아기에 기초를 두고 있는 사회적 행동은 크게 적극적인 사회적 행동(positive social behavior)과 소극적인 사회적 행동(negative social behavior)으로 구분되어진다.

1 적극적인 사회적 행동

유아들의 적극적인 사회적 행동에는 협동, 경쟁, 관용, 우정, 모방 등이 있다.

① **협동** : 유아는 4살이 될 때까지는 다른 유아들과 협동해서 놀 줄을 모른다. 함께 노는 기회가 많으면 많을수록 유아들은 그만큼 더 빨리 협동해서 놀 수 있게 된다.

② **경쟁** : 경쟁은 유아들로 하여금 최선을 다하도록 하는 동기유발의 수단이 될 때 사회화에 도움이 된다. 그러나 만일 싸움이나 우월감이나 패배감으로 나타난다면 경쟁은 사회화에 역효과를 가져온다.

③ **관용** : 다른 사람과 기꺼이 나누려고 하는 관용은 이기적인 마음이 적어질 때 증가한다. 관용을 습득한 유아는 사회적으로 용이하게 수용할 수 있다.

④ **사회적 인정에 대한 욕망** : 인정받으려는 욕망이 강할 때 유아는 사회적 기대에 순응하려는 동기가 생긴다. 어른들의 인정을 받으려는 욕망이 또래들의 인정을 받으려는 욕망보다 보통 먼저 나타난다.

⑤ **동정** : 유아들은 고통당하고 있는 사람과 비슷한 상황에 처해 보기 전에는 동정적인 행동을 할 수 없다. 유아들의 동정심은 곤란한 유아를 도와주거나 위로해 주는 형태로 표현된다.

⑥ **공감적 이해** : 이것은 다른 사람의 입장에서 생각하고 또 그가 경험하는 바를 경험할 수 있는 능력을 뜻한다. 공감적 이해는 다른 사람의 얼굴 표정이나 말, 그리고 그 이면에 감추어진 내적 감정을 이해할 수 있을 때 가능해진다.

⑦ **의존성** : 도움, 관심 그리고 애정을 얻기 위한 의존성은 사회적으로 인정받는 행동을 유발한다. 독립적인 유아들에게는 이러한 동기 유발이 부족하다.

⑧ **우정** : 어린 유아들은 다른 사람들을 위해 또 그들과 함께 어떤 일이나 놀이를

하고 싶어하며, 그들에게 자신의 애정을 표시하면서 우정을 보여준다.

⑨ **이타심** : 자기 소유물을 나누어 가지는 기회를 가져 보거나, 또 가족의 관심을 계속받아 온 유아들은 자신의 이익이나 소유물에 집착하기보다는 오히려 다른 사람들을 생각하고 또 그들을 위하여 일할 줄 안다.

⑩ **모방** : 사회적 집단에 잘 어울리는 사람을 모방함으로써 유아들은 그 집단에 어울릴 수 있는 특성을 형성해 나간다.

⑪ **애착 행동** : 영아기부터 어머니나 그 역할을 하는 사람에게 따뜻한 사랑과 애착을 형성해 온 유아들은 이것을 다른 사람에게 옮기며, 또 그들과 우정 관계를 형성할 줄 안다.

2 소극적인 사회적 행동

유아들의 소극적인 사회적 행동에는 반항, 공격성, 말다툼, 우월성, 이기주의 등이 있다.

① **반항** : 이것을 이렇게 하라 또는 저렇게 하라는 다른 사람들의 압력에 반항하는 것이다. 이런 반항은 2살 때에 시작되어 3~6살 사이에 그 절정을 이룬다.

② **공격성** : 유아들은 공격적 행동을 실제로 또한 말로써 보통 자기보다 작은 유아에게 취한다.

③ **말다툼** : 한 유아가 다른 유아에게 이유 없이 공격을 할 때 이들간에 말다툼이 일어난다. 이것이 공격성과 다른 점은 다음과 같다.

첫째, 공격적 행동이 개인적인 것에 반해 말다툼에는 두 유아 또는 그 이상의 유아들이 포함된다.

둘째, 말다툼에는 관여된 유아들 중 한 유아는 방어적인 입장에 서는 반면에 공격성의 경우에는 항상 공격적인 입장을 취한다.

④ **괴롭히기 및 난폭한 행동** : 괴롭히는 행동은 주로 말로 다른 유아를 공격하는 것이고, 난폭한 행동은 신체적인 공격을 뜻한다. 이 두 경우 모두 공격하는 유아는 공격을 받은 유아가 괴로워하거나 앙갚음을 하는 것을 보고 만족해 한다.

⑤ **우월성** : 이것은 다른 유아들을 지배하거나 또는 '골목대장'이 되려는 행동을 말한다. 이것이 적절히 발전되면 지도력과 연결될 수 있다. 그러나 보통 그렇

지 못하고 이것이 사회 집단의 배척을 받는 원인이 되는 경우가 더 많다.

⑥ **이기주의** : 거의 모든 유아들은 이기주의적이어서 자신만을 생각하고 자신에 관해서만 이야기하려 한다. 이기적 경향이 수그러지거나 그대로 지속되거나 또는 보다 강해지거나 하는 것은 부분적으로 이러한 행동이 다른 유아들로부터 환영을 받지 못한다는 것을 깨닫느냐 그렇지 못하느냐에 달려 있다.

⑦ **편견** : 어떤 사람들은 외모나 행동에서 보통 사람들과 다르다는 것, 그리고 이 차이가 그 사람의 열등한 측면이라는 것을 인식하게 되는 유아기에 편견의 싹이 트기 시작한다. 그러나 유아들이 이러한 차별 의식을 가지는 편견을 나타내는 경우는 매우 드물다.

⑧ **성 적대** : 이 시기의 남자 유아들은 여자 유아들을 멀리하고 같이 놀지 말도록 또래들로부터 압력을 받는다. 이들은 또한 남성이 여성보다 우월하다고 생각한다. 그러나 남자 유아들이 여자 유아들을 차별하지는 않는다. 다만 여자의 놀이로 취급되는 활동을 피할 뿐이다.

3. 유아의 사회적 특징

유아를 사회화시키는 기초적 틀은 가정에서 부모와와 관계에서 이루어지며, 신체적 적응을 위한 자기 조절 행동 및 기본 신뢰감을 갖도록 지도하고 성장함에 따라 유치원과 이웃이 사회화 역할을 담당하게 된다. 유치원은 유아가 집단 생활을 최초로 경험하는 곳이며, 기본적 사회기술과 대인관계를 배울 수 있는 사회생활의 근간이 되는 교육적 장을 제공한다. 따라서 유치원에서는 출생 후부터 부모와의 관계에서 형성된 사회성을 여러 활동을 통해 타인들과의 관계를 알고 이해하는 태도, 습관 형성 및 책임감을 터득 심화시켜 주는 역할을 담당하게 된다.

유치원 유아의 사회적 특징은 다음과 같다.

1) 친사회적 행동의 증가

유아는 자기 또래와 활발한 관계를 맺으며 친사회적 행동이 증가한다.

2세 전에는 다른 친구가 옆에 있는 것에 대하여 관심을 보이기는 하지만 상호작용이 없다가 2세가 지날 무렵이면 친구가 옆에 있다는 것에 즐 거움을 느끼게 된다. 그러나 대체로 나란히 앉아 있으면서 혼자 놀이에 열중하다가 4세가 되면서 상대방과 함께 노는 경향을 보인다. 이 시기 또래의 구성원은 자주 바뀌지만 친한 친구가 2~3명 정도 생긴다. 싸움도 빈번하지만 쉽게 해소된다. 또래끼리의 놀이도 소규모적이며 지속 시간도 짧은 편이다. 또래가 점점 중요하게 부각되어 초등학교 시기에는 집단을 형성할 만큼 강력해진다.

이 시기에 경험하게 되는 또래간의 관계는 여러 가지 규칙을 알고 유아 나름의 놀이 방법 등 문화를 습득하게 하는 정보의 원천이 된다. 그런데 유아는 또래를 좋아하고 의지하게 되면 성인에게서와 마찬가지로 또래로부터 격려와 인정을 받으려 한다.

이러한 격려와 인정은 유아들에게 긍정적인 자아상을 갖게 하며 집단의 구성원으로서의 기초를 마련해 준다. 또한 유아들은 서로 자주 싸우지만 사소한 언쟁이나 갈등을 조정하고 통합해간다. 나아가서 남을 돕거나 위로하고 보살피려는 태도를 보이고 함께 나누기, 주기, 협력하기 등의 친사회적 행동이 증가하게 된다. 상당히 자기중심적인 특성이 강하지만 이타적인 상호작용도 증가하게 된다. 이렇게 되기 위해서는 남의 입장에서 생각할 수 있는 감정이입이 가능하도록 이끌어 주고 역할 수행능력을 도와주어야 한다.

2) 싸움의 시기

유아는 잘 싸운다. 유아는 스스로 자기 주장을 할 정도로 발달했으므로 놀이가 활발해지고 의견 충돌이 자주 생겨 잘 싸우게 된다. 그러나 싸움은 길지 않고 금방 끝나곤 한다. 놀이 장소나 놀이 도구를 빼앗겼다고 느낄 때, 상대방의 행동이나 생각이 자기가 하는 일에 방해가 된다고 생각했을 때, 상대방이 싫거나 비겁하다고 느꼈을 때, 잘 싸우게 된다.

친할수록 싸움이 잦고 싸움이 끝나면 곧 다시 친해지게 된다. 그러므로 싸움하였을 때는 스스로 해결하도록 하고 심할 때는 일단 유아들을 떼어 놓고 흥분이 가라앉은 후 각자에게 이야기할 기회를 주면, 이야기하는 동안에 그들의 문제를 스스로 해결하게 된다. 싸움은 유아들의 주장이 서로 충돌하는 것이며, 이 충돌에서부터 다른 사람의 욕구를 알고 자기의 욕구를 조절할 수 있는 능력을 키워 나가게 된다.

유아는 사회적으로 용인되는 행동인지 아닌지를 강화를 통하여 배우게 된다. 강화에는 상과 인정, 칭찬 등의 긍정적인 강화도 있고 벌과 같은 부정적인 강화도 있다. 긍정적 강화를 통해 유아는 만족감을 느끼고 그 강화를 유발할 행동을 반복하려고 하나 벌은 그 반대로 불쾌감을 느껴 벌을 받을 행동을 억제하게 된다.

이와 같이 유아는 사회적으로 용납되는 행동을 구분하고 판별하는 학습을 하게 된다. 또한 유아는 긍정적인 강화를 받음으로써 행동을 바꿀 수 있기 때문에 그들이 사회적으로 바람직한 행동을 했을 때 강화를 주고 만족감을 경험하게끔 해주어야 한다. 어떤 때는 칭찬하는 말이, 또 어떤 때는 좋아하는 눈길이나 표정을 보내는 것 등이 긍정적 강화가 된다. 그러므로 자주 싸우는 유아는 사회적으로 용납되는 행동인지 아닌지를 파악할 수 있도록 긍정적 강화를 통하여 지도하는 것이 좋다.

3) 자기 중심성

유아는 자기 중심적이다. 유아기의 가장 큰 특징 중의 하나인 자기 중심적 사고는 타인이 보는 관점에서는 금방 나타나는데 다른 사람과 어울리고 함께 협동하기도 하지만 자기 중심적인 관점에 의해 물건을 혼자서 차지하려고 하거나 자주 싸우고 갈등이 빈번히 일어나게 된다. 그러나 유아들은 싸움을 하다가도 쉽게 풀리기 때문에 다른 사람과 쉽게 사귈 수 있다.

유아는 사물에 관한 인과관계나 보존 개념, 가역성 등의 인지발달과 함께 다른 사람의 감정이나 입장을 깨닫게 되고 갈등을 조정해 가는 가운데 자기중심적 성향에서 점점 벗어나게 된다. 이를 위해 교사는 이야기 나누기나 작업활동을 통해 유아들에게 서로 협동하는 기회를 제공해 주는 것이 좋다.

4) 모방과 동일시

유아는 교사 부모 등 어른들의 언어나 행동을 모방하며 동일시한다.

유아는 자기를 둘러싼 인적 · 물적 환경에 강한 동일시 현상을 보이며 그 모델을 닮아간다. 모방 행동은 사회적 기술을 능동적으로 학습하지 못하는 영아기에도 나타나는데 양육자와 상호관계를 긴밀하게 하고 애착을 강화해 주는 방향으로 발달하게 된다. 따라서 성인의 행동을 무의식적으로 학습하는 모델링은 이 시기의 가장 중요한 교육자원이기도 하다. 그러므로 기본적인 습관과 태도, 인성 및 인간관계의 형성은 관찰을 통해 모방에 의해 학습하게 된다고 볼 수 있다. 교사의 애정과 승인은 또래 사이의 성취나 소속감, 자아 존중감과 함께 후의 교육 경험 및 학습에 대한 태도 수립에 중요한 영향을 미치게 된다. 교사의 행동과 사회적 태도나 가치를 유아들은 잠재적으로 인식하고 모델로 생각하여 동일시하게 되므로 교사는 유아들에게 긍정적인 태도나 모범을 보여야 한다.

5) 성 역할 인식

유아는 성 역할을 인식한다. 유아는 자기의 성을 의식하고 여아는 여아답게, 남아는 남아답게 자라게 되는데 이는 동일시와도 관계가 깊다. 선천적으로 타고난 남녀의 생리적 차이를 신체에 대한 관심의 증가와 함께 인식하게 된다. 이 시기는 특히 같은 성의 친구를 좋아하며 남녀 유아의 상호작용이 줄어든다. 이러한 경향은 유치원 말기부터 초등학교 전학년을 통해 더욱 크게 증가하는데 놀이의 유형과 관심거리의 차이에 의해서도 가속화된다. 이 때 남아들이 여아에 비하여 더 지속성 있는 우정을 발달시키는 경향이 있다.

교사는 유아들이 성에 따라 고정된 놀이 유형에만 몰입하는 것을 지양하고 모든 종류의 놀이에 함께 참여함으로써 상호작용을 할 수 있는 기회를 자주 제공해 주어야 한다.

6) 놀이의 시기

유아의 놀이가 다양해지며 극놀이, 소집단 놀이를 즐긴다. 놀이는 모든 활동의 기본이 되는 지식이나 언어의 과정을 포함하기 때문에 여러 종류의 능력들이 상호작용하는 가운데 유아들은 인간 관계에서 일어나는 문제를 해결하게 되고 규율을 습득하게 되며 함께 협동할 수 있게 된다. 영아기 유아는 주로 탐색적이고 감각·운동적인 조작놀이를 하다가 유아기로 접어들면서 창의적이고 상징적인 놀이를 하게 된다.

생태학적 놀이 이론에 의하면 유아기 초기에 유아는 혼자 아무 것도 하지 않으면서 자신의 신체를 가지고 놀거나 다른 유아가 노는 것을 끼어들지 않고 관찰한다. 이처럼 상호작용이 별로 없는 놀이로부터 일정한 규칙에 의해서 함께 노는 놀이로, 또 역할을 분담하여 놀이를 조직적으로 진행하며 노는 상태로 발전해 간다. 또한 유아는 둘 이상 또는 소집단으로 규칙에 따라 역할을 분담할 수 있고 연합놀이나 협동놀이도 즐길 수 있다. 풍부한 상상력이나 환상을 동원할 수 있으며, 창조력 및 탐구력이 발달하므로 교사는 극놀이를 통하여 모방해 보게 하고 여러 가지 동기를 주어 격려해 주어야 한다.

7) 사회인지 및 도덕성의 발달

유아는 사회인지 및 도덕성이 발달한다. 사회인지는 인지 관련 부분 중에서도 인간에 대한 지각이나 사고를 의미한다. 즉, 세상에 대한 이해나 지식에 초점을 두는데 유아기에 사람과 사회 관계에 관한 개념이 발달하게 된다. 처음에는 양적, 외적인 것에 의해 관심을 두다가 점차 질적인 것에 관심을 두며, 친구도 외적인 것에 의해 판단하다가 점차 내적인 동기를 고려하게 된다. 탈중심화, 친사회적 행동의 증가와 함께 융통성 있는 사고가 발달함으로써 사람과의 관계에서도 차츰 체계적으로 통합되어 간다.

유아들의 도덕성 발달도 유아 전기에는 꾸중을 듣지 않기 위해서 행동을 바르게 하다가 나중에는 마음으로부터 바르게 해야겠다고 생각하고 행동하는 형태로 나타난다. 유아는 칭찬을 받기 위해서 규칙을 지키다가 점점 규율과 질서를 스스로 지키게 된다.

따라서 교사는 유아들에게 나와 사회관계에 대한 개념 형성을 위한 지도에 힘써야 하며, 그들의 도덕성의 발달을 도와 주기 위하여 무엇이 옳고 그른 것인가에 대한 명확한 기준을 제시해 주는 것이 좋다.

4. 유아의 사회적 행동발달을 돕는 방법

1) 두려움을 극복하기 위한 방법

5, 6세 유아는 동물 · 유령과 같은 것에 두려움을 느끼며 다른 사람들이나 불 · 홍수와 같은 자연발생적 재난, 기계류 같은 것에는 별로 두려움을 느끼지 않는다. 그러나 점차로 경험이 늘어나고 주변 현상에 대한 인지 능력이 높아지게 됨에 따라 동물, 어두움, 유령과 같은 것에 대한 두려움은 줄거나 완전히 사라지고, 다른 사람들과 자연발생적 재난 · 기계류 등에 대한 두려움이 증가된다. 유아가 사물이나 사건, 또는 상황에 두려움을 느낄 때 도와 주는 방법은 다음과 같다.

(1) 조직적인 민감성 감소 방법

두려워하는 것에 대한 생각과 즐거운 생각 또는 긍정적 관계를 연결시켜 줌으로써 두려워하는 사물이나 사건에 대한 민감성을 감소시켜 준다.

예를 들면, 유아가 입학 전에 유치원 또는 학교에 가는 것에 대한 두려움을 표현하였을 때 부모가 앞으로 함께 유치원에 가게 될 유아를 초대하여 즐겁게 놀 수 있는 기회를 주어 유치원에 대해 점점 즐거운 생각을 갖게 한다. 초대하는 유아는 형이나 언니가 유치원에 다니고 있고 유치원 생활을 즐기기 때문에 유치원에 가기를 오래 전부터 기대했던 유아를 택한다.

(2) 단계적인 민감성 감소 방법

두려워하는 사물이나 사건에 대해 그 상황에 단계적으로 접근하도록 함으로써 두려움을 극복하도록 도와 주는 방법이다. 예를 들면, 유치원이나 초등학교에 다니는 것을 두려워하는 유아의 부모가 유아와 유아친구와 함께 쇼핑센터에 가서 놀잇감이나 크레파스를 사고, 집에 오는 길에 유아가 다닐 유치원이나 초등학교 옆으로 지나오면서 유원장이나 교실쪽을 가리켜 보인다. 다른 날에는 유아의 부모가 유아를 유원장에 데리고 가서 놀이기구에서 놀 수 있도록 안내를 한다. 이 때 유아가 유리창으로 활동실을 들여다볼 수 있는 기회를 가지게 하여 단계적으로 두려운 사태에 접근하도록 도와 주는 방법이다.

(3) 모델을 통한 민감성 감소 방법

두려워하는 사물이나 사건에 대해 다른 두려움 없이 접근하는 사람의 관찰을 통해 두려움이 감소되도록 도와 주는 방법이다. 예를 들면, 유치원이나 초등학교 가는 첫날 학교에 가는 것에 두려움을 갖고 있는 유아를 부모가 학교에 데려다 주고 이 때 학교에 가는 것을 즐거워하는 유아의 친구나 유치원에서 즐거운 생활을 경험한 친구의 형을 동반하도록 한다. 이들이 유아에게 좋은 모델이 될 수 있으며, 나아가 이들을 통하여 유치원에 대한 두려움의 감소에 도움이 될 수 있다.

2) 책임감을 길러 주는 방법

책임감이 있는 어린이는 행동의 목표를 자기 자신과 다른 사람의 욕구를 만족시키는 것에 두며 행동이 독립적이며 유동적이고 진취적이다. 책임감 있는 어린이는 관심의 초점이 현재나 미래에 있다.

책임감은 유전적으로 타고나는 것이 아니라 경험에 의해 학습되어진다. 책임감은 다음과 같을 때 형성되어질 수 있다.

① 책임이 주어졌을 때

② 자신의 반응 효과에 대한 피드백을 받았을 때

③ 그리고 다양한 상황에서 적절한 다른 행동들에 대한 정보를 알고 있을 때

책임감이란 긍정적 결과를 초래하도록 스스로 선택하고 의사결정하는 것을 의미한다. 유아에게 있어 효율적 결정을 내릴 수 있는 능력은 때에 따라 다르고 유아마다 다르다. 유아의 연령이나 성숙도 경험에 비추어 어떤 결정은 내릴 수 없는 것들도 많다. 그러나 유아가 책임감 있게 성장하기 위해서는 의사결정의 기회가 많아야 하고 어려서부터 이러한 기회가 점차 확대되어져야 한다. 의사결정이 유아에게 의식적 과정이 될 필요가 있다. 즉, 유아는 그들이 결정을 내려야 할 어떤 것에 대하여 스스로 결정을 내리는 것이 기대되어지고 있다는 것이 인식되어져야만 한다.

의사결정이란 문제해결과 같다. 문제상황에 있을 때 어떻게 할까를 결정하기 위해서는 사태를 분석하고 평가해야만 한다. 효과적으로 결정내리기를 학습한 어린이는 보다 적절한 문제해결자이다. 교사나 부모는 유아가 모든 상황에서 다른 선택이 있을 수 있고 결정은 여러 가지 사항 중 하나를 선택하는 것이라는 것을 이해하도록 도와야 한다.

유아가 제한감(sens of limits)을 소유하고 있을 때 이들은 자기가 선택한 몇 가지 적절하고 효과적인 행동 범위에 속하지 않고 이러한 선택은 고통이나 벌을 초래한다는 것을 인식한다.

따라서 이렇게 제한감을 갖고 있는 아이들은 상황에 뛰어들거나 결정을 내리기 전에 여러 선택 여지에 대해서 나름대로 점검을 한다. 유아는 제한 속에 생활하면서 제한감을 발달시킨다. 교사나 부모는 제한점이 명백하고 분명하며, 이 제한 범위를 지키지 않았을 때의 결과가 예측되며, 일관성 있는 체계를 조성함으로써 유아가 제한감을 갖출 수 있도록 도울 수 있다. 이렇게 제한을 하는 것은 '결정의 질'을 높이는데 도움이 된다.

부모나 교사가 유아의 제한감 형성을 도와줄 수 있는 방법은 다음과 같다.

① 유아에게 해야 할 것과 하지 않을 것에 대한 기대를 분명히 해 준다.

② 심부름과 해야 할 일에 대한 책임감 등 유아에 대한 기대는 유아가 이해할 수 있도록 진술되어져야 한다.

③ 일에 대한 시간 제한은 분명하고 합리적이어야 한다.

④ 일을 수행하지 않았을 때의 결과는 유아에게 분명히 진술되어야만 하고 이러한 결과는 일관성있게 적용되어야 한다.

3) 친사회적 행동 발달을 증진시키기 위한 방안

유아는 타인을 고려하지 못하는 자기 중심적 사고 때문에 사회적 행동에도 제한을 받는다. 제한된 사고 때문에 상황에 대한 충분한 이해가 부족하므로 또래들과의 놀이 속에서 공격성이 자주 나타날 수 있다. 또한 대안을 생각하지 못하므로 이것도 유아의 공격적 행동을 증가시키는 원인이 될 수 있다. 그러므로 항상 상황상황마다 유아에게 구체적으로 경험과 연결시켜서 자세하게 설명해 주거나 대안적 활동이나 자료 등을 제시해 주어야 한다.

유아기는 친사회적 행동의 학습을 위한 적절한 시기이므로 교사나 성인들이 친사회적인 모델을 제시해 주며, 친사회적 행동이 나타날 수 있는 상황을 제시해 주고 강화를 통해서 친사회적 행동발달을 도와야 한다. 이 시기 유아는 관찰학습, 강화, 직접적인 교수, 다른 사람들과 함께 친사회적 행동을 실행해 보기 등을 통해서 나눠주기, 도와주기, 협동하기, 위로해 주기 등을 학습할 수 있다.

이 시기 유아의 제한적인 인지능력을 고려해서 친사회적 행동을 어떻게 하는가에 대한 방법을 구체적으로 교사가 제안해 주어야 한다.

실내에서의 놀이 상황에서 친사회적 행동을 돕는 예를 들면 다음과 같다.

(1) 조작적 놀이 영역에서 유아 둘이 잡기놀이를 할 경우

교사가 유아의 행동을 보고 손을 잡고 말해 줄 수 있다. 유아의 방해행동을 다른 놀이 행동으로 전환시켜 주는 경우이다.

교 사 : '뛰는 것을 멈추자. 다른 친구가 다치기 쉽고, 넘어지면 너희도 다치게 돼. 우리 다른 놀이할 것을 찾아보자. 저쪽 책상에는 점토가 있고 또 블럭놀이 영역에서나 독서영역에서도 놀 수 있어.'

유아 1 : '블록으로 집짓기 하자. 우리 둘이 동물이 사는 우리를 만들 수 있어.'

유아 2 : '그래, 좋아.'
교　사 : '좋은 생각이다.'

(2) 유아가 다른 유아가 갖고 놀이하는 놀잇감을 빼앗을 경우

유아는 다른 유아가 갖고 놀이하는 놀잇감에 흥미가 생길 경우 빼앗는 것 이외의 다른 방법을 생각하지 못하는 경우가 많다. 이 때, 교사의 중재가 필요하다. 장난감은 원래 가지고 놀던 유아에게 돌려 주어야 하므로 교사는 다음과 같이 설명해 준다.

'다른 아이들이 놀잇감을 가지고 놀 때는 빼앗는 것이 아냐.'

이 때 유아가 공격적 행동을 보일 수도 있다. 이 때 교사는 유사한 놀잇감을 주고 놀이방법을 설명해 준다. 놀잇감이 하나만 있을 때는 놀잇감을 뺏은 유아가 놀잇감을 현재 가지고 놀이한 유아에게 놀이가 끝난 후 달라고 부탁하도록 도와주고 당분간 놀이할 수 있는 다른 놀잇감을 찾도록 도와 준다.

'영희가 곰인형을 가지고 놀고 있는 중이니 우리 영희한테 인형 놀이가 끝나면 너에게 알려 줄 수 있는지 물어 보자. 그리고 그동안 놀이할 것을 찾아보자.'

(3) 유아가 소꿉놀이에 참여하려 할 때, 역할 배정으로 언쟁이 있을 때

유아는 사고가 제한되어 있기 때문에 역할 놀이에서 이미 엄마가 정하져 있음에도 불구하고 다른 유아가 '엄마'가 되기를 원하면 언쟁이 생긴다. 이 때는 다른 역할의 가능성을 말해 주어 조정을 해 주어야 한다.

영 희 : '우리는 이미 '엄마'가 있어. 나가. 너는 놀 수 없어.'
수 지 : '나는 여기서 놀거야.' (이 때 손으로 영희를 때리려 한다).
민첩한 교사는 이 상황에 들어와서 말한다.
교 사 : '수지야. 이 집에는 이미 엄마가 정해진 것 같구나. 너는 아줌마가 될 수 있어. 또 이웃에 사는 '엄마'가 되어 놀러올 수 있지 않니?'
영 희 : '그래, 수지야 넌 이웃집 '엄마'야. 여기 있는 아기를 가져.'

(4) 정리 정돈 및 도와 주는 행동의 발달

유아가 사용하던 크레용이 떨어졌을 때 교사는 크레용 줍는 것을 도와 주면서 도와 주는 행동의 모델을 보여 준다. 작업 시간에 유아가 쌓기놀이를 열심히 하여 정돈할 블록들이 많을 경우 교사는 '블록이 많구나. 큰 것들을 치우는 것은 내가 도와 줄테니 작은 것은 네가 할래?'하며 교사가 도와 주면 옆의 다른 아이들도 도와 주는 아이들이 생긴다. 이 때 교사는 '진숙아, 영종이가 네가 도와 주어 무척 고맙게 생각할 거야. 다른 아이들이 치우기 힘들 때 도와 주는 것은 참 좋은 일이지' 등 격려의 말과 모델을 보여 도와 주는 행동의 발달을 도와 준다.

4) 자기 통제 능력을 증진시키기 위한 방안

유아가 자기를 통제할 수 있는 능력을 증진시키는 방안은 다음과 같다(김경미, 1997에서 재인용).

① 교사는 유아와 긍정적인 관계를 형성하는 데 시간을 할애하여야 한다(Gestwicki, 1995).

② 교사는 유아의 강한 장점을 이해하도록 돕는다(Slaby et al., 1995).

③ 교사는 유아의 자아개념을 수정하기 위해 긍정적 귀인(positive attribution)을 활용한다(Moore, 1986).

④ 교사는 유아가 모방하기를 바라는 행동들을 시범보인다(Bandura, 1989).

⑤ 교사는 유아의 부적절한 행동에 대한 확고한 한계를 설정한다.

⑥ 교사는 유아에게 왜 특정 행동이 받아들여지고 혹은 받아들여지지 않는가에 대한 이유를 말해 주어야 한다(Marion, 1991).

⑦ 교사는 긍정적인 방법으로 자신의 기대를 말한다.

⑧ 교사는 유아에게 짜증을 내지 말고 자신의 기대를 자주 상기시킨다.

⑨ 교사는 말과 행동을 동시에 한다(Kostelnik et al., 1993).

⑩ 교사는 규칙 만드는 과정에 참여하도록 유아를 격려한다(Schickendanz, York, Stewart & White, 1990).

⑪ 교사는 유아의 바람직한 행동을 유지하기 위해 결과적으로 나타나는 긍정적인 결과를 이용한다.
⑫ 교사는 유아가 수정되어야 할 경험으로부터 바람직한 행동을 학습할 수 있도록 부정적인 결과를 사용한다.
⑬ 교사는 잠재적 결과를 적용하기 전에 유아에게 그것을 경고한다.
⑭ 교사는 유아가 자기조절을 연습하는 데 실패할 때 경고에 대한 추후지도를 한다.
⑮ 교사는 유아의 친사회적 행동을 증진시켜야 한다.
⑯ 교사는 유아가 타협기술을 학습하도록 돕는다.

5) 다루기 어려운 유아와 지내기

다루기 어려운 유아와 함께 상호작용하는 전략은 다음과 같다(DeVries : 이은화 외 역, 1997에서 재인용).

(1) 수용, 확인, 그리고 믿음을 전달한다.

다루기 어려운 어린이는 다른 사람들로부터 자연적으로 거부를 자아내는 비수용적 행동의 목록을 발달시켜 왔다.

교사는 반드시 다루기 어려운 어린이의 잠재적인 요구가 타인과 연결되고 묶여 있다는 것, 그리고 문제를 해결하기 위한 잠재적 능력을 지니고 있다는 것을 인식해야만 한다.

다루기 어려운 유아를 존중, 가치, 그리고 신념을 가지고 의사 소통한다는 것은 어린이의 사고와 감정, 그리고 행동을 인정해 주는 것을 의미한다. 교사는 어린이가 말하고, 느끼고, 행동하는 것을 수용하고, 그의 말을 들어 주고 그가 말한 것을 다시 반영해 주어야만 한다. 인정해 주는 것은 눈을 직접적으로 마주치고 단지 고개를 끄덕여주거나, 혹은 '아하', '오 그래'와 같은 반응을 해 주는 것을 포함할 수 있다. 이것은 어린이로 하여금 교사가 주의를 기울이고 있다는 것을 알게 해 준다. 수용해 준다는 것은 교사가 자신의 정서적 경험을 거부하거나 부정하지 않는다는 것을 알게 해 주는 것을 의미한다. 반영적으로 들어 주는 것은 어린이가 말한 것을 반복하거나 표현한 감정을 어휘화해 주는 것(예를 들면, '난 네가 지금 매우 화가 나 있다고 말하는 것을 듣고 있어')을 의미한다. 이와 같은 반영은 어린이로 하여금 교사가 자신의 사고와 느낌을 이해하려고 노력하고 있다는 것을 알게 한다. 이것은 어린이에게 판단과 비판을 당하지 않고 확인을 경험하는 기회를 준다.

어린이와 수용감, 확인, 믿음의 기초가 되는 의사 소통을 하는 것은 그 어린이를 위해, 그리고 어린이를 보살펴 주려는 진정에서 우러나오는 느낌인 것이다. 다루기 어려운 어린이들은 보통 사랑하는 것에 어려움을 느낀다. 왜냐하면 그들의 행동이 매우 따돌림을 당하기 때문이다. 교사가 다루기 어려운 어린이를 도와 주기 위해서는, 그 어린이가 반드시 교사가 자신을 보살펴 준다고 느껴야만 한다. 이러한 느낌은 교사가 진정에서 우러나와 보살펴 주지 않는다면 일어나지 않을 것이다.

(2) 잘못된 행동을 관장하는 믿음 체계를 이해해 준다.

어린이의 독특하고 특별한 개별성을 믿는 것에 관여하면서 교사는 반드시 어린이의 잘못된 행동을 가져오게 하는 함축적인 믿음 체계를 이해하려고 하는 일을 수행해야만 한다. 이것은 어린이에 의해서 구성된 사회적 반응(타인과 관계하는 형태)의 쉐마를 포함하여 어린이가 자신과 타인에 대한 구성을 평가하는 일을 내포한다. 다음은 관여된 교사가 다루기 어려운 어린이를 이해하기 위한 통찰력을 알게 해 주는 여러 가지 전략이다.

1 자신과 타인에 대한 구성

타인에 대한 접근과 반응 형태의 구성을 평가한다. 어린이가 자신감을 보이거나 혹은 자신감이 부족해 보이는가? 어린이가 특별한 방법으로 유능함 혹은 무능함을 느끼는가? 어린이가 일반적으로 타인을 물체로, 혹은 명령하거나 통제하기 위한 사람으로, 혹은 설득하기 위한 사람으로, 혹은 상호적인 이해를 나누기 위한 사람으로 보는가? 어린이가 일반적으로 타인에게 긍정적인 반응 혹은 부정적인 반응의 기대를 가지고 접근하는가? 타인이 자기가 원하는 대로 하지 않을 때, 어린이는 그 상황을 어떻게 해석하는가? 어떤 식으로 타인이 자신이 원하는 대로 하도록 하려고 시도하는가? 흔히 저항하는가(적극적으로 혹은 수동적으로), 복종하는가, 공격적인가, 불복종하는가? 이러한 질문들에 대해 숙고해 보는 것은 교사로 하여금 어떻게 자신과 타인을 구성하는지를 인식하도록 도와줄 것이다.

2 행동에 대한 반응과 감정적인 응답을 관찰한다.

Dreikurs와 Soltz(1964)는 교사에게서 일어난 감정은 어린이 행동을 관장하고 있는 기초적인 신념에 대한 단서를 제공한다고 제안한다. 예를 들어, 만일 어린이가 교사와의 한 상호 작용에서 교사로 하여금 부적당함과 좌절을 느끼게 만들면 그 어린이는 자신의 신념 아래 부적당함을 작동시키기 쉽다. 우리의 경험에서 볼 때, 어린이가 직접적인 대면 없이 교사에게 패배 감정을 남기면 '수동적-공격적'인 행동 형태 아래 그의 신념 체계를 작동시킬 수 있다는 것을 발견했다.

만일 교사가 또래 어린이 간에 괴롭힘의 형태를 인식한다면, 이것은 다루기 어려운 어린이가 항상 관심을 추구하고자 하는 요구를 느끼고 있다는 것을 지적할 수 있다. 관심을 추구하는 어린이는 다른 어린이의 활동을 자주 방해하거나 반드시 해를 끼치는 것은 아니나, 훼방을 하는 식으로 장난을 하면서 돌아다닌다. 그 아이는 '나는 내가 다른 사람으로부터 관심을 받을 때 중요해진다.'라는 함축적인 신념 체계를 작동시키고 있는지 모른다.

3 다루기 어려운 어린이를 면접한다.

또 다른 중요한 전략은 행동에 내재하는 믿음에 대한 이해를 얻기 위해 어린이와 이야기하는 것이다. 특별한 갈등이나 방해적인 사건이 있은 후, 교사는 잘못된 행동에 관여된 감정이나 사건에 대해 어린이와 이야기를 나눌 기회를 요청할 수 있다. 어린이에게 왜 그런 식으로 행동했는가를 묻는 것은 비효과적이다. 그러나 그 행동으로 이끌어 가게끔 한 사건에 대해 묻는 것이 매우 유용하다.

인터뷰를 하는 일반적인 전략은 어린이가 감정을 인식하고 유형화된 감정적이고 행동적인 반응을 분간하도록 도와 주는 것이다. 때때로 "만일 …라면 어떨까?"와 같은 질문은 어린이의 내재적인 신념 체계를 드러나게 할 수 있다.

(3) 내재적인 신념 체계에 도전하고 직면한다.

수용과 확인 그리고 믿음으로 의사 소통하고 어린이의 행동을 관장하고 있는 신념에 대한 이해를 얻게 될 때 교사는 비로소 문제 행동에 도전하고 직면할 준비가 된다. 이와 동시에, 교사는 이러한 강요적인 내적 요구의 만족을 궁극적으로 패배시키는 함축적인 신념 체계를 직면하도록 시도한다.

[1] 인터뷰를 통해 어린이가 또 다른 관점을 고려하도록 돕는다.

다른 사람이 어떻게 느끼고 생각할지에 관해 어린이에게 생각해 보도록 요청함으로써, 교사는 어린이가 주어진 사건에 대한 대안적인 관점을 구성하도록 도모한다.

[2] 어린이가 타인에 대한 감정과 반응의 형태를 재구성하도록 돕는다.

다루기 어려운 어린이는 타인에 대한 많은 감정과 반응의 형태를 의식하지 못한다. 교사의 목적은 그 어린이가 이러한 감정들과 그러한 감정과 반응의 대안적인 방법을 의식하도록 돕는 것이다.

제4장

사회생활 영역과 교수-학습 활동계획

1. 사회생활 영역의 성격과 목표와 내용
2. 표준보육과정의 '사회관계' 영역
3. 유아사회교육 교수-학습 활동계획
4. 교수-학습 방법 및 평가

1. 사회생활 영역의 성격과 목표와 내용

1) 성격

사회생활은 유아가 자신을 알고 소중히 여기며, 다른 사람과 함께 살아가는 방법을 익히고, 주변 세계에 관심을 갖고 적응해 나갈 수 있는 기초 능력을 기르기 위한 영역이다.

이 영역은 '나를 알고 사랑하기', '가족과 함께 생활하기'. '이웃과 더불어 생활하기', '사회 현상에 관심 가지기'의 네 가지 내용으로 구성한다.

'나를 알고 사랑하기'는 유아가 자신을 소중하게 여기며 이를 바탕으로 자신의 일을 스스로 하고, 자기감정을 알고 조절하는 데 중점을 둔다.

'가족과 함께 생활하기'는 유아가 가족과 화목하게 지내고, 협력하며 생활하는 태도를 기르는데 중점을 둔다.

'이웃과 더불어 생활하기'는 유아가 다른 사람들과 함께 살아가는 데 기본적으로 필요한 예절 바른 생활 태도를 가지며, 다른 사람을 이해하고 존중하며 협력하는 능력을 기르는 데 중점을 둔다. 특히 친구와 사이좋게 지내고 공공장소에서 지켜야 할 질서와 규칙을 실천하도록 하는 데 중점을 둔다.

'사회현상에 관심 가지기'는 유아를 둘러싼 문화와 생활양식에 바탕을 두어 유아가 생활하는 주변 지역, 경제생활, 우리나라와 세계 여러 나라의 문화에 관심을 갖는 데 중점을 둔다.

사회생활 영역의 교육 활동에서는 유아의 생활을 중심으로 토의, 역할놀이, 공동작업, 협동 게임 등의 다양한 방법을 통하여 다루도록 한다. 교사의 설명이나 지시보다는 유아가 적극적으로 참여하게 하여 사회적 기능, 태도 및 사회 과학적 지식을 형성하도록 한다. 특히, 기본생활습관은 생활 전반에 걸쳐 꾸준히 지도하여 유아가 바른 습관을 자연스럽게 형성하도록 하며, 가정과 긴밀한 협조가 이루어지도록 한다.

2) 목표

자신과 다른 사람을 존중하고, 더불어 살아가는 능력을 기른다.

가. 자신을 소중하게 여기고 스스로 생각하여 행동하며 감정을 조절한다.
나. 가족과 화목하게 지내며 서로 협력한다.
다. 예절 바르게 행동하고 질서를 지키며 이웃과 더불어 생활한다.
라. 우리가 살고 있는 사회현상에 대하여 관심을 가진다.

3) 내용

(1) 내용 체계

내 용	하위 내용
나를 알고 사랑하기	나를 소중하게 여기기 나의 일 스스로 하기 나의 감정 알고 조절하기
가족과 함께 생활하기	가족과 화목하게 지내기 가족과 협력하기
이웃과 더불어 생활하기	예절 바르게 생활하기 다른 사람을 이해하고 존중하기 질서와 규칙지키기 두레의 소중함을 알고 협력하기
사회현상에 관심 가지기	주변 지역에 관심 가지기 경제생활에 관심 가지기 우리나라와 우리 전통문화에 관심 가지기 다양한 문화에 관심 가지기

(2) 수준별 내용

내용	하위 내용	수준별 내용 I	수준별 내용 II
나를 알고 사랑하기	나를 소중하게 여기기	· 나에 대해 알아보고 소중하게 생각한다.	
		· 내가 하는 일에 자신감을 가진다.	
	나의 일 스스로 하기	· 내가 할 수 있는 일을 스스로 한다.	
		· 해야 할 일을 책임 있게 한다.	
		· 하고 싶은 일을 스스로 선택하고 해본다.	· 하고 싶은 일을 계획하고 실천한다.
		· 하루 일과에 적응한다.	· 하루 일과를 알고 생활한다. · 규칙적인 생활을 한다.
	나의 감정 알고 조절하기	· 여러 가지 감정이 생길 수 있음을 안다.	· 상황에 따라 감정이 변할 수 있음을 안다.
		· 나의 감정을 조절해야 할 필요성을 안다.	· 나의 감정을 조절하여 적절하게 표현한다.
가족과 함께 생활하기	가족과 화목하게 지내기	· 가족의 소중함을 알고 화목하게 지낸다.	
		· 부모, 형제 등 가족과 사이좋게 지낸다.	
	가족과 협력하기	· 가족 구성원을 안다.	· 다양한 가족 구조에 대해 알아본다.
		· 가정에서 내가 할 수 있는 일을 찾아보고 해 본다.	· 가족을 위해 할 수 있는 일을 알아보고 실천한다.
이웃과 더불어 생활하기	예절 바르게 생활하기	· 정직하게 말하고 행동한다.	
		· 친구와 어른께 바르게 인사한다.	
		· 도움을 받거나, 잘못했을 때 표현하는 말을 안다.	· 도움을 받거나, 잘못했을 때 적절한 말과 태도로 표현한다.
		· 옷차림을 바르게 한다.	
	다른 사람을 이해하고 존중하기	· 친구와 사이좋게 지낸다.	
		· 사람은 서로 다르다는 것을 안다.	· 사람의 서로 다른 점을 존중하며 함께 지낸다.

내용	하위 내용	수준별 내용	
		I	II
	질서와 규칙 지키기	· 다른 사람과 한 약속을 지킨다.	
		· 질서를 지켜야 함을 안다.	· 질서를 지킨다.
		· 공공장소에서 지켜야 할 규칙을 알고 지킨다.	
	두레의 소중함을 알고 협력하기	· 친구와 함께 활동에 참여해 본다.	· 친구의 의견을 존중하며 집단 활동에 참여한다.
		· 다른 사람을 도와주는 경험을 해 본다.	· 다른 사람과 협력한다.
		· 물건을 함께 사용해 본다.	· 물건을 나누어 쓰고 양보한다.
사회 현상에 관심 가지기	주변 지역에 관심 가지기	· 우리 동네의 이름과 집의 위치를 알아본다.	· 우리 동네의 특징을 알아본다.
		· 우리 동네에 있는 여러 기관을 알아본다.	· 우리 동네에 있는 여러 기관의 역할을 알아본다.
	경제 생활에 관심 가지기	· 물건을 잘 간수하고 아껴 쓴다.	
		· 다시 쓸 수 있는 물건을 재활용 한다.	
		· 물건을 살 때 돈이 필요함을 안다.	· 필요한 물건을 계획해서 사 본다.
		· 우리 가족의 직업에 대해 알아본다.	· 여러 가지 직업에 대해 알아보고 모든 직업이 소중함을 안다.
	우리나라와 우리 전통문화에 관심 가지기	· 태극기, 애국가, 무궁화 등 우리나라 상징에 관심을 가진다.	· 태극기와 애국가에 대한 예절을 알고 지킨다.
			· 통일에 관심을 가진다.
		· 전통문화에 관심을 가진다.	· 전통문화를 존중하고 친밀감을 가진다.
	다양한 문화에 관심 가지기	· 여러 나라 사람에 대해 관심을 가진다.	· 여러 나라의 사람에 대해 알아보고 존중한다.
		· 여러 나라의 문화에 관심을 가진다.	· 여러 나라의 문화를 알아보고 존중한다.

4) 지도상 유의점

교사는 다음 사항에 유의하여 지도하도록 한다.

첫째, 사회생활에 관한 교육 활동의 계획과 운영은 유아가 기초적인 사회적 태도와 기능, 지식 등을 포괄적으로 익히고 활용하는 데 중점을 둔다. 유아가 규범이나 사회적 지식을 아는 데 그치지 않고, 그것을 행동에 옮겨 습관화하여 바람직한 사회생활 태도를 가지도록 한다.

둘째, 현대사회에서 사회생활 영역이 갖는 교육적 개념은 상호 존중과 상호 의존임을 명확히 인식하고, 이러한 개념들이 유아의 생활 속에서 자연스럽게 형성되도록 교육 활동을 계획하고 운영한다. 인간의 관계가 더욱 중요시되는 현대사회에서 유아들이 자신과 다른 사람의 유사점, 차이점을 인식하고 존중하며 더불어 살아갈 수 있도록 하며, 특히 다문화 교육, 반편견 교육에 대한 교육 내용 요소를 교사가 먼저 바르게 인식하여 교육 활동을 계획하고 사회생활 영역 전반에 걸쳐 지도한다.

셋째, 기본생활습관은 생활 전반에 걸쳐 반복적으로 꾸준히 지도하여 유아가 바른 생활 습관을 자연스럽게 형성하도록 한다. 교사는 좋은 모범을 보이도록 하며, 특히 가정에서 기본 생활 습관의 기초가 이루어지므로 유치원과 가정에서의 교육이 일관성 있는 교육이 되도록 학부모와 밀접한 관계를 갖고 협력하여 지도한다.

넷째, 유아가 다양한 사회적 관계를 경험할 수 있도록 교사의 언어적 설명이나 지시보다는 따뜻한 격려와 직접적인 문제 제기, 문제해결을 위한 유도, 확산적 질문 등을 사용하도록 한다. 그리고 공동 작업, 협동 게임, 소집단 토의 활동, 극화 활동 등을 통해 유아들 간의 갈등과 경쟁을 극복하여, 경험을 공유하고 협동하는 능력을 기르도록 한다. 또한 현장을 견학하거나 자원 인사를 초빙하여 일터의 소중함과 일하는 사람의 보람 등을 직접 공감하는 기회를 갖도록 한다.

다섯째, 각 지역의 특성과 문화적 자원을 충분히 활용하도록 한다. 유아가 생활하는 지역 사회의 특성과 문화를 경험하게 함으로써 지역사회 문화에 대한 이해와 더불어 애향심, 공동체 의식, 지역에 대한 자긍심 등을 기를 수 있도록 지도한다.

5) 신 · 구 교육과정의 비교

2007년 개정 유치원 교육과정의 사회생활 영역은 '기본생활습관'을 목표면에서 강조하였던 제6차 유치원 교육과정의 사회생활 영역과는 달리, 유치원 교육과정

전반에 걸쳐 교육해야 할 내용으로 총론에서 강조하게 된 점이 가장 큰 차이점이다. 또, 내용면에서는 나 · 가족 · 이웃 · 사회로 확장되는 관계중심의 사고와 태도를 강조하여, '개인생활 - 가정생활 - 집단생활 - 사회현상과 환경'의 항목을 '나를 알고 사랑하기 - 가족과 함께 생활하기 - 이웃과 더불어 생활하기 - 다양한 문화에 관심 가지기'로 진술하여 각 내용에서 추구하고자 하는 목표가 구체적으로 드러나도록 하였다.

제6차 유치원 교육과정과 2007년 개정 유치원 교육과정의 사회생활 영역을 비교하면 아래와 같다.

(1) 성격

	제6차 유치원 교육과정	2007년 개정 유치원 교육과정	차이점
	제2장 교육과정의 영역 1. 영역별 목표 및 내용 나. 사화생활 1. 성격	제2장 교육과정의 영역 Ⅱ. 사회생활 영역 1. 성격	
II. 사회생활 영역	- 기본생활습관을 기르고, 자신의 생각과 행동을 조절하여 남과 더불어 사는 방법을 익히며, 사회현상에 대처해 나가는 기초 능력을 배양함으로써 민주 시민의 자질을 기르기 위한 영역 - 기본생활습관, 개인 생활, 가정생활, 집단생활, 사회 현상과 환경 - 생활 문제중심의 교육활동, 다른 영역과 통합, 가정과의 협조	- 자신을 알고 소중하게 여기며, 다른 사람과 함께 살아가는 방법을 익히고, 주변 세계에 적응해 나갈 수 있는 기초 능력을 기르기 위한 영역 - 나를 알고 사랑하기, 가족과 함께 생활하기, 이웃과 더불어 생활하기, 사회현상에 관심 가지기 - 생활을 중심으로 토의, 역할놀이, 공동 작업, 협동 게임 등의 다양한 방법, 기본생활습관은 생활 전반에서 지도, 가정과의 협조	· 진술의 명료화 · 내용의 정선

(2) 목표

	제6차 유치원 교육과정	2007년 개정 유치원 교육과정	차이점
	2. 목표	2. 목표	
II. 사회 생활 영역	- 기본생활습관과 자기 조절 능력을 기르고, 다른 사람과 더불어 생활하며, 사회현상에 대하여 관심을 가진다. 가. 예절 바르게 행동하고, 질서를 지키며, 아껴 쓰는 생활 습관을 가진다. 나. 긍정적 자아 개념을 기초로 자신의 일을 계획하고 실천함으로써 자기 조절 능력을 기른다. 다. 나와 다른 사람의 관계를 이해함으로써 서로 협력하고 더불어 살아가는 능력을 기른다. 라. 우리가 살고 있는 사회와 환경에 대하여 관심을 가짐으로써 사회적 적응력을 기른다.	- 자신과 다른 사람을 존중하고, 더불어 살아가는 능력을 기른다. 가. 자신을 소중하게 여기고 스스로 생각하여 행동하며 감정을 조절한다. 나. 가족과 화목하게 지내며 서로 협력한다. 다. 예절 바르게 행동하고 질서를 지키며 이웃과 더불어 생활한다. 다. 우리가 살고 있는 사회 현상에 대하여 관심을 가진다.	· 목표 진술의 간결화 · 유아기에 반드시 형성해야 할 기본생활습관을 총론에서 강조함으로써, 사회생활 영역 내의 하위 내용을 자연스럽게 실천할 수 있도록 함. 이에 따라, 나 · 가족 · 이웃 · 생활 일반의 개념으로 상호 관계지으며 생활의 범위가 확장되어 가도록 함.

(3) 내용

가. 내용 체계

	제6차 유치원 교육과정	2007년 개정 유치원 교육과정	차이점
	3. 내용 나. 내용 체계	3. 내용 가. 내용 체계	
II. 사회 생활 영역	기본생활습관 - 예절 바르게 생활하기 - 질서지켜 생활하기	나를 알고 사랑하기 - 나를 소중하게 여기기 - 나의 일 스스로 하기	

	제6차 유치원 교육과정	2007년 개정 유치원 교육과정	차이점
	- 아껴서 생활하기 개인생활 - 나에 대해 긍정적으로 생각하기 - 감정과 욕구 조절하기 - 자기 일을 계획하고 실천하기 가정생활 - 가족과 화목하게 지내기 - 가족과 협력하기 집단생활 - 다른 사람을 이해하고 존중하기 - 공공 규칙을 이해하고 지키기 - 두레의 소중함을 알고 협력하기 사회현상과 환경 - 주변 지역에 관심 가지기 - 직업에 관심 가지기 - 경제생활에 관심 가지기 - 환경 보전에 관심 가지기 - 우리나라의 상징과 전통에 관심 가지기 - 통일에 관심 가지기 - 세계 여러 나라와 문화에 관심 가지기 - 정보 자료에 관심 가지기	- 나의 감정 알고 조절하기 가족과 함께 생활하기 - 가족과 화목하게 지내기 - 가족과 협력하기 이웃과 더불어 생활하기 - 예절 바르게 생활하기 - 다른 사람을 이해하고 존중하기 - 질서와 규칙지키기 - 두레의 소중함을 알고 협력하기 사회현상에 관심 가지기 - 주변 지역에 관심 가지기 - 경제생활에 관심 가지기 - 우리나라와 우리 전통문화에 관심 가지기 - 다양한 문화에 관심 가지기	

나. 수준별 내용

	제6차 유치원 교육과정	2007년 개정 유치원 교육과정	차이점
	3. 내용 다. 수준별 내용	3. 내용 나. 수준별 내용	

	제6차 유치원 교육과정	2007년 개정 유치원 교육과정	차이점
II. 사회 생활 영역	개인생활	나를 알고 사랑하기	
	4. 나에 대해 긍정적으로 생각하기 (Ⅰ) 나에 대하여 알아본다. (Ⅱ) 나와 다른 사람의 같은 점과 다른 점을 알아본다. (Ⅰ) 내가 할 수 있는 일을 알아본다. (Ⅱ) 내가 할 수 있는 일을 자신 있게 해 본다. 5. 감정과 욕구 조절하기 (Ⅰ) 마음대로 하면 안 되는 것이 무엇인지 알아본다. (Ⅱ) 마음대로 할 수 없는 것을 알고 조절한다. (Ⅱ) 자신의 감정을 조절하여 적절하게 표현한다. 6. 자기 일을 계획하고 실천하기 (Ⅰ) 하고 싶은 일을 선택해 본다. (Ⅱ) 하고 싶은 일을 계획하고 마무리한다. (Ⅰ) 스스로 해야 할 일을 한다. (Ⅱ) 스스로 해야 할 일을 실천한다.	〈나를 소중하게 여기기〉 (공통)나에 대해 알아보고 소중하게 생각한다. (공통)내가 하는 일에 자신감을 가진다. 〈나의 일 스스로 하기〉 (공통)내가 할 수 있는 일을 스스로 한다. (공통)해야 할 일을 책임 있게 한다. (Ⅰ) 하고 싶은 일을 스스로 선택하고 해 본다. (Ⅱ) 하고 싶은 일을 계획하고 실천한다. (Ⅰ) 하루 일과에 적응한다. (Ⅱ) 하루 일과를 알고 생활한다. (Ⅱ) 규칙적인 생활을 한다. 〈나의 감정 알고 조절하기〉 (Ⅰ) 여러 가지 감정이 생길 수 있음을 안다. (Ⅱ) 상황에 따라 감정이 변할 수 있음을 안다. (Ⅰ) 나의 감정을 조절해야 할 필요성을 안다. (Ⅱ) 나의 감정을 조절하여 적적하게 표현한다.	· 제6차에서의 기본 생활습관 내용이 2007년 개정 유치원 교육과정에서는 '이웃과 더불어 생활하기'와 '사회현상에 관심 가지기'의 하위 내용 중 하나인 경제생활에 관심 가지기에 포함됨. · 제6차에서의 개인 생활 내용이 대부분 포함됨.
	가정생활	가족과 함께 생활하기	
	7. 가족과 화목하게 지내기 (공통)가족의 소중함을 알고 화목하게 지낸다. (공통)형제와 사이좋게 지낸다.	〈가족과 화목하게 지내기〉 (공통)가족의 소중함을 알고 화목하게 지낸다. (공통)부모, 형제 등 가족과 사이좋게 지낸다.	

	제6차 유치원 교육과정	2007년 개정 유치원 교육과정	차이점
	8. 가족과 협력하기 (Ⅰ) 가족의 구성원을 안다. (Ⅱ) 다양한 가족 구조를 알아본다. (Ⅰ) 집에서 내가 할 수 있는 일을 알고 해 본다. (Ⅱ) 가족을 위해 할 수 있는 일을 알아보고 실천한다.	〈가족과 협력하기〉 (Ⅰ) 가족 구성원을 안다. (Ⅱ) 다양한 가족 구조에 대해 알아본다. (Ⅰ) 가정에서 내가 할 수 있는 일을 찾아보고 해 본다. (Ⅱ) 가족을 위해 할 수 있는 일을 알아보고 실천한다.	
	집단 생활	이웃과 더불어 생활하기	
	9. 다른 사람을 이해하고 존중하기 (공통)친구와 사이좋게 지낸다. (Ⅰ)사람은 서로 다르다는 것을 안다. (Ⅱ)사람은 서로 다르다는 것을 알고 존중한다. (Ⅰ)나와 다른 사람의 의견에 차이가 있음을 안다. (Ⅱ)의견의 차이가 있을 때 서로 의논하여 조정한다. 10. 공공 규칙을 이해하고 지키기 (공통)다른 사람과 한 약속을 지킨다. (공통)공동으로 사용하는 물건을 알고 소중히 다룬다. (공통)공공 장소에서 지켜야 할 규칙을 알아보고 지킨다. 11. 두레의 소중함을 알고 협력하기 (공통)여러 사람이 하는 일에 참여해 본다.	〈예절 바르게 생활하기〉 (공통)정직하게 말하고 행동한다. (공통)친구와 어른께 바르게 인사한다. (Ⅰ)도움을 받거나, 잘못했을 때 표현하는 말을 한다. (Ⅱ)도움을 받거나, 잘못했을 때 적절한 말과 태도로 표현한다. (공통)옷차림을 바르게 한다. 〈다른 사람을 이해하고 존중하기〉 (공통)친구와 사이좋게 지낸다. (Ⅰ) 사람은 서로 다르다는 것을 안다. (Ⅱ) 사람의 서로 다른 점을 존중하며 함께 지낸다. 〈질서와 규칙 지키기〉 (공통)다른 사람과 한 약속을 지킨다. (Ⅰ) 질서를 지켜야 함을 안다.	· 제6차에서의 집단 생활 내용들이 포함됨. 제6차 기본 생활 습관 중 예절 바르게 생활하기와 질서 지켜 생활하기는 다른 사람과의 관계에서 나타나므로 2007년 개정 유치원 교육과정에서는 이웃과 더불어 살기에 포함시켰음.

	제6차 유치원 교육과정	2007년 개정 유치원 교육과정	차이점
	(Ⅰ) 다른 사람과 도움을 주고받는다. (Ⅱ) 서로 협력해야 할 일을 알아보고 실천한다. (Ⅰ) 물건을 함께 나누어 쓴다. (Ⅱ) 물건을 나누어 쓰고, 서로 양보한다.	(Ⅱ) 질서를 지킨다. (공통)공공장소에서 지켜야 할 규칙을 알고 지킨다. 〈두레의 소중함을 알고 협력하기〉 (Ⅰ) 친구와 함께 활동에 참여해 본다. (Ⅱ) 친구의 의견을 존중하며 집단 활동에 참여한다. (Ⅰ) 다른 사람을 도와주는 경험을 해 본다. (Ⅱ) 다른 사람과 협력한다. (Ⅰ) 물건을 함께 사용해 본다. (Ⅱ) 물건을 나누어 쓰고 양보한다.	
	사회현상과 환경	사회현상에 관심 가지기	
	12. 주변 지역에 관심 가지기 (Ⅰ) 우리 동네의 이름과 집의 위치를 알아본다. (Ⅱ) 우리 동네의 모습과 특징을 알아본다. (Ⅱ) 우리 동네에 있는 여러 기관을 알아본다. (Ⅰ) 유치원에 오고가는 방법을 알아본다. (Ⅱ) 다른 지역으로 가는 방법을 알아본다. 13. 직업에 관심 가지기 (Ⅰ) 우리 가족의 직업에 대해 알아본다. (Ⅱ) 다양한 직업에 대해 알아본다. (Ⅱ) 모든 직업은 소중하며	〈주변 지역에 관심 가지기〉 (Ⅰ) 우리 동네의 이름과 집의 위치를 알아본다. (Ⅱ) 우리 동네의 특징을 알아본다. (Ⅰ) 우리 동네에 있는 여러 기관을 알아본다. (Ⅱ) 우리 동네에 있는 여러 기관의 역할을 알아본다. 〈경제생활에 관심 가지기〉 (공통)물건을 잘 간수하고 아껴 쓴다. (공통)다시 쓸 수 있는 물건을 재활용한다. (Ⅰ) 물건을 살 때 돈이 필요함을 안다. (Ⅱ) 필요한 물건을 계획해	· 2007년 개정 유치원 교육과정의 경제생활에 관심 가지기는 제6차의 직업에 관심 가지기를 포함시킴 · 제6차 환경 보전에 관심 가지기는 사회생활 영역에서 삭제하되, 탐구 생활 영역에서 그 의미가 확장되도록 함. · 2007년 개정 유치원 교육과정의 우리나라와 전통문화에 관심 가지기에 제6차

	제6차 유치원 교육과정	2007년 개정 유치원 교육과정	차이점
	성의 차이가 없음을 안다. 14. 경제 활동에 관심 가지기 (공통)모은 돈으로 물건을 사본다. (Ⅱ) 필요한 물건을 계획해서 사도록 한다. 15. 환경 보전에 관심 가지기 (공통)아름다운 환경의 소중함을 안다. (Ⅰ) 정해진 곳에 쓰레기를 분리하여 버린다. (Ⅱ) 쓰레기를 줄일 수 있는 방법을 알아보고 실천한다. (Ⅱ) 다시 쓸 수 있는 물건을 찾아보고 재활용한다. 16. 우리나라의 상징과 전통에 관심 가지기 (공통)태극기, 애국가에 대한 예절을 알고 지킨다. (공통)전통 문화와 관련된 경험을 통하여 친밀감을 가진다. (Ⅰ) 우리나라의 명절을 알아본다. (Ⅱ) 명절의 풍속에 대해 알아본다. 17. 통일에 관심 가지기 (공통)북한에 관심을 가진다. (Ⅱ) 북한 사람도 같은 민족이며 통일이 필요함을 안다. 18. 세계 여러 나라와 문화에	서 사 본다. (Ⅱ) 여러 가지 직업에 대해 알아보고 모든 직업이 소중함을 안다. 〈우리나라와 우리 전통문화에 관심 가지기〉 (Ⅰ) 태극기와 애국가, 무궁화 등 우리나라 상징에 관심을 가진다. (Ⅱ) 태극기, 애국가에 대한 예절을 알고 지킨다. (Ⅱ) 통일에 관심을 가진다. (Ⅰ) 전통문화에 관심을 가진다. (Ⅱ) 전통문화를 존중하고 친밀감을 가진다. 〈다양한 문화에 관심 가지기〉 (Ⅰ) 여러 나라 사람에 대해 관심을 가진다. (Ⅱ) 여러 나라의 사람에 대해 알아보고 존중한다. (Ⅰ) 여러 나라의 문화에 관심을 가진다. (Ⅱ) 여러 나라의 문화를 알아보고 존중한다.	통일에 관심 가지기를 포함함. 또한 우리나라의 상징과 전통문화를 강조하는 내용들이 부각됨. · 2007년 개정 유치원 교육과정의 다양한 문화에 관심 가지기는 다양한 인종과 문화에 대해 관심을 갖고 존중하는 태도를 강조함. · 제6차에서의 정보자료에 관심 가지기는 탐구 생활 영역에 통합하고 여기서는 삭제함.

	제6차 유치원 교육과정	2007년 개정 유치원 교육과정	차이점
	관심 가지기 (Ⅰ) 다른 사람에 대해 관심을 가진다. (Ⅱ) 다른 나라의 생활 풍습을 알아본다. (공통)여러 나라의 다양한 문화를 존중한다.		
	19. 정보 자료에 관심 가지기 (Ⅰ) 관심 있는 것에 대한 자료를 모아 본다. (Ⅱ) 필요한 정보를 찾는 방법을 알아본다. (Ⅱ) 간단한 정보 자료를 활용해 본다.		

(4) 지도상의 유의점

	제6차 유치원 교육과정	2007년 개정 유치원 교육과정	차이점
		4. 지도상의 유의점	
II. 사회 생활 영역	없 음	1. 유아가 사회적 태도와 기능, 지식 등을 포괄적으로 익히고 활용하는 데 중점. 2. 상호 존중과 상호 의존의 개념이 자연스럽게 형성되도록 함. 3. 기본생활습관은 생활 전반에 걸쳐 반복적으로 꾸준히 지도. 4. 유아가 다양한 사회적 관계를 경험할 수 있도록 여러 가지 교육 방법 사용 5. 각 지역의 지역적 특성과 문화적 자원을 충분히 활용.	

2. 표준보육과정의 '사회관계' 영역

1) 성격

사회관계 영역은 '자기존중', '정서인식과 조절', '사회적 관계', '사회적 지식'의 네 가지 내용범주로 구성된다. '자기존중'에서는 영유아가 자신의 독특한 자아에 대해 인식하고, 자신감과 독립심을 기르도록 한다. '정서인식과 조절'에서는 영유아가 자신과 다른 사람의 다양한 정서를 인식하고, 자신의 정서를 조절하고 표현할 수 있도록 한다. '사회적 관계'에서는 영유아가 가족, 또래와 지역사회의 구성원으로서 관련된 다른 사람들과의 관계를 이해하고, 그들과 더불어 조화롭게 기능하며 살아가는 능력을 기르도록 한다. '사회적 지식'에서는 영유아가 지역사회, 우리나라, 세계의 구성원으로서 필요한 자질을 갖추고 능력을 함양하며, 자신과 관계된 여러 사회현상에 관심을 가지고 이해하도록 한다.

2) 목표

자신에 대해 존중감을 키우고, 자신과 다른 사람의 정서를 인식하고, 이를 사회적 관계에서 적절히 조절하여 활용할 수 있도록 하며, 가족, 또래, 지역사회와 긍정적인 관계를 형성하고, 유능한 사회 구성원으로 기능하게 하기 위하여 필요한 사회적 지식을 획득하도록 한다.

가. 자신의 독특한 자아에 대해 인식하고 자신감과 독립심을 기른다.
나. 자신과 다른 사람의 정서를 이해하고 표현하며, 자신의 정서를 조절하고 활용한다.
다. 다른 사람과의 관계를 이해하고 더불어 살아가는 능력을 기른다.
라. 자신을 둘러싼 사회현상에 관심을 가지고 이해한다.

3) 연령별 목표 및 내용

구분		만 2세 미만	만 2세	만 3~5세
목표		다른 사람과 분리된 존재로서의 자신을 인식하고, 양육자와 긍정적으로 애착관계를 형성하며, 기본 정서를 다른 사람과의 관계에서나 주변 환경의 맥락 속에서 느끼고 표현한다. ① 나와 다른 사람을 분리된 존재로서 인식한다. ② 분화된 정서를 느끼고 표현한다. ③ 주변 환경을 탐색하고 주요 어른과 밀접한 관계를 형성한다.	자아를 정확하게 확립하고 독립적으로 행동하며, 자신의 정서를 적절한 방법으로 표현하고 다른 사람의 정서를 이해한다. 또 주변의 어른, 또래와 긍정적인 관계를 형성한다. ① 자기 존중감을 확고히 형성한다. ② 자신과 다른 사람의 정서를 인식하고 표현한다. ③ 주변 환경에 반응하고 어른, 또래와 사회적 관계를 형성한다.	자기 존중감을 키우고, 자신과 다른 사람의 정서를 이해하고 표현하며, 다른 사람과 더불어 생활하고, 자신을 둘러싼 사회현상에 관심을 가지며 이해한다. ① 자신의 독특한 자아에 대해 인식하고 자신감과 독립심을 기른다. ② 자신과 다른 사람의 정서를 이해하고 표현하며, 자신의 정서를 조절하고 활용한다. ③ 다른 사람과의 관계를 이해하고 더불어 살아가는 능력을 기른다. ④ 자신을 둘러싼 사회현상에 관심을 가지며 이해한다.
내용범주	자기존중	· 자신을 분리된 존재로서 인식하기	· 자신을 다른 사람과 구별하기 · 자신에 대해 긍정적으로 생각하기 · 독립적으로 행동하기	· 자신의 소중함을 알기 · 자신감과 독립심 기르기 · 성정체감 형성하기
	정서인식과 조절	· 자신의 정서를 느끼고 표현하기	· 자신의 정서를 적절하게 표현하기 · 다른 사람의 정서에 관심 가지기	· 자신과 다른 사람의 다양한 정서를 인식하고 표현하기 · 자신의 정서를 조절하고 활용하기
	사회적 관계	· 다른 사람에게 관심 가지기 · 양육자와 애착 형성하기	· 가족관계 이해하기 · 또래에 관심 가지기 · 자신이 속한 집단 알기	· 가족과 화목하게 지내기 · 또래와 사이좋게 지내기 · 공동체 정신 기르기

<table>
<tr><th colspan="2">구분</th><th>만 2세 미만</th><th>만 2세</th><th>만 3~5세</th></tr>
<tr><td></td><td>사회적 지식</td><td></td><td></td><td>· 지역사회에 관심 가지고 이해하기
· 우리나라에 관심 가지고 이해하기
· 세계와 여러 문화에 관심 가지기
· 경제생활에 관심 가지고 이해하기</td></tr>
</table>

4) 수준별 내용 및 지침

(1) 만 2세 미만 수준별 내용

<table>
<tr><th>내용범주</th><th>내용</th><th>1수준</th><th>2수준</th><th>3수준</th></tr>
<tr><td rowspan="3">자기존중</td><td rowspan="3">자신을 분리된 존재로서 인식하기</td><td colspan="3">거울 속의 자신을 보고 웃거나 알아본다.</td></tr>
<tr><td></td><td colspan="2">자신의 모습과 다른 사람의 모습을 구별한다.</td></tr>
<tr><td></td><td colspan="2">자신의 몸을 스스로 움직일 수 있음을 안다.</td></tr>
<tr><td rowspan="3">정서인식과 조절</td><td rowspan="3">자신의 정서를 느끼고 표현하기</td><td colspan="3">여러 가지 표정에 반응한다.</td></tr>
<tr><td>여러 가지 음성과 소리를 듣고 반응한다.</td><td colspan="2">자신의 감정과 욕구를 다른 사람이 알도록 표현한다.</td></tr>
<tr><td colspan="2"></td><td>자신에게 여러 가지 정서가 있음을 안다.</td></tr>
<tr><td rowspan="4">사회적 관계</td><td rowspan="2">다른 사람에게 관심 가지기</td><td>다른 사람과 시선을 맞춘다.</td><td colspan="2">다른 사람을 관찰하고 모방한다.</td></tr>
<tr><td>양육자의 목소리를 인식한다.</td><td colspan="2">친숙한 사람에게 애정을 표현한다.</td></tr>
<tr><td rowspan="2">양육자와 애착 형성하기</td><td colspan="3">양육자와 안정적인 애착을 형성한다.</td></tr>
<tr><td colspan="3">양육자와 친숙해지고 신뢰감이 생긴다.</td></tr>
</table>

(2) 교사 지침

내용범주	지침
자기 존중	· 자신을 인식할 수 있도록 개별적인 침대, 침구, 서랍장, 그 밖의 개인 소지품에 영아의 얼굴 사진을 붙여 주고 이름을 적어 준다. · 영아가 자신을 볼 수 있도록 거울을 제공한다. · 영아에게 신체적 접촉과 언어적 표현으로 자주 애정을 표현한다. · 영아와 일대일로 얼굴을 마주 보며 상호작용을 한다. · 간식시간, 기저귀 갈기나 낮잠시간 등의 일상생활 중에 대화하면서 영아들과 함께 하루일과를 진행한다.
정서 인식과 조절	· 영아의 울음이나 몸 움직임은 영아의 주된 의사소통 방법임을 인식한다. · 이 시기 영아는 부정적인 정서표현도 할 수 있음을 이해하고, 부정적 정서표현을 받아들인다. · 영아의 기본적인 욕구에 지속적이고 신속하게 반응함으로써, 영아가 자신을 돌보는 교사를 믿고 세상이 안전한 곳임을 알게 한다. · 영아의 언어적, 비언어적 신호를 해석하여 민감하고 일관성 있게 대한다. · 영아의 기질적 특성을 이해하고 반응속도와 생물학적 리듬을 파악하여 조화로운 관계를 유지한다.
사회적 관계	· 영아는 낯가림을 할 수 있고, 낯선 어른보다 친숙한 어른과 활발하게 상호작용한다는 것을 이해한다. · 양육자와 안정적인 애착을 형성하고, 돌보는 교사와 상호 신뢰 관계를 형성하는 것이 무엇보다 중요함을 안다. · 영아가 새로운 상황과 환경에 직면했을 때 안정감을 갖고 편안히 적응할 수 있도록 배려한다.

(3) 만 2세 수준별 내용

<table>
<tr><th>내용범주</th><th>내용</th><th>1수준</th><th>2수준</th></tr>
<tr><td rowspan="4">자기존중</td><td rowspan="2">자신을 다른 사람과 구별하기</td><td colspan="2">자신의 신체 부분을 안다.</td></tr>
<tr><td colspan="2">다른 사람이 자신을 부를 때 반응한다.</td></tr>
<tr><td rowspan="2">자신에 대해 긍정적으로 생각하기</td><td colspan="2">자신의 생김새와 신체적 능력에 대해 긍정적으로 느낀다.</td></tr>
<tr><td>스스로 할 수 있는 일에 대해 즐거움을 느낀다.</td><td>자신이 노력해서 성취한 일에 대해서 자부심을 갖는다.</td></tr>
</table>

내용범주	내용	1수준	2수준
	독립적으로 행동하기	자신이 할 수 있는 일을 경험한다.	
		혼자서 할 수 있는 일을 스스로 해 본다.	
정서인식과 조절	자신의 정서를 적절하게 표현하기	자신의 정서와 욕구를 인식한다.	
		자신의 감정을 동작과 언어로 표현한다.	긍정적 정서와 부정적 정서를 적절한 방법으로 표현한다.
	다른 사람의 정서에 관심 가지기	다른 사람의 정서에 관심을 보인다.	
			다른 사람의 정서를 인식하고 반응을 보인다.
사회적 관계	가족관계 이해하기	자신에게 가족이 있음을 안다.	가족 구성원을 안다.
	또래에게 관심 가지기	다른 영아와 함께 지내는 것을 경험한다.	
			다른 영아와 의사소통을 한다.
			다른 영아와 함께 놀이한다.
	자신이 속한 집단 알기	자신이 속한 반과 교사를 안다.	자신이 속한 반과 보육시설에는 기본적인 규칙과 약속이 있음을 안다.
		자신이 속한 반의 활동에 참여한다.	다른 사람에게 인사하고 고마움을 표시한다.

(4) 교사 지침

내용범주	지침
자기 존중	· 영아는 자신에 대해 긍정적인 느낌과 자아개념을 가지고, 다른 사람에 대해 이해하기 시작한다는 것을 지각한다. · 영아 자신을 인식할 수 있도록 개별적인 침대, 침구, 서랍장, 그 밖에 개인 소지품을 사용하게 하고 영아의 얼굴사진을 붙여 주고 이름을 적어 준다. · 영아와 개별적으로 신체적, 언어적 상호작용을 하며 일대일로 얼굴을 마주 보며 상호작용을 한다. · 영아가 혼자서 할 수 있는 일은 스스로 해볼 수 있는 기회를 제공하고 기다려 주며, 자신을 조절할 수 있도록 돕는다. · 영아 스스로 한 일에 대해서 항상 격려를 해 주어, 자신이 능력 있고 귀한 존재임을 느낄 수 있도록 한다. · 영아가 친근한 물체나 음식을 선호하고 친근한 사람들을 선택하는 것을 존중한다.

내용범주	지침
정서 인식과 조절	· 영아가 정서를 표현하는 방법이 훨씬 다양해짐을 이해한다. · 영아가 다양한 방법으로 자주 정서를 표현할 수 있도록 영아의 정서표현을 격려하는 대화를 많이 한다. · 영아가 부정적 정서를 나타낼 경우 영아의 신체적, 심리적 원인을 파악하고 상황을 바꾸어 주고, 단호한 목소리와 표정으로 말한다. 양아에게 대한을 제시하여 선택하도록 하고, 영아의 자기통제 행동을 격려한다.
사회적 관계	· 또래에 대해 관심을 가지나, 아직까지는 사물을 가지고 하는 놀이나 병행놀이 단계임을 이해한다. · 영아는 좌절 상황에 대처할 수 있는 기술이 없기 때문에 공격적이 되고 다른 영아에게 상해를 입힐 수 있다는 것을 이해하고 사전에 대처한다. · 놀잇감을 넉넉하게 준비하고 똑같은 놀잇감을 여러 개 마련하여, 분쟁을 사전에 예방하도록 한다. · 영아가 다른 친구들과 함께 놀이하고 생활하기 위해서 지켜야 할 기본적인 규칙과 약속이 있다는 것을 알게 하여 지킬 수 있도록 일관성 있게 지도한다. · 같은 놀잇감을 서로 가지려고 다툴 때 영아가 자신의 충동과 행동을 통제할 수 있도록 돕는다.

(5) 만 3~5세 수준별 내용

내용범주	내용	1수준	2수준	3수준
자기 존중	자신의 소중함을 알기	자신과 다른 사람의 같은 점과 다른 점을 안다.		자신과 다른 사람의 차이를 인정한다.
		자신에 대해 긍정적으로 생각하고, 자신의 소중함을 안다.		
	자신감과 독립심 기르기	자신이 할 수 있는 일을 알고 실천한다.		자신이 할 수 있는 일을 혼자서 자신 있게 해 본다.
		자신이 하고 싶은 일을 한다.		자신이 하고 싶은 일을 계획하고 마무리한다.
				자신감과 독립심을 가지고 새로운 경험을 시도한다.

<table>
<tr><th>내용범주</th><th>내용</th><th>1수준</th><th>2수준</th><th>3수준</th></tr>
<tr><td rowspan="2"></td><td rowspan="2">성정체감과 양성평등 의식 가지기</td><td>자신의 성별을 안다.</td><td>남자와 여자의 특성과 차이를 안다.</td><td>자신이 일생동안 같은 성을 가지며, 외모와 행동이 변해도 성은 변하지 않음을 안다.</td></tr>
<tr><td></td><td colspan="2">양성평등 의식을 갖는다.</td></tr>
<tr><td rowspan="5">정서 인식과 조절</td><td rowspan="2">자신과 다른 사람의 여러 가지 정서를 인식하고 표현하기</td><td colspan="2">자신과 다른 사람이 여러 정서를 가질 수 있음을 인식한다.</td><td>자신과 다른 사람의 다양한 정서를 이해하고 공감한다.</td></tr>
<tr><td colspan="3">다른 사람과 상황을 고려하여 자신의 정서를 긍정적인 방법으로 표현한다.</td></tr>
<tr><td rowspan="3">자신의 정서를 조절하고 활용하기</td><td colspan="3">자신의 정서를 긍정적으로 조절한다.</td></tr>
<tr><td></td><td colspan="2">자신의 정서가 다른 사람에게 미치는 영향을 이해한다.</td></tr>
<tr><td colspan="2"></td><td>문제해결 과정에서 적절하게 정서를 이용한다.</td></tr>
<tr><td rowspan="10">사회적 관계</td><td rowspan="3">가족과 화목하게 지내기</td><td colspan="3">가족의 소중함을 안다.</td></tr>
<tr><td colspan="2">가족 구성원을 안다.</td><td>가족구조가 다양하다는 것을 이해한다.</td></tr>
<tr><td colspan="2">가족을 위하여 내가 할 수 있는 일을 한다.</td><td>가족이 행복해지기 위해서는 함께 노력해야 한다는 것을 이해한다.</td></tr>
<tr><td rowspan="3">또래와 사이좋게 지내기</td><td colspan="3">다양한 상황에서 또래와 놀이하는 것을 즐긴다.</td></tr>
<tr><td></td><td colspan="2">또래와 협동한다.</td></tr>
<tr><td></td><td>자신과 다른 사람의 의견에 차이가 있음을 안다.</td><td>또래와의 갈등을 여러 방법으로 해결한다.</td></tr>
<tr><td rowspan="4">공동체 정신 기르기</td><td colspan="3">도움이 필요할 때 다른 사람과 도움을 주고받는다.</td></tr>
<tr><td colspan="2">자신이 속한 집단의 구성원으로서 소속감이 생긴다.</td><td>집단 구성원의 상호협조관계를 이해하고 협력한다.</td></tr>
<tr><td colspan="2">보육시설, 가정, 사회에서 지켜야 할 규칙을 지킨다.</td><td>교실에서 필요한 규칙을 협의하여 만들고 지킨다.</td></tr>
<tr><td colspan="2">자신의 소유물과 다른 사람의 소유물을 구별한다.</td><td>자신과 다른 사람의 감정, 권리, 소유물을 존중한다.</td></tr>
</table>

<table>
<tr><th>내용범주</th><th>내용</th><th>1수준</th><th>2수준</th><th>3수준</th></tr>
<tr><td rowspan="15">사회적 지식</td><td rowspan="3">지역사회에 관심 가지고 이해하기</td><td>우리 동네의 이름을 안다.</td><td colspan="2">우리 동네의 좋은 점을 안다.</td></tr>
<tr><td colspan="2">우리 동네에 있는 익숙한 기관의 위치를 알아본다.</td><td>지도에서 자신에게 의미 있는 곳을 찾아본다.</td></tr>
<tr><td colspan="2"></td><td>시간의 흐름에 따른 지역사회의 변화를 안다.</td></tr>
<tr><td rowspan="3">우리나라에 관심 가지고 이해하기</td><td colspan="3">우리나라 명절과 풍습 등의 전통문화에 대하여 알아보고 경험한다.</td></tr>
<tr><td colspan="2">우리나라를 상징하는 것을 안다.</td><td>국경일을 알고 기념한다.</td></tr>
<tr><td></td><td>남북분단에 대해 관심을 가진다.</td><td>통일에 대해 관심을 가진다.</td></tr>
<tr><td rowspan="5">세계와 여러 문화에 관심 가지기</td><td colspan="3">세계 여러 나라의 사람들에 대해 관심을 가진다.</td></tr>
<tr><td></td><td colspan="2">세계 여러 나라의 이름과 상징, 문화적 특징에 대해 관심을 가진다.</td></tr>
<tr><td colspan="2"></td><td>평화를 위해 세계 여러 나라가 협력해야 함을 안다.</td></tr>
<tr><td colspan="3">다양한 능력과 문화를 존중한다.</td></tr>
<tr><td colspan="2"></td><td>자신과 다른 사람이 차이점 때문에 어려움을 겪을 때 적극적으로 대처한다.</td></tr>
<tr><td rowspan="4">경제생활에 관심 가지고 이해하기</td><td>물건을 사기 위해서는 돈이 필요함을 안다.</td><td>돈의 가치를 안다.</td><td>돈의 소중함을 알고, 아껴 쓰며 저축한다.</td></tr>
<tr><td></td><td>필요한 물건과 원하는 물건의 차이를 안다.</td><td>계획을 세워 물건을 구입해 본다.</td></tr>
<tr><td>다양한 직업에 관심을 가진다.</td><td>다양한 직업의 특성을 안다.</td><td>자신의 장래의 직업에 대해 관심을 가진다.</td></tr>
<tr><td></td><td colspan="2">다양한 직업에 종사하는 여러 사람에게 고마운 마음을 가진다.</td></tr>
</table>

(6) 교사 지침

내용범주	지침
자기 존중	· 유아가 자기 자신에 대해 알고 자아를 형성하는 과정에서 남과 다른 독특하고 소중한 존재임을 깨달을 수 있도록 한다. · 유아가 자신의 성을 명확히 알 수 있고, 일생동안 같은 성을 갖게 된다는 것을 이해하며 양성평등 의식을 가질 수 있도록 돕는다. · 훈육이 필요할 경우에는 체벌이나 벌을 줄 때도 유아가 사랑을 느낄 수 있도록 하고, 어떤 행동이 좋고 나쁜지 의견을 말하는 민주적인 태도를 갖게 하여 자신이 존중과 신뢰를 받고 있다고 느끼도록 한다. · 가족은 유아의 자아존중감에 절대적인 영향을 미치므로, 가정에서도 부모와 형제가 유아를 존중할 수 있도록 부모교육을 실시한다.
정서 인식과 조절	· 유아가 자신의 정서나 감정을 정확하게 인식하고 이를 적절한 방법으로 표현할 수 있도록 돕는다. · 하면 안 되는 행동을 하고 싶은 유혹에 대해 스스로 자제할 수 있도록 유아의 자기조절 능력을 키운다. · 상상놀이, 책보기, 다양한 예술적 경험으로 유아가 감정에 대해 배우고 정서를 이해할 수 있는 기회를 자주 제공한다. · 유아의 감정 변화에 민감하게 반응해 주고, 유아 자신의 감정이 주변에 영향을 미칠 수 있음을 깨닫게 돕는다. · 유아의 감정을 언어로 표현해 주며, 이를 통해 유아가 정서와 감정의 다면성을 알고 다른 사람의 감정도 이해할 수 있도록 돕는다.
사회적 관계	· 유아가 협동하여 활동할 수 있는 실내외 공간을 마련한다. · 집단토의, 역할놀이, 게임, 견학 등 사회적 관계를 경험할 수 있는 다양한 활동을 통합적으로 제공한다. · 유아가 다른 사람과 나누고, 협력하고, 문제해결을 할 수 있도록 다양한 활동의 기회를 제공한다.
사회적 지식	· 다양한 가족구성원이 있는 사진 등의 자료를 제공하여 각 가정 안에 다양한 문화와 가치, 태도가 있음을 이해하도록 돕는다. · 지역사회 구성원으로서 자부심을 가질 수 있도록 지역사회와 지역사회 기관과 관련된 구체적인 경험을 할 수 있도록 기회를 제공한다. · 우리나라와 관련된 다양한 활동으로 대한민국 국민으로서 자질과 능력을 함양하고 자기 스스로 정체성을 확립할 수 있도록 한다. · 세계 여러 나라에 대한 구체적인 자료와 다양한 경험을 할 수 있도록 기회를 제공하여 세계 여러 나라 사람들과 자신들의 유사점과 차이점을 이해할 수 있도록 한다. · 가족, 지역사회와 연계된 다양한 경제관련 활동을 통하여 유아들이 경제적 능력을 갖춘 유능한 사회인으로 성장할 수 있도록 지원한다.

5) 사회생활 영역의 신 · 구 교육과정의 비교

구 분	현 행	개 정	비 고
목표	기본 생활 습관과 자기 조절 능력을 기르고, 사회적 지식과 태도를 익히게 하여 자신과 다른 사람을 존중하며, 더불어 생활할 수 있게 한다.	기본 생활 습관과 자기 조절 능력을 기르고, 다른 사람과 더불어 생활하며, 사회 현상에 대하여 관심을 가진다.	
	(1) 일상 생활에 필요한 기본 생활 습관과 태도를 기르게 한다.	가. 예절바르게 행동하고, 질서를 지키며, 아껴 쓰는 생활 습관을 가진다.	· 아껴서 생활하기 부각
	(2) 자신의 생각과 행동을 조절할 수 있는 능력을 기르게 한다.	나. 긍정적 자아 개념을 기초로 자신의 일을 계획하고 실천함으로써 자기 조절 능력을 기른다.	
	(3) 다른 사람과 바람직한 관계를 유지하여 생활할 수 있는 능력과 태도를 기르게 한다.	다. 나와 다른 사람의 관계를 이해함으로써 서로 협력하고 더불어 살아가는 능력을 기른다.	· 협력하는 능력 강조
	(4) 지역 사회에 관심을 가지며, 환경을 아끼고 보전하는 마음을 가지게 한다.	라. 우리가 살고 있는 사회와 환경에 대하여 관심을 가짐으로써 사회적 적응력을 기른다.	· 지역 사회에 대한 관심으로부터 우리가 살고 있는 사회와 환경에 대한 포괄적인 관심의 범위 제시
내용	〈기본 생활 습관〉 1. 예절바르게 생활하기 2. 질서를 지켜 행동하기 3. 감정과 욕구를 절제하기	〈기본 생활 습관〉 1. 예절바르게 생활하기 2. 질서 지켜 생활하기 3. 아껴서 생활하기	· 기본 생활 습관 중에서 아껴서 생활하기 부각 · 예절, 질서, 절약으로 구체화하고, 예절에 식사 · 의복 예절 추가 · 도덕적 내면화를 나타내는 정직의 내용 추가 · 물건을 정리 정돈하는 내용 추가 · 물려주고 물려받는 내용 추가
	〈개인의 생각과 행동 조절〉 4. 나에 대해 긍정적으로 생	〈개인 생활〉 4. 나에 대해 긍정적으로 생	· 기본 생활 습관이 정해진

구 분	현 행	개 정	비 고
	각하기 5. 자기 일을 계획하고 완수하기 6. 상황에 알맞게 감정과 행동 조절하기	각하기 5. 감정과 욕구 조절하기 6. 자기 일을 계획하고 실천하기	규범을 수용하는 것에 비해, '감정과 욕구 절제하기' 및 '상황에 알맞게 감정과 행동 조절하기'는 개인 생각과 요구가 반영된 것으로 3과 6이 '감정과 욕구 조절하기'로 통합되어 개인 생활로 이동
	〈가족 이해〉 7. 가족의 구조 알기 8. 가족의 역할 알기 9. 가정의 기능 알기	〈가정 생활〉 7. 가족과 화목하게 지내기 8. 가족과 협력하기	· 가족의 소중함을 알고 화목하게 지내며 협력하는 정의적 측면의 내용 강조
	〈집단 생활〉 10. 다른 사람과의 관계 알기	〈집단 생활〉 9. 다른 사람을 이해하고 존중하기	· 인간의 존엄성에 대한 사회·인지적 이해와 반편견 교육과정의 동향 반영 · 사회 생활의 행위 규범인 15 공공 규칙의 이해와 실천을 집단 생활에 포함하고 다른 사람과 약속을 지키는 내용 첨가
	11. 더불어 사이좋게 지내기 12. 집단 생활에 적극적으로 참여하기 13. 협동하여 문제 해결하기	10. 공공 규칙을 이해하고 지키기 11. 두레의 소중함을 알고 협력하기	· '더불어 사이좋게 지내기'와 '집단 생활에 적극적으로 참여하기' 및 '협동하여 문제 해결하기'를 통합하여 협력의 공동체로서의 '두레' 정신 강조
	〈사회 현상과 환경에 대한 관심〉 14. 주변 지역에 관심 가지기	〈사회 현상과 환경〉 12. 주변 지역에 관심 가지기	· 지역의 모습과 특성, 오고 가는 방법과 관련된 교통 및 이동 개념 추가
	15. 공공 규칙을 이해하고 지키기		· 공공규칙을 이해하고 지키기 를 집단 생활로 이동

구 분	현 행	개 정	비 고
	16. 직업에 관심 가지기 17. 경제 생활에 관심 가지기 18. 주변 환경 보전하기	13. 직업에 관심 가지기 14. 경제 생활에 관심 가지기 15. 환경 보전에 관심 가지기	· 아껴 쓰는 내용은 〈기본 생활 습관〉으로, 재활용은 '환경 보전에 관심 가지기'로 통합하고, 모은 돈으로 물건 사 보는 내용 추가
	19. 우리 나라의 상징과 전통 놀이 경험하기	16. 우리 나라의 상징과 전통에 관심 가지기	· 전통 놀이뿐만 아니라 문화 등을 포함하는 민족 문화 정체감 형성을 부각하는 개념으로 확대하였으며, 세계화, 다문화, 평화교육에 대한 동향 반영
	20. 북한에 대해 관심 가지기	17. 통일에 관심 가지기	· 북한 뿐만 아니라 민족 동질성 및 통일에 대한 관심과 의지 차원으로 확대
	21. 다른 나라에 관심 가지기	18. 세계 여러 나라와 문화에 관심 가지기 19. 정보 자료에 관심 가지기	· 사회 과학적 탐구에 기초하여 정보자료를 찾고 조직하며 활용할 줄 아는 정보 문해 능력 추가

3. 유아사회교육 교수-학습 활동계획

유아 사회교육 교수-학습의 활동 계획을 세울 때에는 교수-학습 목표의 설정 및 이 목표의 성취를 위한 도구로 사용될 주제 또는 내용의 선정, 그리고 목표와 주제에 관련된 것을 기초로 교수 단원과 프로그램을 발전시키는 것이 포함된다. 따라서 유아 사회교육 교수-학습 활동은 활동에 필요한 자료가 선정 · 수집되어야 하고 계획된 방법과 유아의 반응이나 흥미를 기초로 이루어진다. 또한 목표의 성취 정도에 대한 프로그램의 효과를 측정해 내는 방법도 계획 및 활동 과정의 주요한 한 부분으로 포함되어져야 한다.

주제를 중심으로 한 교사 계획에 의한 유아 사회교육 활동은 며칠 동안의 단기적인 계획과 몇 주 동안의 장기적인 계획에 의하여 운영될 수 있다.

1) 교수-학습 목표의 설정

구체적인 학습 활동을 계획, 지도, 평가하는 데 유용한 교수-학습 목표는 교육적 목표에 기초하여 설정된다. 전반적이며 포괄적인 교육적 목적에 비추어 보다 명확하고 구체적이며 한정적인 교수-학습 목표가 설정되는데 특정 주제나 단순 개념을 다루는 목표가 작성될 수도 있고, 목적의 한 측면을 선택하여 교수 목표가 작성될 수도 있다.

설정된 교수-학습 목표는 유아가 무엇을 학습할 것이며 학습한 것이 어떻게 표현될 것인가. 즉, 유아가 학습을 한 후 나타나게 될 행동과 수행 수준을 뚜렷이 밝혀야 한다. 일반적으로 R. F. Mager(1962)의 목표 진술 방법이 많이 사용되는데, 그에 의하면, 목표의 진술에는 성취 수준, 조건, 기준의 3가지 요소가 포함되어야 한다고 한다. 예를 들면 다음과 같다.

"그림을 보고 (조건) 꽃의 주요 4부분의 (기준) 이름을 말할 수 있다." (성취)

그러나 유아 사회교육의 목표 진술에는 목표, 행동(수행), 수행 수준, 조건의 4가지의 요소를 다 포함시키는 것이 좋다. 예를 들면 다음과 같다.

"엄마가 하시는 일을 (목적) 1가지씩 (수행수준)

종이와 크레용을 사용해서 (조건)

그림으로 그려볼 수 있다." (조건)

목표 진술이 분명한 의사 전달을 위해 보다 세부적으로 행해질 때 목표 획득 시간과 목표 달성 대상이 부가적으로 포함될 수 있다. 즉, 다음과 같은 진술이 가능하다.

"소방서 극화놀이가 끝난 (시간)

극화놀이를 했던 유아들이 (대상)

소방수 아저씨가 하시는 일 (목표)

1가지씩 (수행 수준) 말해 볼 수 있다." (목적)

교수 - 학습 목표는 교사가 무엇을 할 것인가에 대한 것이 아니라 학습자가 무엇을 배울 것인가에 초점을 둔 학습자 중심으로 설정되어야 하며 불필요한 첨가나 반복없이 간단 · 명료하게 진술되어야 한다.

교수 - 학습 목표를 진술할 때 위의 6가지 요소가 반드시 다 들어가야만 하는 것은 아니다. 교수 - 학습 목표를 달성해야 할 대상과 시간, 조건 등이 제시되지 않아도 명백한 경우는 반드시 써야 할 필요는 없다. 또한 교수 - 학습 목표는 목표가 달성된 후 학습자가 나타낼 수 있는 관찰 가능한 행동형 동사(행동형 동사)로 진술한다. 그러나 정의적 측면에서의 목표 진술은 행동형 동사로 진술되기는 어려운 비행동적(비행동적)인 목표인 경우가 많다.

교수-학습 목표는 몇 가지 범주로 분류될 수가 있는데, J. S. Bloom은 인지적 목표, 정의적 목표, 심리 운동적 목표로 분류하고 있으며, 인지적 목표에는 지식(knowledge), 이해력(comprehension), 적용력(application), 분석력(analysis), 종합력(synthesis), 평가력(evaluation)이 포함되며, 정의적 목표에는 감수(awareness), 반응(reponding), 가치화(valuing), 조직화(organization), 인격화(characterization)가 포함된다. 또한 심리 운동적 목표에는 반사 동작(reflex movements), 기본적 기초 동작(basic fundamental movements), 지각 능력(perceptual abilities), 신체 능력(physical abilities), 숙련동작(skilled movements), 동작적 의사소통(nondiscussive communication)이 포함된다.

2) 주제와 내용의 선정

전통적으로 유아기 사회교육 프로그램을 위한 주제의 수는 제한되어 있으나 교사가 주제의 제목을 선정할 때는 유동적으로 정할 수 있다.

유치원, 초등학교 저학년 단계에서의 주제는 보통 유아의 직접적 환경과 관련을 맺고 있는데 일반적으로 집과 가족, 유치원(학교), 이웃(상점, 슈퍼마켓, 주유소 등), 지역사회(지역사회 서비스기관과 일하는 사람들), 그리고 교통과 통신 등으로 구성된다. 때때로 지역사회의 비교 연구에서는 도시지역 대 지방, 촌락지역 같은 것으로 구성되기도 한다.

앞에 제안된 여러 주제 외에도 '안전하게 작업하고 놀이하기', '작업과 놀이에서의 규칙 등 매일의 활동에서 일어나는 특별한 문제해결 상황을 중심으로 주제를 설정할 수도 있다.

주제를 설정할 때는 유아의 배경이나 능력이 맞는 주제를 선택·결정하는 것이 바람직하다. 유아의 배경이란 개별학습과 집단 작업기술, 흥미, 문화적·사회 경제적 등의 배경을 의미한다. 학기 초에 미리 전반적 계획을 세울 때는 유아들의 배경을 잘 알 수 없으므로 일반적인 연령적 특성을 기준으로 계획하여야 한다. 실제 유아를 원에 맞아들여 유아에 대한 특정한 정보를 얻게 되었을 때 사전계획을 유아에게 맞게 바꿀 수 있다.

주제를 결정할 때는 기본적으로 다음과 같은 점을 고려한다.

① 설정한 주제가 지식, 사고 과정, 기술, 태도와 가치면에서의 기본 목적을 달성하는 데 도움이 되겠는가.

② 현재 진행 중인 프로그램과 연계성이 고려되었는가.

③ 시간과 학습 자료면에서 실행할 수 있는 주제인가.

④ 개인차를 고려한 다양한 학습 활동이 제공되어질 수 있는가.

내용은 주제 안에서 조직되며 설정된 목적과 연관되어져야 한다.

학습활동의 내용 결정은 유아가 알아야 할 사실과 정보를 선택하는 것과 사실과 정보를 순서적으로 배열하는 것을 다룬다.

유아에게 소개하는 내용은 유아 자신과 유아가 살고 있는 사회를 중심으로 유아의 사회적 경험을 반영하며 유아의 흥미, 호기심을 만족시킬 수 있는 것이라야 한다. 왜냐하면 유아의 직접적 환경과 관련되지 않은 주제에 포함되는 개념들은 유아의 개인적인 탐구심에 적용할 직접적 자료의 결핍 때문에 기계적 암기에 의한 얕은 학습이 될 위험이 있기 때문이다.

3) 유아사회교육 교육활동계획안 작성

앞 절에서 교수-학습 목표의 설정 및 주제와 내용 선정 방법 등에 대하여 언급하였다.

여기에서는 하루일과 중 부분수업을 진행하기 위한 교육활동계획안의 작성법 중, 전개의 단계, 교사 및 아동 활동, 집단조직, 교수매체의 활용 등에 대한 계획 등을 소개한다.

(1) 전개의 단계

교육활동 시간의 각 차시를 어떠한 단계로 계획을 세울 것인가 하는 문제는 교육활동의 성격에 따라 달라진다. 과학적 방법으로 교육학을 정립하려고 했던 헤르바르트학파는 예비-제시-비교-개괄-응용의 5단계를 제안하였고, 국내에서는 수업활동시 도입-전개-정리의 3단계가 일반적으로 많이 사용되어 왔으나, 한국교육개발원에서 1972년부터 약 10년 간 학교의 현장 검증을 거쳐 개발한 수업모형의 단계는 계획 - 진단 - 지도 - 발전 - 평가의 다섯 단계로 이루어져 있다. 이에 비해 유치원에서는 활동교육계획안이나 교육활동계획안 등의 용어로 초·중등학교의 수업계획안에 비해 비교적 간략히 작성 사용되고 있는데, 병설유치원 수준의 교육활동계획서를 살펴본다.

교육활동 전개시에 3단계로 수업을 전개해 나가느냐, 5단계로 전개해 나가느냐 하는 문제는 교육현장에서 교육활동의 성격에 따라 교사가 자율적으로 결정해야 할 문제이다.

(2) 교사 및 아동 활동

교사 및 아동 활동의 수준과 범위를 정하는 것은 수업의 형태와 관련되는데, 교사중심적, 강의식, 일제식, 지시적인 수업형태로 진행해 나가야 할 것인지? 아니면 아동중심적, 통합적, 민주적, 비지시적인 수업형태로 진행해 나갈 것인지? 의 문제도 학습문제의 성격과 활동상황에 따라 교사의 판단이 요구되는 부분이다.

특히, 유치원의 경우 아동의 욕구와 필요를 존중하는 아동중심 교육이 교사중심보다는 훨씬 바람직한 것으로 평가되고 있지만, 이 방법 역시 대상과 때에 따라서는 교사가 중심이 되어 진행되어져야 하는 활동들도 많다.

이와 같은 이유로 단위시간 내에서도 어느 부분에서는 강의식 문답법, 프로그램 학습 토의법, 문제해결법, 실험법, 발견학습법, 관찰법 등이 적절히 활용되어져야 하는지를 결정하고 학습과제별로 계획이 세워져야 한다.

(3) 집단조직

학습과제의 성격에 따라, 수업목표에 도달하는데 학생이 만족할 수 있는 형태의 집단조직이 구성되어져야 한다. 일제학습, 분단학습, 조별학습, 버즈학습의 형태로 할 것인지? 대집단, 중집단, 소집단의 형태로 구성할 것인지? 또, 등질집단과 이질집단의 문제와 관련하여 학생의 능력이나 학업성취 정도에 따라 등질의 집단 편성을 할 것인지? 이질집단이 더 효율적인지? 등의 문제도 고려되어야 한다.

(4) 교수매체의 활용계획

학습목표에 즐겁고 쉽게 도달하게 하기 위하여 교사를 돕는 보조물인 학습매체가 교사의 역할을 대행하거나 감소시킬 수 없다는 전제하에 활용계획이 세워져야 한다.

매체제작에 우선 고려되어져야 하는 부분은 발달단계의 특성을 고려한 매체제작이 우선 되어야 함은 물론이고 이 학습매체를 적절한 시기에 게시하고 또 제때에 제거해줘야 하는 세심한 배려도 잊어서는 안 된다.

교육활동계획안을 작성함에 있어서 장기계획과 단기계획으로 구분할 수 있다. 장기계획은 연간, 월간, 단원의 계획을 포함하며, 단기계획은 주간, 일간, 시간의 계획으로 구분된다.

각 교과목 발표시간이나 현장실습시 부분수업에서의 교육활동계획서 수준의 양식을 살펴보면 다음과 같고 제2부 활동편에서 구체적으로 실례를 들어 소개한다.

교육활동계획안

1. 단원명 :
2. 단원선정의 이유 :
3. 단원학습의 목표 :
4. 단원학습의 개요 및 지도상 유의점 :
5. 단원학습의 계획 :

차 시	주 제	내 용	자 료	비 고
1				
2				
3				
4				

6. 본시 교육활동계획안
   가. 본시의 주제 :
   나. 본시의 활동목표 :
   다. 수업일시 :

라. 대상 연령 및 인원 :
마. 수업자 :
다. 본시의 내용

단계	시간	교수-학습활동	학습자료	비고
도입				
전개				
정리				
평가				
확장 활동				

4. 교수-학습 방법 및 평가

1) 교수-학습 방법

국가 수준의 교육과정은 교사 수준의 교육과정으로 재구성되고, 다시 학습자 수준의 교육 과정으로 운영될 때 그 의미와 목적이 실현된다. 말하자면, 교사는 국가 수준의 교육과정이 지행하는 바가 학습자의 발달 수준 · 흥미 · 경험에 적합한 형태로 실천될 수 있도록 교육과정을 계획하고 운영하여야 한다.

이에 따라, 유치원 교육과정을 효율적으로 운영하기 위한 교수-학습 방법의 원칙들을 제시하면 다음과 같다.

(1) 각 영역별로 제시된 내용은 지도의 순서를 의미하는 것이 아니므로, 적절한 시기와 상황에 맞추어 통합적으로 운영될 수 있도록 교육 활동을 계획한다.

유아들의 교육적 경험이나 놀이 활동을 계획할 때 유의해야 할 점은 5개 영역의 내용들을 교육과정 내용 체계에 제시된 순서대로 학습이 이루어지도록 하지 말아야 한다는 것이다. 각 영역별로 제시된 내용은 지도의 순서를 명시한 것이 아니므로 어떤 내용이든지 어느 시기에나 교육 현장에 적용할 수 있다. 이 5개 영역의 내용은 유아들의 교육적 경험이나 놀이 활동에서 통합된 형태로 운영될 수 있도록 교육 계획을 세워야 한다. 예를 들어, 건강 생활 영역에서 강조하는 '안전하게 놀이하기'는 사회 생활 영역의 '질서와 규칙지키기'와 연결하여 통합할 수 있고, 탐구 생활 영역에서 '사물과 현상에 지속적인 관심 가지기'와도 연결할 수 있다. 그리고 5개 내용 영역 간의 통합과 함께 각 영역별 내용 간의 통합성도 고려해야 한다. 예를 들어, 탐구 생활 영역에서 '우리 몸에 대하여 알아보기' 내용을 학습할 때 '공간과 도형에 대해 알아보기' 및 '기초적인 측정해 보기' 등의 내용과도 연결할 수 있다.

(2) 교육 내용의 Ⅰ수준, Ⅱ수준, 공통 수준은 유아의 발달과 경험 정도를 고려하여 연속성 있게 조직한 것이므로, 유아의 관심, 흥미, 발달 수준에 따라 내용을 선정하고, 그에 적절한 방법으로 운영한다.

각 영역별 교육 내용은 3~5세 유아의 3년간 유치원 교육 활동이 가능한 내용 범주이다. 일반적으로 유아들의 발달 특징이나 이해 수준에 비추어 볼 때, Ⅰ수준의 교육 내용들을 직접할 수 있는 활동이나 놀이 활동으로 제시한다면 3, 4세 유아들이 1년 동안 무리없이 활동할 수 있을 것이고, Ⅱ수준의 교육 내용들은 4, 5세 유아들이 1년 동안 활동할 수 있는 범주를 나타낸 것이다. 공통 수준은 3~5세 유아들이 계속적으로 활동할 수 있는 내용들이라고 볼 수 있다.

이와 같이 영역별 교육 내용의 Ⅰ수준과 Ⅱ수준은 난이도가 다르므로 일관성과 연계성을 가지도록 계획하고 운영하여야 한다. 그러나 유의할 점은, 유아에 따라서는 3, 4세라 하더라도 Ⅱ수준의 교육 내용이 가능할 수 있으며 5세 유아라도 Ⅰ수준의 교육 내용이 적합할 수 있는 것이다. 또, 유아 개인에 있어서 영역에 따라 Ⅰ수준

과 Ⅱ수준을 병행할 수 있다는 것도 알아야 한다. 예를 들어, 건강 생활 영역에 있어서는 Ⅱ수준의 활동이 가능하면서도, 사회 생활 영역에 있어서는 Ⅰ수준의 교육 내용들로 경험하는 것이 적합한 유아들이 있다.

(3) 교육 내용은 주제, 유아의 요구 및 상황에 따라 다양한 활동을 통하여 여러 번 다룰 수 있다.

교육 과정 5개 영역의 내용들은 1년간의 교육에서 한 번의 활동으로 끝나는 것이 아니라, 주제, 유아들의 이해 정도나 선행 경험과의 관련성, 유치원 상황 등에 따라 여러 번 반복해서 다룰 수 있다.

예를 들어, 사회 생활 영역의 내용인 '다른 사람을 이해하고 존중하기'는 '유치원', '가족', '교통기관' 등의 주제에서 공통적으로 다룰 수 있다.

또, 표현 생활 영역의 내용 중 '우리 전통 예술 감상하기'나 언어 생활 영역에서 '쓰기에 관심 가지기' 내용 등은 유아들의 흥미가 지속되거나 유아들이 쉽게 이해하지 못할 경우에 견학, 발표, 대화 등 다양한 활동으로 여러 번 다룸으로써 유아의 학습 경험이 충실히 이루어지도록 하여야 한다.

(4) 교육 활동은 발표, 토의, 관찰, 실험, 조사, 견학 등 유아들이 직접 참여할 수 있는 다양한 수업 방법들을 활용하도록 한다.

유아는 직접적이고 구체적인 경험을 할 때 가장 잘 배운다. 또, 자신이 학습의 목적을 세우고, 스스로 계획하며, 활동을 수행한 결과를 얻을 때 지식은 물론 자율적 학습, 자기 주도적 학습의 방법을 터득하게 되고 학습하려는 성향을 가지게 된다. 따라서, 다양한 수업 방법들을 적용하여 유아가 직접 참여하는 교육 활동을 제공해 주어야 한다.

(5) 교육 활동은 놀이중심으로 이루어지도록 하며, 흥미 영역과 교재·교구는 계절, 주제, 행사 및 유아의 요구 등에 따라 적절히 재구성한다.

놀이는 유아의 흥미와 요구를 반영하는 자기 충족의 수단이며, 동시에 가장 강력한 유아의 학습 수단이다. 특히, '목적 있는 놀이'의 가치에 대한 강조는 유치원의 자유 선택 활동이 방임적이어서는 안 된다는 것을 인식하게 한다.

교사는 유아들이 놀이를 통해 자연스럽고, 자발적으로 학습해 나가도록 분위기를 마련하고, 충분한 기회와 자료를 제공하여야 한다. 이와 같은 놀이중심의 교육 활동에서 매우 중요한 요소는 흥미 영역의 구성과 교재·교구의 제공이라고 할 수 있다. 실내 · 외 환경을 흥미 영역으로 구성하면 유아가 자신의 속도에 따라 활동할 수 있으며, 활동을 하면서 다른 유아나 교사와 바람직한 상호작용을 할 수 있어서 교육적 가치가 높다.

그러나 흥미 영역도 일년 내내 거의 변화를 주지 않거나 활용할 수 있는 교재 · 교구가 부족하다면 별 효과를 기대할 수 없다. 흥미 영역과 교재 · 교구는 계절, 주제, 행사 및 유아의 요구 등에 따라 적절히 재구성하는 노력을 기울여야 할 것이다.

(6) 하루의 교육 활동은 동적인 활동과 정적인 활동, 실내 활동과 실외 활동, 개별 활동과 대 · 소집단 활동, 유아 주도 활동과 교사 주도 활동 등이 균형 있게 이루어지도록 한다.

3~5세 유아들의 신체적, 정신적, 정서적 안정감과 활동성을 고려하여 유치원의 일과 활동을 구성하는 일이 중요하다. 일과를 구성하는 실내 · 외 자유선택 활동, 간식 및 이야기나누기, 노래부르기, 게임, 실험 및 관찰, 문학 활동, 음악 활동, 미술 활동 등 대 · 소 집단 활동들이 하루의 교육 활동 순서를 결정할 때, 그 성격에 따라 서로 다른 활동들이 교차될 수 있도록 하여야 한다.

이를테면, 동적인 활동과 정적인 활동, 실내 활동과 실외 활동, 개별 활동과 대 · 소집단 활동, 유아 주도 활동과 교사 주도 활동이 균형있게 이루어지도록 한다. 예를 들어, 조용하게 이야기나누기 활동을 한 후에는 실외 활동이나 게임, 율동 등의 동적인 활동을 하도록 한다.

(7) 하루의 교육 활동은 유아와 교사, 유아와 유아, 유아와 교구의 상호작용 등 여러 가지 유형의 상호작용이 일어날 수 있도록 제시한다.

유아는 환경과의 상호작용을 통하여 발달과 학습을 이루어간다. 교사는 유아에게 있어서 교육적 상호작용을 가능하게 하는 인적 환경이며, 교구는 물적 환경이다. 또, 또래 유아들은 사회적 상호작용을 통해 학습과 발달에 도움을 주는 중요한 인적 환경이다.

(8) 종일반의 일과는 오전의 교육 활동을 오후에 그대로 반복하거나 단순히 유아를 보호하는 것이 아니라, 유아의 신체적, 심리적 상태를 고려하여 하루의 교육 활동이 균형 있게 이루어지도록 한다.

여성의 사회적 자아 실현이나 가정의 소득 증가를 위한 취업모의 증가는 유치원의 교육운영 시간을 다양화할 필요성을 강하게 제기하였다. 따라서, 반일제 외에 시간연장제와 종일제 프로그램이 학부모 · 지역사회 등의 요구에 따라 적절히 운영할 수 있게 되었다.

그러나 3~5세 유아를 위한 유치원 교육 시간은 기본적으로 그들이 신체적 · 정신적 발달 특징상 반일제를 지향하는 것이 바람직하다. 시간 연장제나 종일제의 학급을 운영할 경우에는 오후 시간을 될 수 있는대로 유아가 자유롭게 긴장되지 않게 보내도록 계획하는 것이 중요하다. 말하자면 반일제 프로그램의 내용과 활동이 오후에 그대로 반복되어서는 안 되며, 그렇다고 해서 단순히 보호하는 식으로 오후 시간을 보내서도 안 된다. 오전에 비해 오후에는 유아가 피로감을 느끼기 쉬우므로, 휴식 · 조용한 게임 · 음악 감상 등의 대 · 소집단 활동, 하루의 평가 등 유아의 신체적, 심리적 상태를 고려한 균형 있는 활동이 이루어지도록 한다.

(9) 교재 · 교구는 다양한 정보를 얻을 수 있는 교수 매체를 활용하되, 가능한 한 구체적이고 직접적인 경험을 주는 실물 자료를 사용한다.

유아는 능동적인 학습 과정을 통하여 지식을 구성해 간다. 주변의 여러 가지 물체를 보고, 듣고, 만지고, 냄새 맡고, 맛보는 등의 구체적이고 직접적인 경험을 통하여 유아는 의미 있는 학습을 하게 되며, 이를 발판으로 보다 높은 차원의 개념으로 확장해 간다. 유아에게 정답이 있는 단편적이고 정형화된 학습지와 같은 인쇄된 교재를 주는 것은 유아를 무의미한 지식의 수용자로 만드는 것이므로 유아 발달에 저해가 된다.

따라서, 유아가 직접 경험할 수 있는 교재 · 교구와 다양한 정보를 얻을 수 있는 교수 매체를 활용하도록 해야 한다. 특히, 멀티미디어의 활용은 21세기 정보화 사회의 주역이 될 유아들에게 필수적인 것이 될 것이다. 그러나 유아의 정신적, 신체적, 심리적 상태를 고려하여 멀티미디어를 선별적으로 활용할 필요가 있다. 유아 교육은 인간 교육이 그 본질임을 알고, 멀티미디어의 활용은 유아 교육의 본질이 왜곡되지 않는 차원에서 이루어져야 한다.

(10) 교사는 긍정적이고 지지적인 언어와 태도로 유아와 상호작용한다.

교사의 언어와 태도는 유아의 발달과 학습에 큰 영향을 끼친다. 긍정적이고 지지적인 언어와 태도로 유아를 돕고 상호작용할 때 유아는 정신적 · 정서적 · 심리적으로 안정감을 느끼고, 자신의 속도로 자신의 능력만큼 자연스러운 발달을 추구하는 데 있음을 주지한다면 유아의 실수를 오히려 교육의 기회로 삼을 수 있고, 자아

존중감, 자긍심, 성취감 등을 길러 줄 수 있을 것이다.

(11) 교사는 확산적 질문을 많이 하여 유아의 호기심과 학습 동기를 유발하고 창의적인 사고를 촉진한다.

확산적 질문이란 하나의 정답만을 요구하는 질문이 아니라, 답이 여러 가지로 나올 수 있다는 가능성을 보여주는 질문이다. 특히, 창의성이나 발산적 사고를 증진시켜 줄 수 있는 질문이다. 활동을 하는 도중에 실수를 하게 될 경우, 이를 교사가 수용해 준다면 유아들은 새로운 문제에 도전하고, 이를 해결해 보려고 최선을 다하는 태도를 가지게 될 것이며, 이러한 특성은 유아의 인지 능력 발달에 큰 도움을 주게 될 것이다.

또, 교사는 유아가 사물에 대하여 의문을 가지고 질문을 하며, 상상력과 창의력을 발휘하여 문제를 해결하려는 태도를 가지도록 적절히 격려해 주어야 한다.

(12) 특수교육 대상이라고 생각되는 유아는 부모와 관계 전문가의 도움을 받도록 하고, 유치원의 상황에 따라 알맞게 교육한다.

약시, 난청, 정신지체, 지체부자유, 병약 및 신체 허약, 언어 장애, 정서 장애 등 심신에 장애를 가지고 있는 유아는 일반교육으로는 충분한 교육 효과를 기대할 수 없으므로, 관계 전문가의 자문을 받아 그 심신의 장애 상태와 발달 단계, 특성 등에 적절한 환경을 마련해 주고 특별한 교육 계획을 세울 필요가 있다.

특히, 특수교육은 조기 발견과 그에 따른 적절한 지도에 의해 효과를 얻을 수 있기 때문에, 유아교육을 담당하는 교사들은 특수교육의 대상으로 판단되는 유아들을 보다 면밀히 관찰하여 상태를 정확히 파악하고, 그에 따른 개별 지도를 하여야 한다.

2) 평 가

유치원의 교육과정 평가는 유아의 생활 변화, 즉 전인적인 성장과 발달의 변화 수준을 점검하는 질적 평가를 기본 방향으로 하여야 한다. 이와 같은 맥락에서 국가 수준의 유치원 교육과정은 교육과정 영역별 목표와 내용을 준거로 하여 유아의 발달 성취 정도를 절대평가하도록 하고 있다. 이에 따라 유치원 교육과정의 운영을 평가할 때에는 다음 사항에 유의하여야 한다.

(1) 유아의 건강, 기본생활습관, 정서적 안정감, 사회적 적응, 창의적 표현, 의사소통 능력 및 탐구심 등에 중점을 둔다.

유아 평가는 궁극적으로 유치원 교육의 결과가 유아의 전인 발달에 도움이 되었는지를 전체적으로 파악하는 것을 목적으로 하여야 한다. 따라서, 교육과정의 5개 영역을 통합하여 유아의 건강, 기본생활습관, 정서적 안정감, 사회적 적응, 창의적 표현, 의사소통 능력, 탐구심 등이 생활 전반에 걸쳐 고르게 변화하고 발달했는지를 통합적으로 평가해야 한다.

(2) 관찰, 일화기록, 작품 분석, 면담 등 다양한 방법을 사용하게 한다.

유아의 발달 수준을 평가하는 것은 유아를 더욱 잘 이해하고 유아의 개별성을 인정할 수 있도록 돕기 위한 것이다. 따라서, 교사는 유아의 발달 수준을 객관적이면서 효율적으로 평가할 수 있기 위하여 유아의 행동을 직접 관찰하고 이를 일화기록하거나 행동 관찰 목록에 체크하는 방법, 유아가 표현한 작품들을 분석하는 방법, 유아나 부모와 면담하여 개방적이고 심층적인 대화를 나누는 방법 등을 사용하도록 한다. 이러한 방법들을 체계적이며 정기적으로 실시하여 일정 기간에 따른 유아 행동의 변화를 이해하도록 한다.

(3) 유아 개인의 발달 특성 및 정도를 파악하여 그 결과를 문장으로 기술한다.

유아의 발달 상황을 평가할 때에는 유아와 유아를 상대적으로 비교 · 평가하여 서열화하거나, 어떤 형태이든 점수화해서는 안 된다. 또, 암기된 지식 정도를 파악하는 방향으로 평가를 해서도 안 된다.

유아들을 평가할 때에는 평가의 결과가 그 유아의 미래에 도움이 되어야 하기 때문에 유아가 기계적으로 암기한 지식 정도만을 평가하는 것은 아무 의미가 없다. 무한한 가능성을 지닌 유아들이 앞으로 더 많은 지식, 기술, 태도를 습득해 낼 수 있도록 그 배움의 가능성을 더 넓혀 주는 의미에서의 평가이어야 할 것이다.

따라서, 유아교육에서의 평가는 유아의 자발성, 자아 개념, 또래관계, 표현력, 활동 상황, 활동 수행 능력 등의 태도에 중점을 두어, 유아 개개인의 발달에서 진보된 부분과 지연된 부분의 발견에 초점을 두는 것이 바람직하다.

평가의 결과를 문장으로 서술하여야 하는 이유는, 유아 개개인의 독특한 발달 특징을 자세하게 진술할 수 있어 유아간의 서열화 평가를 예방할 수 있는 방법이기 때문이다.

(4) 평가의 결과는 유아의 전인적인 성장, 효율적인 교육과정 운영, 부모 면담, 생활기록부 작성 등을 위한 기초 자료로 활용한다.

평가의 결과는 교사들이 유아교육을 위한 활동 계획을 세우는 데 바탕이 되고, 개인별 평가 결과로써 유아의 발달 정도에 맞는 학습 속도를 정할 수 있으며, 준비 정도 · 수준에 맞는 개별 학습을 시킬 수 있는 자료가 된다. 또 평가는 환경구성과 교수 활동에 참고할 수 있는 자료를 제공해 주며, 부모들에게 참고 자료를 제공함으로써 가정과 유치원 교육과의 연계성을 이룰 수 있게 한다.

부모 면담은 부모들의 요구가 있을 때나 유아에게 문제가 발생하였을 때에 할 수 있다. 이 때, 교사는 평소의 평가 결과를 가지고 효율적인 면담을 실시하도록 하고, 대상 유아의 전인적 성장에 도움을 주는 데 주력해야 한다.

특히, 평가의 결과는 유치원 교육 1년간의 생활을 교육과정 영역에 따라 종합적으로 평가해야 하는 생활기록부의 작성에 가장 중요한 자료가 된다.

제2부

활 동 편

제2부 활동편은 2009년도부터 시행되는 2007 개정 유치원 교육과정의 5개 생활영역 중에서 사회생활 영역의 13개 내용에 대한 활동의 예를 제시한 것이다. 각 활동은 활동 형태, 자료, 활동 과정, 유의 사항 등으로 구성되어 있다.

I. 나를 알고 사랑하기

1. 나를 소중하게 여기기
2. 나의 일 스스로 하기
3. 나의 감정 알고 조절하기

1. 나를 소중하게 여기기

하위내용	수준별 내용	
	I	II
1. 나를 소중하게 여기기	· 나에 대해 알아보고 소중하게 생각한다.	
	· 내가 하는 일에 자신감을 가진다.	

나의 몸

활동목표

1. 우리 몸의 각 부분이 서로 돕기 때문에 우리가 살아갈 수 있다는 것을 안다.
2. 신체의 소중함을 안다.
3. 협동의 중요성을 안다.

활동자료 동화 '손과 발과 위'

활동과정

1. 동화 '손과 발과 위'를 들려 준다.
2. 동화를 듣고 난 후, 내용에 관해 유아들과 이야기한다.
   · 손과 발이 왜 위에게 불평을 했을까?
   · 손과 발을 어떻게 위를 굶려 주었나?
3. 우리 몸이 각 부분끼리 서로 돕기 때문에 우리가 살아갈 수 있다는 것을 이야기 한다.
4. 협동의 좋은 점에 대해 이야기 나눈다.

유의사항 신체 부분을 동화의 그림 속에 그려 넣어 주입식이 아닌 자연스러운 방법으로 몸의 구조를 보도록 한다.

손과 발과 위

어느 날 손과 발이 위에 대고 불평을 하였습니다.

"우리들은 날마다 무거운 짐을 먼 곳으로 나르기도 하고, 지쳐빠질 때까지 일하고 잠시도 쉴새가 없는데 너는 도대체 뭐냐?"

"언제나 까딱 않고 있다가 들어가는 음식만 냉큼 받아 먹지. 미안하다고 생각한 적이 그래 한 번도 없단 말이야? 우리들은 더 참을 수 없어. 너한테 맛있는 음식을 대어 주기 위해서 애쓰는 짓은 이제 당장 그만 두기로 했다. 너는 너대로고 우리는 우리대로야."

손과 발은 이렇게 말하고 그날부터 일을 안하기로 작정했습니다. 발은 한 발짝도 내딛지 않았습니다. 손은 아무 것도 잡으려 들지 않았습니다.

위는 차차 시장함을 느꼈습니다. 그래서 손과 발에게 "그런 말 이제 그만 하고 뭐든지 먹게 해 다오."하고 빌었지만 발은 여전히 가만히 있고 손은 물 한 모금 따르려고 하지 않았습니다.

"이제야 우리의 고마움을 조금쯤 알 테지."

손과 발은 아마 그렇게 생각했던가 봅니다.

그러나, 그 동안 먹을 것이 들어가지 않자, 손과 발은 기운이 차차 빠져 갔습니다. 시간이 가면 갈수록 모든 것이 나른해졌습니다.

눈은 푹 들어가 보이지 않았고 귀는 어두워져서 들리지 않았습니다.

그래서 위는 손과 발을 향해,

"너희들은 나를 골탕먹이려고 일하기를 중단했지만, 그것은 너희들도 괴로운 짓이다. 얼른 생각하기에 나는 아무일도 안하면서 먹기만 하는 줄 알지만 나는 그 양분을 너희들과 그리고 온 몸에 보내기 위한 일을 해. 세상이란 모두 돕는 데서 잘되어 가는 거야."라고 말했습니다.

손과 발은 그 말이 옳다는 것을 깨닫고, 그 다음부터는 불평하지 않고 사이좋게 더욱 부지런히 일을 했습니다.

이름놀이

활동목표

1. 다른 사람의 존재를 안다.
2. 자신과 친구들의 이름에 관심을 갖고 독특성을 인식한다.

활동자료 색마분지, 크레파스

활동과정

1. 각 유아들에게 자신의 이름을 위에서 아래로 내려 쓰게 한다.
2. 각 이름자를 첫 글자로 하여 짧은 문장을 만들어 보도록 한다.
3. 교사가 먼저 시범을 보이며 유아와 함께 아래와 같이 이름놀이를 해 본다.
4. 유아 자신이 직접 쓰거나 또는 교사가 받아 적어 준다.
5. 유아들이 함께 모여 재미있는 문장으로 꾸며진 이름들을 차례로 발표한다.
6. 이름이 쓰여진 종이들을 방에 전시한다.

나의 좋은 점과 고쳐야 할 점

활동목표 나와 친구의 좋은 점과 고쳐야 할 점을 알아본다.

활동자료 동시 '열쇠가 있다면'

활동과정

1. 동시를 들려 준다.

열쇠가 있다면

열쇠가 있다면
문득 나를 알고 싶어질 때
요술 열쇠가 있다면
참 좋겠다.

우선,
날 좋아하는 사람의
마음 속을 들어가 보는 거야

나에게 나에게
그를 기쁘게 해 주는 부분이 있다면
그게 뭔지
서둘러 알고 싶어지니까

다음에는 또
나를 싫어하는 사람의
마음 속도 들어가 보는 거야

어! 그거였구나
여태 몰랐던 나의 부끄러운 구석

더 이상 머뭇거림 없어
난 후다닥 고쳐 버리고 말 거야

〈윤삼현(1996). 엄마휘파람새, 윤진출판사.〉

2. 동시를 듣고 난 느낌을 이야기해 본다.
3. 아껴쓰지 않았거나 욕심부린 점 등의 주제를 정하여 나의 부끄러운 점은 없었나 이야기해 본다.
4. 어떻게 고칠 것인가도 이야기해 볼 수 있다.
5. 마지막 장에 적절한 말을 넣어 본다.

㉮ · 어! 그거였구나

· 화장지를 너무 많이 썼다. · 크레파스를 혼자만 썼다. · 음식을 혼자 많이 먹었다. · 물을 아끼지 않았다.

· 여태 몰랐던 점에 대하여 이야기를 만들어 볼 수 있다.
· 나와 친구의 좋은 점에 대해 찾아보고, ‘어! 그거였구나‘ 다음에 적절한 말을 넣어 새로운 동시로 꾸며 본다.

유의사항

1. 자칫 친구의 나쁜 점이 부각되어 특정 유아의 감정을 자극할 수 있으므로 주의한다.
2. 교사는 좋은 점을 예로 들어 칭찬해 주고 친구들에게도 ‘그래서 너희들이 속상했구나. 그렇지만, 이런 좋은 점은 우리가 닮았으면 좋겠다‘ 등으로 격려해 준다.

2. 나의 일 스스로 하기

하위 내용	수준별 내용	
	I	II
2. 나의 일 스스로 하기	· 내가 할 수 있는 일을 스스로 한다.	
	· 해야 할 일을 책임 있게 한다.	
	· 하고 싶은 일을 스스로 선택하고 해 본다.	· 하고 싶은 일을 계획하고 실천한다.
	· 하루 일과에 적응한다.	· 하루 일과를 알고 생활한다. · 규칙적인 생활을 한다.

이런 활동을 할 거예요

활동목표 자기가 계획해서 순서에 따라 활동한다.

활동자료 작업계획을 도울 수 있도록 작업활동이 표시된 게시판

활동과정

(미호가 어떤 활동을 할지 결정을 하지 못하고 가만히 서 있다.)

교 사 : "미호가 무엇을 보고 있니?"

미 호 : (아무말 하지 않는다.)

교 사 : "미호가 어떤 놀이를 할까 생각하고 있는 중이니?"

미 호 : "네"

교 사 : "이젠 어떤 것을 할지 정했니?"

미 호 : "아직 못 정했어요."

교 사 : "그럼 선생님과 함께 생각해 보자.(미호의 손을 잡고 작업활동이 표시된 계획판 앞으로 간다.) "여기에 미호가 할 수 있는 놀이들을 사진으로 찍어 놓은 것이 있단다. 어떤 것들이 있나 볼까?"

미 호 : (각 영역에서 활동하는 사진들을 보며 반죽놀이, 소꿉놀이, 쌓기놀이)

교 사 : "미호가 잘 알고 있구나. 그러면 미호는 이 놀이들 중에서 어떤 것을 하겠니?"

광 명 : "공간블록으로 집을 짓고 길도 만들었어요."

호 림 : "저도요, 광명이랑 했어요."

교 사 : "재미있었겠구나. 그럼 미호는 무슨 놀이를 했지?"

미 호 : "저는요, 밀가루반죽 놀이를 했구요, 그 다음엔 그림맞추기 했어요. 아주 어려운 것인데 혼자 다 했어요."

교 사 : "어려운 것을 다 했어? 굉장하구나. 그리고 나선 무엇을 했니?"

미 호 : "다음엔 그림책을 봤어요."

교 사 : "어떤 책인데?"

미 호 : "콩쥐팥쥐를 봤어요."

교 사 : "재미있었겠다. 내일은 또 무엇을 하며 놀까를 잘 생각해서 하도록 하자."

미 호 : "네. 판에 붙은 사진을 보며 생각할거예요."

교 사 : "그래 좋은 생각이야. 그럼 경선이는 오늘 어떤 놀이를 했었지?"

경 선 : "저는요 많이 했어요. 책보고, 수학놀이 하고, 화분에 물주고, 그림 그리고 또 뭐더라 생각이 안나요."

교 사 : "선생님이 보니까 경선이가 실로폰도 치던데?"
경 선 : "맞아요. 실로폰치고 인형옷도 갈아 입혔어요."
교 사 : "정말 많은 놀이를 했구나. 그럼 내일도 작업시간에 무엇을 하면서 놀지를 잘 생각하고 놀자."

유의사항 유아가 어떤 활동을 할지를 순서적으로 계획하고, 활동한 후 어떤 놀이를 했는지를 순서대로 예기하면 시간의 순서를 알고 있다고 볼 수 있다.

나의 하루

활동목표 나의 하루를 이야기하게 한다.

활동자료 프린트물, 색연필, 이야기 자료.

활동과정

1. 유아가 하루를 어떻게 보내는지 이야기를 들어 본다.
2. '나의 하루' 이야기를 들려 준다.

3. 사람마다 하는 일과 그 시간이 다름을 알려 주고 유아 각자가 자신의 하루 생활을 동그라미 시계에 그려 넣게 한다.
4. 유아가 바른 생활 태도를 갖도록 유아가 세운 계획에 관심을 보이고 충분히 격려한다.

유의사항

1. 시계 시간표 아래에 이름과 약속을 기입하도록 한다.
   ㉠ 김나람 : 나는 시간표를 잘 지키겠다.
2. 글씨를 쓰지 못하는 유아는 교사가 개입하여 도와 준다.

교육활동안

1. 단원명 내가 할 수 있는 일

2. 단원선정의 이유

◈ 나와 유치원 생활 주제는 유아가 자신의 역할과 감정을 이해할 수 있도록 기회를 제공하며, 자신감과 독립심을 증진하고, 유치원 집단생활에 즐겁게 적응하며, 교사나 친구와의 새로운 사회적 관계를 바람직하게 형성하고, 또래와 협동적인 놀이 방식 및 규칙을 습득해 가는 경험을 제공하고자 선정하였다.

◈ 집단생활을 통해서 유아의 자율성이 증진되고, 새로운 환경을 스스로 탐색하며 통제할 수 있는 독립적 태도를 강화한다. 또, 새로 만난 친구들의 다양한 사고를 존중하며, 협동하는 경험을 통해 좀 더 넓은 사회에 적응할 수 있는 기초를 마련한다.

3. 단원학습의 목표

- 내가 할 수 있는 일을 알아본다.
- 내가 할 수 있는 일을 자신 있게 해 본다.

4. 단원학습의 개요 및 지도상 유의점

◈ 나와 유치원 생활 주제의 전개는 1학기 초에 약 4주 동안 진행할 수 있다. 특히, 어린 유아의 경우에는 '유치원에서의 적응' 주제를 다른 주제에 비해 좀 더 긴 기간 동안 진행할 수 있으며, 사전 집단 경험이 있는 유아가 많을 경우에는 '내가 할 수 있는 것', '유치원에서의 친구' 주제를 강조할 수 있다.

◈ 이 생활 주제는 새 친구가 전학 왔을 때, 유치원이 다른 곳으로 이사할 때, 새로운 교사가 소개될 때 등에도 실시할 수 있다. 또, '가족과 이웃', '건강한 몸과 마음' 등의 생활 주제와 연계하여 운영하면 바람직하다.

5. 단원학습의 계획

차시	주 제	내 용	자료	비고
1/4	▪ 나에 대해 알아본다.	나	시각자료	
2/4	▪ 내가 좋아하는 것	내가 좋아하는 것	시각자료	
3/4	▪ 내가 할 수 있는 일	내가 할 수 있는 일	시각자료	본 시
4/4	▪ 내가 도와 줄 수 있는 일	내가 도와 줄 수 있는 일	시각자료	

6. 활동계획안

가. 일 시 : 2006년 3월 20일 월요일 (30분간)

나. 대 상 : ○○유치원, 기린반, 만 5세, 20명

다. 수업자 : ○○○

라. 본시의 주제 : 내가 할 수 있는 일

마. 본시의 활동목표 : 내가 할 수 있는 일이 무엇이 있는지 안다.

바. 본시의 내용

<table>
<tr><td>활 동 명</td><td colspan="5">내가 할 수 있는 일들</td></tr>
<tr><td>활동영역</td><td colspan="3">동화</td><td>대상연령</td><td>만 5세</td></tr>
<tr><td>활동자료</td><td colspan="5">동화그림 자료</td></tr>
<tr><td>교육과정
관련요소</td><td colspan="5">개인생활 - 자기 일을 계획하고 실천하기</td></tr>
<tr><th colspan="2">단 계</th><th>시간</th><th colspan="2">교수 - 학습 활동</th><th>준비물</th></tr>
<tr><td>활동방법</td><td>도입</td><td>5분</td><td colspan="2">❶ 손유희로 주의를 집중시킨다.
❷ 선수 학습을 확인한다.
・지난 시간에 어떤 것을 배웠지요?
・나의 몸이요.
・그래요, 지난 시간에 나의 몸에 대해 관찰해 보았지요.
・나의 몸에는 어떤 것들이 있었지요?
・손, 발, 눈, 코, 입, 귀요.
・그래요, 우리 친구들 모두 잘 기억하고 있었네요.
❸ 오늘 활동을 소개한다.
・이번 시간에는 우리 친구들이 스스로 할 수 있는 일이 무엇이 있는지 알아볼 건데 그 전에 선생님이 동화책을 준비해 왔어요.</td><td></td></tr>
</table>

활동방법			· 친구들 동화를 들을 땐 어떻게 들어야 한다고 약속했었지요? · 조용히, 친구와 장난치지 않아요. · 그래요, 우리 친구들 약속 잘 지킬 수 있겠죠?	
	전개	20분	❶ 동화를 들려준다. 〈내가 할 수 있는 일들〉 ❷ 들려준 동화내용에 대해 이야기 나눈다. · 동화 속에서 나의 몸 어떤 것들이 나왔나요? · 각각 어떤 일들을 했나요? · 우리 친구들도 혼자서 할 수 있나요? · 그밖에 어떤 일들을 할 수 있을까요? ❸ 그림 자료를 보며 이야기 나눈다. · 그림을 보며 이야기를 꾸며 본다. · 유아들이 자기 혼자 힘으로 해 본 일의 경험에 대해 이야기 나눈다.	-과일그림 제시 -게임판(3개) 수확판 과일주사위를 제시한다.
	정리	5분	❶ 오늘의 활동 내용을 정리한다. · 오늘은 우리가 할 수 있는 일들에 대해 알아보았어요. · 우리가 할 수 있는 일들을 잘 실천할 수 있나요? · 이야기에 대해 궁금한 점이 있나요? · 다음 시간에는 친구들과 함께 우리 몸을 이용해 신체 활동을 해 볼 거예요. · 직접 몸을 이용해 우리가 할 수 있는 일들을 해 보도록 해요. ❷ 정리정돈을 한다. · 오늘 들려준 동화는 언어영역에 놓아 둘게요. · 나중에 다시 읽고 싶은 친구는 자유선택활동 시간에 해 보도록 하자. · 다음 활동을 위해 화장실 다녀올 친구들은 다녀오자.	
확장활동	❶ 자신의 할 일을 그림으로 그려 발표해 볼 수 있도록 한다. ❷ 자신이 할 일을 목록 카드로 만들어 실천해 보도록 한다.			
교재·교구 (그림자료)	  			

동화 내용	**〈내가 할 수 있는 일들〉** 1. 나는 눈으로 많은 것을 볼 수 있어요. 파아란 하늘도 볼 수 있고, 초록빛 큰 나무도 볼 수 있어요. 사랑하는 엄마, 아빠 그리고 친구들도 볼 수 있어요. 2. 나는 코로 숨을 쉬고 냄새도 맡지요. 엄마가 요리하는 구수한 냄새와 빨갛고 예쁜 장미 향기가 나를 즐겁게 하지요. 3. 나는 입으로 맛있는 음식을 먹고, 친구에게 '그래'하고 말도 하지요. 입 속에는 혀와 이가 있어요. 혀는 말하는 것을 도와 주고, 이로는 여러 가지 음식을 씹을 수 있어요. 4. 나는 귀로 여러 소리를 들을 수 있어요. 멍멍이가 짖는 소리, 놀이터에서 놀 때 엄마가 부르시는 소리도 들어요. 5. 내게는 자유롭게 움직일 수 있는 두 손이 있어요. 손바닥을 부딪쳐서 손뼉을 칠 수 있어요. 아기를 안아 줄 수 있어요. 6. 손으로 어떤 일을 할까요? 그림도 그리고 가위로 종이도 오리며 내 이름도 쓰지요. 그러나, 가끔 나쁜 일도 하게 되요. 꼬집거나 때릴 때도 있어요. 7. 나는 손으로 다른 일도 하지요. 물건을 들기도 하고 옷을 입고 엄마를 도와 드리기도 해요. 때로는 온 방안에 놀잇감을 어지럽히기도 해요.

	8. 나의 다리를 보세요. 다리 끝에는 발이 있고, 발에는 발가락이 있어요. 발가락은 모두 열 개 랍니다. 발을 보호하기 위해 신발을 신지요. 9. 나는 발로 많은 일을 할 수 있어요. 내 발은 어디든지 갈 수 있어요. 한 발로 깡충깡충 뛰기, 건너뛰기, 높이뛰기를 하지요. 10. 자, 이제 내가 할 수 있는 모든 일을 알게 되었죠. 나는 이외에도 다른 많은 일을 할 수 있답니다. 여러분도 함께 생각해 봐요.

화분 가꾸기

활동목표

1. 자기가 맡은 일을 스스로 함으로써 성취감 및 자율성을 기른다.
2. 책임을 완수하지 못했을 때의 결과에 대해 안다.

활동자료

1. 사각 우유통, 송곳이나 못, 흙
2. 씨앗(이탈리아 나팔꽃, 호박꽃, 금잔화 등과 같이 아주 잘 자라는 씨앗)

활동과정

1. 교사가 우유통의 뚜껑 부분을 잘라서 밑바닥에 송곳으로 구멍을 뚫는다.
2. 유아가 흙을 담고 씨를 심는다.
3. 우유통에 각자의 이름을 써서 햇빛 비치는 곳에 둔다.
4. 매일매일 유아가 물을 주고 관찰하도록 한다.
5. 나중에 싹이 나온 것을 관찰하고 싹이 나오지 않은 것은 왜 그런지 이유를 생각해 보게 한다.

유의사항

1. 유아의 수준에 맞는 일이나 과제를 다각적으로 많이 선정하여 유아 스스로 원하는 것을 실행해 볼 수 있도록 유도한다. 기본생활습관 익히기, 가지고 놀았던 물건을 정리하기, 주위를 깨끗이 치우기 등의 간단한 과제를 스스로 할 수 있도록 기회를 준다.
2. 어른이나 교사의 지시, 또는 강요가 없이도 유아 스스로가 자발적으로 할 수 있는 습관을 형성하도록 한다. 꽃밭에 물주기라든가 신발장에 벗어 놓은 신발을 가지런히 놓기, 더러워진 책상을 깨끗이 닦기, 복도를 깨끗이 쓸기 등 일상생활 속에서 간단한 일은 스스로 처리할 수 있는 습관을 갖도록 지도한다.
3. 자기가 책임을 맡은 일은 다른 사람의 도움 없이 자기 힘으로 한다. 당번 활동으

로는 간식당번, 교실 정리당번, 동물당번, 꽃 물주기 등의 당번이 있다.

4. 유아 자신이 맡은 활동에 대해 일과표를 계획하고 그 계획에 따라 자율적으로 활동하게 한다.

내가 스스로 결정해야 할 때가 있어요

활동목표 의사 결정의 주체는 자기 자신이며, 그에 대한 책임도 자신이 져야 함을 이해한다.

활동자료 인형(갈등 상황을 제시할 때 활동) 4개 또는 그림 자료

활동과정

1. 준비된 그림 자료를 보면서 상황을 이야기한다. 간단한 인형극으로 꾸며 제시하거나 녹음 테이프에 대화 내용을 녹음하여 들려주는 방법도 좋다.

철수, 용이, 민식, 재영이는 ㅁㅁ유치원에 다니고 있어요. 그리고 같은 동네에 살고 있어요. 철수는 힘도 세고 좋은 자전거를 가지고 있어요. 또 좋은 놀잇감도 아주 많아요. 용이는 얌전하고 말도 별로 없는 아이여요.

어느 날, 유치원에서 놀이 시간에 생긴 일이예요. 철수, 민식, 재영이는 유치원에서 바깥놀이를 하다가 들어와서 소꿉놀이를 하려고 했어요. 그런데 아기 역할을 할 사람이 없어서 옆에서 블록놀이를 하고 있는 용이를 불렀어요.

철 수 : 얘, 용이야. 너 여기 소꿉방에 와서 아기 해.
(용이는 조그맣게 "싫어."하고 말했어요.)

민 식 : 얘, 용이야. 너 빨리 철수 말 들어.

철 수 : 너 빨리 소꿉방에 오지 않으면 자전거 못 타게 할거야.
(용이는 친구들이 안 놀아 줄까봐 걱정이 되기도 했지만, 지금은 블록놀이를 한참 재미있게 하고 있었고, 소꿉놀이는 하고 싶지 않았어요. 이 때였어요. 이번에는 재영이가 또 소리쳤어요.)

재 영 : 용이야, 빨리 너 철수 말 안 들을꺼야?

용이는 어떻게 해야 할지 몰라 말도 못 하고 쩔쩔맸어요.

2. 원래 주어진 상황대로 역할을 정해서 역할놀이를 해 본다. 이것은 유아들이 제시된 갈등 상황을 자기들의 상황으로 보다 가깝게 느껴 보도록 하기 위한 것이다.

3. 역할놀이를 한 다음에는 용이의 역할을 한 유아의 느낌과 철수의 역할을 한 유아의 느낌을 들어 본다.
   · 용이가 말을 하지 않아 답답했어요.
   · 철수는 다른 친구의 기분을 물어 보지 않고 자기 마음대로 이래라 저래라 했어요.
   · 용이가 자기 생각을 말로 표현했으면 좋겠어요.
   · 친구를 자기 마음대로 시키지 않았으면 좋겠어요.
4. 유아들 자신이 용이라면 어떻게 했을지 물어 본다.
   · 안 가겠다고 얘기해요.
   · 블록놀이를 좀더 하고 조금 있다가 가겠다고 해요.
   · 그냥 철수 말대로 가서 소꿉놀이를 해요.
     -용이는 철수에게 왜 분명히 말을 하지 못했을까?
     -소꿉놀이를 하러 가기 싫었는데도 만약 용이가 철수 말대로 소꿉놀이를 하러 간다면 그 이유는 무엇일까?
     -그 때에 용이의 마음은 기쁠까? 왜 그럴까?
     -철수가 용이한테 그렇게 말한 것은 옳은 것일까? 왜 옳지 않을까?
5. 민식이와 재영이는 용이에게 왜 그렇게 말했을까? (민식이와 재영이가 한 말을 다시 상기시켜 주면서) 내가 민식이나 재영이라면 철수에게, 또 용이에게 뭐라고 말했을까?
   · 철수야, 용이는 소꿉놀이는 하기 싫고 블록놀이가 더 재미있나 봐. 오늘은 우리끼리 하고, 다음에 같이 하자.
   · 용이야, 지금은 블록놀이 하고 다음에는 소꿉놀이를 같이 하자.
   · 용이야, 지금 네가 어떻게 생각하고 있는지 큰 소리로 이야기해 줄래?
6. 용이가 어떻게 해야 할지 누가 결정할 수 있을까? (다른 사람이 대신 결정해 줄 수 있을까?)
   · 왜 그것을 용이가 스스로 결정하는 것이 좋을까?
     -자기 일이니까요
     -친구가 명령하는 대로 하면 기분 나쁘니까요.
7. 용이가 소꿉놀이를 하기로 결정했다면 (또는 그냥 블록놀이를 히기로 했다 헤도)

어떤 마음으로 소꿉놀이를 하는 것이 좋을까?

· 6에서 '의사 결정의 주체로서의 자기 자신'에 대해 이해하도록 도울 수 있었다면 7에서는 그에 대한 책임도 자신의 몫이라는 점을 이해시키는 일이 중요하다.

유의사항

1. 주어진 상황을 유아들의 일상 생활에서 일어날 수 있는 여러 가지 다른 갈등 상황(자신의 선택과 결정 문제가 개입된)과 연결지어 접근할 수 있다(㉑ : 놀잇감 고르기 등).
2. 자기의 의견을 상대방에게 강요하는 철수의 태도나 자주적으로 의사를 결정하지 못하던 용이의 태도가 모두 바람직하지 않은 것임을 함께 강조할 필요가 있다. 물론, 모든 상황에서 유아의 자주적 의사 결정이 발휘되기를 기대한다는 것은 무리일 뿐만 아니라 바람직하지도 않다. 본 활동은 자기가 스스로 생각하고 선택하여 결정해야 할 때가 있으며, 그것은 왜 그런지에 대해 이해하도록 하는 하나의 예시적 상황으로서 제시되고 활용되어야 한다.

나도 만들거예요

활동목표 자기가 하고 싶은 일을 선택해서 해 본다.

활동자료

1. 재료 - 하이라이스 가루, 감자, 양파, 쇠고기, 당근
2. 기구 - 칼, 도마, 간이레인지, 냄비, 계획용 종이, 필기도구, 시장 볼 돈, 요리 순서표, 풀

〈재료사기〉

구분 / 재료	유치원	사야할 것	어디서 살까	얼만큼 살까
하이라이스	○			2개
감자		○	야채가게	6개
양파		○	〃	3개
당근		○	〃	2개
고기		○	정 육 점	300g
쌀	○			5컵

활동과정

1. 계획하기
   · 하이라이스 요리를 하기 위하여 무엇이 필요하고 어떻게 해야 할지를 계획한다.
2. 상호작용
   · 하이라이스는 어떻게 만드는 것일까?

· 어떤 재료와 도구가 필요한가?
· 재료는 어떻게 준비해야 할까?
· 어느 가게에서 얼마만큼 사야 할까?
· 시장을 보려면 무엇이 필요할까?

나는 무엇이든지 할 수 있어요

활동목표 내가 할 수 있는 일을 통해 스스로 해야 할 일을 안다.

활동자료 융판동화 자료

활동과정

1. 집과 유치원에서 내가 할 수 있는 일과 내가 해야 할 일이 무엇인지 이야기 나눈다.
2. 동화를 들려준다.
3. 동화를 다 듣고 난 후 내용을 생각해 보게 한다.
4. 융판에 붙여 가면서 동화의 주인공이 했었던 놀이나 활동들을 간단하게 이야기 한다.
5. 융판에 붙어 있는 그림을 떼면서 동화의 내용을 이야기해 본다.
6. 동화의 전체적인 내용의 흐름이 파악된 경우 전체 줄거리를 이야기해 본다.
7. 신체를 이용하여 무언극을 해 본다(상대방 유아가 아무런 말없이 신체를 이용하여 무엇을 말하고자 하는지 의도한 바를 알아 맞춘다).

유의사항

1. 동화를 들려준 후 유아들이 자기 혼자 힘으로 해 본 일의 경험에 대해 생각해 본다.
2. 이야기나 자신이 그린 그림을 통해 발표해 볼 수 있도록 한다.

㉠예

나는 무엇이든지 할 수 있어요

나는 그네를 하늘 높이 날릴 수 있어요.
예쁜 나비도 잡을 수 있어요.
나는 무엇이든지 할 수 있어요.

가끔 놓치기는 하지만요.

나는 빨리 달릴 수 있어요.
깡총깡총 뛸 수 있어요.
뒷동산에 있는 벚나무도 기어오를 수 있어요.
꼭대기까지는 못 올라가지만요.

나는 멍멍이를 안고 다닐 수 있어요.
기다란 삽쯤은 문제 없어요.
나는 힘센 장사거든요.
암만 밀어도 꼼짝 않는 게 있지만요.

나는 코끼리가 될 수 있어요.
무서운 사자도 될 수 있어요.
동물들은 깜짝 놀라 다들 도망치지요.
아빠, 엄마는 웃고만 계시지만요.

나는 손이랑 얼굴을 씻을 수 있어요.
팔꿈치 무릎 어디나 씻을 수 있어요.
귀 속의 먼지도 닦아 낼 수 있어요.
등은 손이 안 닿아서 못 씻지만요.

나는 단추를 끼울 수 있어요.
지퍼도 올릴 수 있어요.
나는 나 혼자 옷을 잘 입어요.
가끔 단추가 잘못 끼워지지만요.

나는 진흙으로 떡을 만들 수 있어요.
맛있는 과자도 구울 수 있어요.
보기엔 꽤 먹음직스럽죠.
진짜로는 먹지 못하지만요.

나는 밥상을 차릴 수 있어요.
아빠, 엄마, 나, 내동생……
식구들의 수저를 차례로 놓을 수 있어요.
가끔 젓가락이 짝짝이가 되지만요.

나는 방을 깨끗이 닦을 수 있어요.
이젠 재떨이를 비울 수 있어요.
장난감을 제자리에 놓을 수도 있어요.
방을 더 어지럽힐 때도 있지만요.

나는 아빠, 엄마 이름을 말할 수 있어요.
그리고 열까지 셀 수 있어요.
날 부르면 '네'라고 대답할 수도 있어요.
가끔 '응'이라고 대답하지만요.

나는 내 이름을 쓸 수 있어요.
재미있는 그림책도 혼자 볼 수 있어요.
무슨 뜻인지도 알 수 있어요.
가끔 책을 거꾸로 들지만요.

하루 해가 져서 캄캄한 밤,
벽시계가 아홉 번 땡땡 치면
나는 아빠, 엄마께 인사하고
잠자리에 들 수 있어요.
옛날 얘기를 해 달라고 졸라대지만요.

안 되는 거죠

활동목표

1. 스스로 할 수 있는 일을 안다.
2. 인사를 잘 할 수 있다.

활동자료 동시판, 융판, 상황그림 6장, 단어카드 6장(인사, 줄, 공을 차면, 휴지통, 종이, 침 뱉으면)

안 되는 거죠

우리가 할 일이 뭔지 알아요
동네 어른 만나면 ①를 하고
버스 탈 때 ②을 서고요
찻길에서 ③ 안 되는 거죠

우리가 할 일이 뭔지 알아요
휴지는 ④에 버려야 하고요
껌 씹은 건 ⑤에다 싸서 버려요
찻길에서 ⑥으면 안 되는 거죠

① 인사하기

② 차례차례 줄서기

③ 공을 쫓다가 차와 부딪칠 뻔하기

④ 휴지통

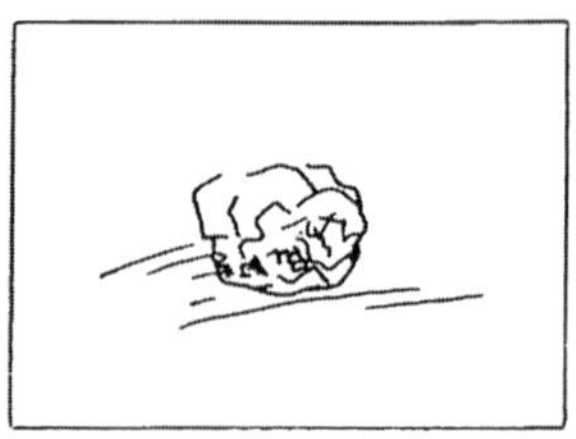
⑤ 껌을 종이에 싸기

⑥ 거리에서 침뱉기

활동과정

1. 그림카드를 붙이지 않은 상태에서 동시판을 보여 주며 한 줄씩 읽는다.
   · 동네 어른을 만나면 어떻게 해야 할까?
   · 버스를 탈 때는 어떻게 해야 할까?
   · 찻길에서는 무엇을 하면 안 되는 걸까?
   · 휴지는 어떻게 버려야 할까?
   · 껌 씹고 나서 버릴 때는 어떻게 해야 할까?
2. 그림카드를 보며 어떤 그림인지 이야기를 나눈다.
3. 유아가 그림카드를 동시판에 붙인 다음 동시를 읽어 본다.
4. 그림카드를 떼어 내고 적절한 곳에 단어카드를 붙여 본다.
5. 피아노로 '안 되는 거죠' 노래를 여러 번 들려준다.
6. 반주에 맞추어 노래를 불러 본다.

유의사항

· 3절 4절 노랫말을 만들어 본다.
· 노랫말에 알맞는 동작을 유아들과 함께 만들어 본다.

안 되는 거죠

홍은순 요
김숙경 곡

귀가 후의 활동

활동목표 귀가 후 자기가 해야 할 일을 안다.

활동자료 모조지 2매, 크레파스

활동과정

1. 유아가 귀가 후 즐겨하는 활동을 들어 보고 모조지에 기록하여 어떤 활동이 제일 많은지(적은지) 살펴본다.
2. 교사는 유아의 평소활동을 함께 도표로 만든다.
3. 귀가 전 유아가 집에 가서 할 활동을 계획하여 도표에 이름을 써 넣는다.
4. 다음날 등원하여 자신이 계획대로 활동한 경우에는 이름 위에 동그라미표를 한다.

유의사항

1. 활동 그림을 다양하게 준비하여 유아들이 주로 많이 하는 활동의 그림을 붙여 가며 도표를 만든다.
2. 계획된 활동을 하지 못한 유아에게 그 이유를 들어 본다.

10							
9							
4							
3							
2			이명선		이명선	이명선	
1	안민규	이명선	안민규	이명선	안민규	안민규	

잠꾸러기

활동목표 일찍 일어나는 규칙적인 생활을 한다.

활동자료 동시 '잠꾸러기'

활동과정

1. 규칙적인 생활 습관에 대하여 이야기를 나눈다.
2. 동시를 두 번 정도 들려준다.
3. 어떤 이야기가 들어 있었나 서로 이야기한다.
4. 다시 한 번 동시를 듣고 느낌에 대해 이야기를 나눈다.
5. 동시를 한 줄씩 한 번 정도 따라 읽어 보게 한다.

유의사항 너무 뜻 자체를 강조하여 유아가 스스로 듣고 느낄 수 있는 것을 방해해서는 안 된다.

잠꾸러기

어 효 선

참새들이 몰려 와서 짹짹거려도
그대로 잠만 자는 잠꾸러기.

까치가 찾아와서 깍깍 짖어도
그대로 잠만 자는 잠꾸러기.

어머니가 밥 해놓고 흔들어 깨워도
그대로 잠만 자는 잠꾸러기.

햇님이 높다랗게 오른 뒤라야
배가 고파 일어나는 짐꾸러기.

3. 나의 감정 알고 조절하기

하위 내용	수준별 내용	
	I	II
3. 나의 감정 알고 조절하기	· 여러 가지 감정이 생길 수 있음을 안다.	· 상황에 따라 감정이 변할 수 있음을 안다.
	· 나의 감정을 조절해야 할 필요성을 안다.	· 나의 감정을 조절하여 적절하게 표현한다.

어떻게 할까요?

활동목표 내 마음대로 할 수 없는 상황을 스스로 해결해 본다.

활동자료 움직이는 그림자료

Ⅰ-미끄럼틀을 거꾸로 올라가다 내려오는 친구와 부딪치는 장면

Ⅱ-수돗가에서 손을 씻는데 새치기하는 장면

Ⅲ-위험한 찻길에서 놀고 있는 장면

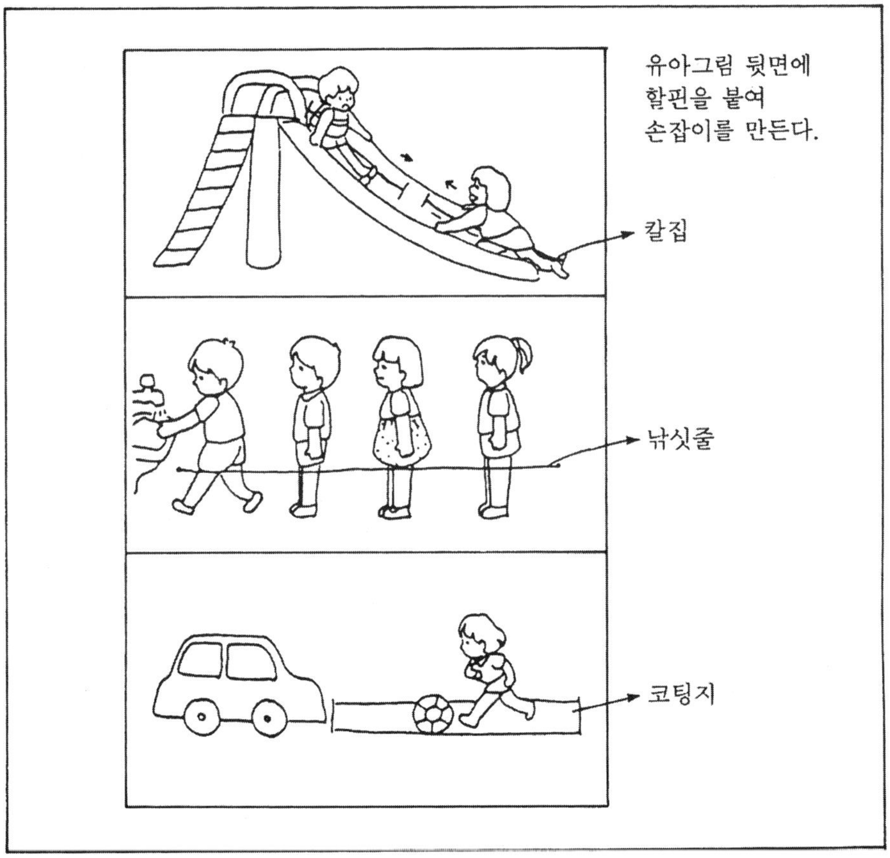

활동과정

1. 그림을 조작하면서 유아들과 함께 어떤 일이 일어날까에 대해 이야기한다.
2. 바람직한 방법에 대해 이야기한다.

얼굴 표정짓기

활동목표 다양한 감정이 있음을 안다.

활동자료 여러 표정이 잘 나타난 그림이나 사진 카드 혹은 문장을 적은 카드

활동방법

1. 교사는 그림카드를 제시하고 그 경우에 어떠한 얼굴이 되는지 표정을 지어 보게 한다.
2. 어린이에게 각자 한 가지씩의 얼굴 표정을 생각해 두게 한다.
3. 한 어린이가 얼굴 표정을 지으면 나머지 어린이들은 그것이 어떤 표정인지, 어떠한 경우인지 알아 맞추게 한다.

확장활동

1. 얼굴 표정과 연상되는 경험을 생각해 본다.
2. 생각나는 경험을 그림으로 표현해 본다.
3. 유아가 그린 그림을 발표한다.
4. 필요에 따라, 교사는 유아의 발표 내용을 종이에 적어 유아 그림과 함께 매달아 전시할 수 있다.

나를 기분 좋게 하는 것

활동목표

1. 자신의 감정을 자연스럽게 표현한다.
2. 다른 사람의 감정과 의사표현을 존중하고 이해한다.

활동자료 신호악기, 유아나 교사에게 의미있는 물건(유치원 가방, 지갑 등)

활동과정

1. 원으로 모여 앉아 나를 기분 좋게 하는 것에 대해 이야기할 것임을 알린다.
2. 교사가 먼저 시범을 보인다.
   · 물건을 가져와서 보여주며 설명할 수도 있고 이야기만 할 수도 있다.
   · 교실에 있거나 또는 없는 물건 중 교사의 기분을 좋게 해 주는 물건에 대해서 이야기한다(쓸모가 있다, 보기에 또는 만지기에 좋다, 재미있는 놀이를 할 수 있다).
3. 원하는 유아들에게 차례로 발표하게 한다.
   · 한 유아로 하여금 너무 오랜 시간을 갖게 하거나 또는 이야기할 준비가 되지 않은 유아를 강제로 발표시키지 않도록 한다.
   · 유아들은 생각할 시간과 이를 발표할 수 있는 용기를 모으는 시간이 필요하므로 침묵이 계속되어도 참고 기다려 준다.
   · 친구의 이야기를 열심히 듣는 유아들에게 감사를 표함으로써 이것이 기대되는 바람직한 태도임을 알게 한다.
   · 한 번에 한 사람만 이야기할 수 있으며 나머지 유아들은 이야기를 들어 주는 태도가 중요함을 알게 한다.
4. 유아가 발표하는 이야기를 교사와 나머지 유아들이 반복해서 말할 수도 있다.
   · 초기에는 친구의 생각이나 이야기를 모방하는 것이 보통이므로 같은 내용을 되풀이할 때도 격려해 준다.
5. 활동을 마칠 때 우리가 무엇을 배우고 있는 중인가를 유아들에게 물어 봄으로

써 유익한 시간임을 알게 한다.

유의사항

1. 소그룹 인원이 너무 많으면 유아가 참여하는 데 시간이 많이 걸리고 차례를 기다리는 유아들에게 진지한 태도를 기대하기 어렵다.
2. 나를 기분 좋게 하는 것들에 대해 작업을 하여 전시한다.

기분이 어떨까?

활동목표 다른 사람을 방해하거나 화나게 하는 행동을 알고 스스로 조절해 본다.

활동자료 상황그림 1, 2, 3

활동과정

1. 소그룹 활동을 위해 원으로 모여 앉는다.
2. 오늘은 그림을 보며 다른 사람을 기분 나쁘게 만드는 일에 대해 이야기할 것임을 알려 준다.
3. 그림 ①을 보여주고, 유아들에게 다음과 같은 질문을 하고 반응을 들어 본다.
   · 그림에 어떤 이야기가 들어 있니?
   · 거울 주인이 돌아와서 깨진 것을 보면 어떤 기분이 들까?
   · 누가 너의 물건을 깨뜨린 적이 있니?

· 그때 기분이 어땠니?

· 깨진 거울이 위험할까?

· 깨진 거울이 어떻게 사람을 다치게 할 수 있을까?

· 살을 베어 본 적이 있니?

· 그때 기분이 어땠니?

4. 그림 ②를 보여주고 유아들의 반응을 들어 본다.
   · 그림에 어떤 이야기가 들어 있니?
   · 아이가 공을 가지러 뛰어 들어가기 전에 무엇을 했어야 될까?
   · 아이에게 어떤 나쁜 일이 일어났을까?
   · 너에게도 비슷한 일이 일어난 적이 있니?
   · 그때 기분이 어떠했니?
   · 이 그림에서 지금 기분이 나쁜 사람은 누구일까?
5. 그림 ③을 보여주고 유아들로부터 반응을 들어 본다.
   · 그림에 어떤 일이 일어나고 있는지 이야기해 줄 수 있겠니?
   · 아이의 기분이 어떨까?
   · 너도 그런 기분을 느낀 적이 있니?
6. 유아들에게 다음과 같은 질문을 함으로써 이야기를 정리한다.
   · 다른 사람에게 나쁜 일을 했을 때 어떤 일이 일어날까?
   · 다른 사람에게 나쁜 일을 했을 때 그 사람의 기분은 어떨까?

유의사항

1. 부정적인 행동은 일상생활에서 불가피하게 당면하는 경험이므로 무시되어서는 안 된다.
2. 따뜻하고 수용적인 분위기에서 부정적인 행동이 자연스럽게 객관적으로 인식될 때 유아들은 부정적인 행동에 대처할 수 있는 긍정적인 행동을 학습한다.

갖고 싶은 것과 필요한 것

활동목표

1. 갖고 싶다고 무조건 사는 것은 낭비임을 알고 욕구를 조절한다.
2. 갖고 싶은 것과 필요한 것을 알고 구분해 본다.

활동자료 인형(아이와 엄마)

활동과정

1. 인형 상황극을 본다.

> **상황**—돌돌이가 백화점 슈퍼에 장보러 가시는 엄마를 따라 나서는 장면
> **돌돌이** : 엄마, 뭐 사실 거예요?
> **엄　마** : 글세, 필요한 것을 사야지.
> **돌돌이** : 엄마, 과자도 사고 아이스크림도 사요. 그리고 장난감도 사 주세요.
> **돌돌이** : 엄마, 난 다 필요하단 말이에요.
> **엄　마** : 갖고 싶은 것을 다 사면 정말 필요한 것은 살 수가 없는 데……
> 너 크레파스가 필요하다고 하지 않았니?

2. 사고게임을 위한 질문을 한다.
   - 갖고 싶은 것은 어떤 것이 있니? (스티커, 장난감, 색종이, 토끼, 신발, 옷, 인형, 총, 곰인형 등)
   - 필요한 것은 어떤 것이니? (음식, 옷, 신발, 연필, 공책 등)
   - 물건을 사기 전에 무엇을 생각해 봐야 될까? (아직도 더 신을 수 있나? 꼭 사야 하나? 등)
   - 친구 집에 있는 장난감을 사고 싶을 때는 어떻게 할까?
   - 갖고 싶다고 물건을 또 사고 싶어하는 친구가 있으면 뭐라고 얘기해 줄 수

있을까?

사전·사후활동 아이들이 좋아하는 특정한 날(생일, 어린이날, 명절 등)에 어떤 물건을 샀는지, 그 물건이 필요했는지 이야기한다.

유의사항 사고게임이란 교사가 사회·도덕적 문제들에 관한 이야기 상황을 제시한 후 비지시적 질문 및 적극적 토의를 통해 사고를 명료화해 가는 활동 과정으로 유아에게 문제의식을 갖게 하고 다른 친구의 생각을 듣고 존중하게 되며 나와 다른 생각의 차이를 통찰할 수 있게 한다.

누구의 잘못일까?

활동목표 자신의 생각과 행동을 상황에 알맞게 조절하여 표현한다.

활동자료 역할극을 할 넓은 장소, 빈 깡통

활동과정

1. 유아들에게 이야기를 들려준다(다음과 같은 그림을 제시한다).

현이, 민이, 원이는 유치원 친구다. 유치원이 끝나고 함께 집으로 돌아가는 길에 속이 비어 있는 깡통 한 개를 보았다.

현 이 : 속이 비어 있는 깡통이네.
민 이 : 우리 빈 깡통을 발로 차면서 갈까?
원 이 : 그래, 그래, 재미있겠다.
현 이 : 내가 먼저 찰께.
민 이 : 아니야, 가위, 바위, 보를 해서 정하자.
다같이 : 가위, 바위, 보
민 이 : 야! 내가 첫째다.
현 이 : 나는 둘째.
원 이 : 나는 꼴찌다.

친구는 가위, 바위, 보를 해서 차례를 정했고, 집까지 깡통을 발로 차면서 가기로 했다. 재미있게 깡통을 발로 차면서 가는 데 원이가 찬 깡통이 그만 어떤 집 유리창을 깨뜨렸다. 깜짝 놀란 주인이 달려나와서 물어 보았다.

민 이 : 누가 우리집 유리창을 깼어?

자! 원이는 어떻게 해야 할까?

2. 무대를 꾸민다.
   · 활동실의 영역(대집단으로 모이는 곳 또는 소꿉방)을 유아들과 의논하여 정하고 필요한 소품을 찾아보게 한다.
3. 역할놀이 할 사람을 선정하고 나머지 유아들을 관람자로 한다.
4. 역할극을 해 본다.
   · 교사는 해설자가 되어 주고 필요할 때 등장 인물들의 대사를 도와 준다.
5. 역할극에 대해 토의한다.
   · 특히 세 친구의 행동에 대해서
   셋이 함께 잘못을 사과할 때,
   원이에게만 잘못이 있다고 잘못을 밀어버릴 때,
   셋이서 모두 도망을 쳤을 때 등을 생각해 본다.
6. 재공연을 해 보고 해결책을 일반화한다.

생각하는 의자

활동목표 자신의 정서적 갈등을 자율적으로 조절한다.

활동자료 의자

활동과정

1. 유아들과 함께 어떤 한 의자를 선정하여 '생각하는 의자'라고 이름을 붙인다.
2. 유아들과 함께 어떤 경우에 생각하는 의자에 앉는지 약속을 한다.
   · 화가 나서 친구를 때리거나 꼬집고 싶을 때
   · 소리를 지르고 싶을 때
3. 유아들에게 생각하는 의자에 글씨카드를 써서 붙이고 장식하게 하여 다른 의자와 구별되도록 한다.
4. 의자를 활동실의 구석에 자리를 정하여 놓는다.
5. 정서적 갈등을 혼자 처리하지 못하고 다른 친구들에게 영향을 미치는 유아가 있을 때 교사는 "원이야! 생각하는 의자에 가서 잠깐 앉아 있자." 하고 말한다.

유의사항 생각하는 장소, 생각하는 방석 등으로 명칭을 바꾸거나 벽시계를 마주 보는 곳으로 정하여 몇 초 동안(바늘이 몇 칸 움직일 때) 앉아 있을지 함께 결정해도 좋다.

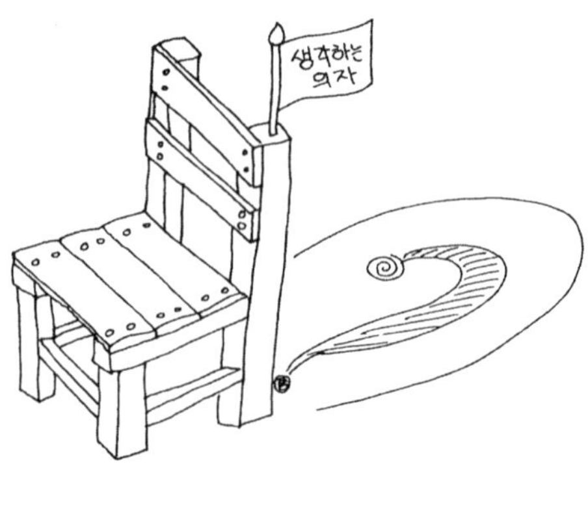

II. 가족과 함께 생활하기

4. 가족과 화목하게 지내기
5. 가족과 협력하기

4. 가족과 화목하게 지내기

하위 내용	수준별 내용	
	I	II
4. 가족과 화목하게 지내기	· 가족의 소중함을 알고 화목하게 지낸다.	
	· 부모, 형제 등 가족과 사이좋게 지낸다.	

제비 가족

활동목표 가족의 소중함과 고마움을 안다.

활동자료

1. 손가락 인형(제비 새끼 다섯 마리, 제비 어미 한 마리)
2. 모형 제비집
3. 동화 '철이의 생일'

활동과정

1. 제비에 대해서 알고 있는지 유아들에게 묻고, 손가락 인형극을 할 것이라고 유아들에게 이야기해 준다.
2. 왼손 엄지에 제비 새끼 첫째를 끼우며 손가락을 굽혀 인사한다.

예

안녕하셔요. ㅇㅇ유치원 친구들!
저는 아기 제비 첫째라고 해요.
내가 제일 씩씩하고 튼튼하지요.

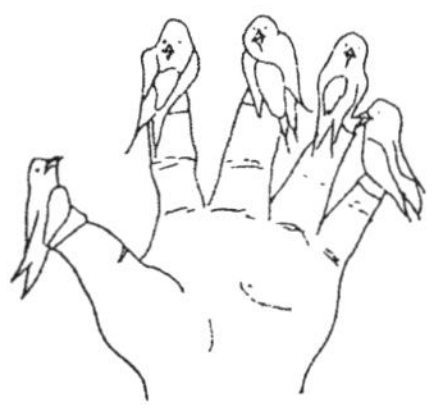

3. 왼손 다섯 손가락에 차례로 손가락 인형을 끼우며 위와 같이 인사를 반복한다.
4. 다섯째까지 인사가 끝나면 왼쪽 손목에 제비집을 묶고 "우리 다섯 남매는 한 집에서 사이좋게 살지요."라고 얘기하면서 제비집임을 암시한다.
5. 오른손에 어미 제비를 끼우고 다시 인사한다. "안녕! 나는 엄마 제비 ㅇㅇ야. 앞으로 사이좋게 지내며 함께 배우기로 하자."
6. 오른손의 엄마 제비를 등장시켜, "지금부터 귀여운 새끼들에게 먹이를 줄거야. 자! 벌레를 잡으로 간다."라고 얘기하고 오른손을 움직여 적당한 종이 조각이나 성냥을 집어 온다.
7. 유아들에게 "누구를 줄까?"라고 묻고 이야기를 나눈 뒤, 유아들 말대로 새끼

제비에게 먹이를 준다(이 때, 왼손의 다섯 손가락을 움직여 서로 받아 먹으려는 상황을 표현할 수도 있다).

8. 유아에게 어미 제비를 주고 유아들과 함께 차례로 먹이를 가져다 주거나 새끼 제비와 이야기 나누기를 해 본다.

유의사항

1. 어미 제비가 먹이를 줄 때 서로 먼저 먹으려고 다투는 장면에서, 싸우지 말고 사이좋게 차례를 지켜야 된다는 점을 강조한다.
2. 손가락 인형극이 끝나면 차례차례로 작별 인사를 하고, 손가락 인형을 뽑아서 상자에 담아 정리한다.
3. 추후활동으로서 동화 '철이의 생일'을 들려준다.
4. 동화를 들려줄 때 중간에 "철이 형제가 어떻게 했으면 좋을까?"와 같은 생각을 유도하고 유아들이 직접 이야기를 지어 보고 느낌을 비교해 보는 것이 좋다.

교육활동안

1. 단원명 특별한 날들 : 어버이날

2. 단원선정의 이유

◈ 대부분의 유치원은 교육과정을 생활 주제 중심으로 운영하고 있다. 그러나 생활 주제에 따라 교육과정을 운영하다 보면, 우리 사회 주변에서 일어나고 있는 중요한 일들이 간과되기 쉽다.

◈ 유아들은 "특별한 날들"의 주제를 통하여 기념일, 국경일, 명절 및 절기에 관련된 활동을 자연스럽게 경험함으로써 우리 사회에서 중요시하고 있는 문화를 자연스럽게 습득할 수 있다. 또한 우리나라 사람으로서의 올바른 가치관을 형성한 사회 구성원으로 성장할 수 있다.

◈ 유아들은 교사들과 함께 행사를 계획하고 즐겁게 참여하는 과정을 통해 자율성과 책임감, 그리고 성취감을 가지게 된다.

3. 단원학습의 목표

- 어버이날의 유래와 의미에 대하여 안다.
- 부모님의 사랑을 안다.
- 부모님께 감사하는 마음을 가진다.

4. 단원학습의 개요 및 지도상 유의점

◈ Ⅰ수준에서는 각 날의 명칭과 의미를 알고 연관된 활동을 중심으로 구체적으로 그 날을 경험할 수 있도록 전개하며, Ⅱ수준에서는 Ⅰ수준의 내용을 심화, 확장하여 전개해 나간다.

◈ "특별한 날들"은 종교적인 특성을 나타내는 날(석가탄신일, 성탄절)과 방학기간에 포함되어 있어 실제적으로 유치원에서 활동을 진행하기 어려운 날(제헌절, 광복절, 대보름)을 제외한 18개의 소주제로 구성되어 있으며, 각 소주제는 독립

해서 전개될 수도 있고 생활 주제와 연관지어 전개될 수도 있다.

◈ 관련 활동은 당일 혹은 그 날을 전후하여 전개되며, 전개 기간은 각 유치원의 특성 및 상황, 유아들의 관심 및 흥미 정도를 고려하여 융통성 있게 조절할 수 있다.

5. 단원학습의 계획

차시	주 제	내 용	자료	비고
1/3	▪어버이날의 유래와 의미에 대하여 안다.	어버이날이란?	사진자료	
2/3	▪부모님의 사랑을 안다.	"엄마는 너를 영원히 사랑한단다"(동화)	그림자료	본 시
3/3	▪부모님께 감사하는 마음을 가진다.	엄마, 아빠 책만들기	언어자료	

6. 활동계획안

가. 본시의 주제 : 부모님의 사랑

나. 본시의 활동목표 : ❶ 동화를 즐겨 듣는다.
❷ 부모님의 사랑을 안다.

다. 본시의 내용

<table>
<tr><th>활 동 명</th><td colspan="5">엄마는 너를 영원히 사랑한단다.</td></tr>
<tr><th>활동영역</th><td colspan="2">언어영역</td><th>대상연령</th><td colspan="2">만 5세</td></tr>
<tr><th>활동자료</th><td colspan="5">그림자료</td></tr>
<tr><th>교육과정
관련요소</th><td colspan="5">가정생활 - 가족과 화목하게 지내기</td></tr>
<tr><th colspan="2">단 계</th><th>시간</th><th colspan="2">교수 - 학습 활동</th><th>준비물</th></tr>
<tr><td>활
동
방
법</td><td>도
입</td><td>5분</td><td colspan="2">❶ 손유희로 주의를 집중시킨다.
· ㅇㅇ반 친구들 안녕하세요.
· "엄마별이 올라갑니다."라는 노래 알고 있죠?
· 선생님과 같이 해 보자.
➪ 엄마별이 올라갑니다. (반짝)
아빠별이 올라갑니다. (반짝)
하늘에서 만났습니다.
머리 위에 앉을까? (싫어, 싫어. 너무 무서워)
어깨 위에 앉을까? (싫어, 싫어. 미끄러워)</td><td></td></tr>
</table>

구분	단계	시간	내용	자료
활동방법	도입	5분	가슴 위에 앉을까? (싫어, 싫어. 부끄러워) 엉덩이에 앉을까? (싫어, 싫어. 냄새나) 무릎 위에 앉을까? (좋아, 좋아) ❷ 선수 학습을 확인한다. · 지난 시간에 "어버이날"에 대하여 알아보았어요. · 어버이날이 언제죠? · 어버이날에는 어떤 일을 하죠? · 어떤 꽃을 달아 드리죠? · 5월 8일 어버이날에는 엄마, 아빠 가슴에 빨간 카네이션을 달아드리는 날이예요. ❸ 오늘 활동을 소개한다. · 오늘은 선생님이 "엄마는 너를 영원히 사랑한단다"라는 동화를 들려줄게요. · 어떤 내용의 동화인지 잘 들어 보세요.	
	전개	20분	❶ 동화를 들려준다. 1. 엄마가 갓난 아기를 가슴에 안고 앞뒤로 흔들흔들 하면서 "우리 아기 참 예쁘기도 하지. 엄마는 너를 영원히 사랑한단다. 엄마는 항상 너를 좋아해. 엄마가 살아 있는 한~ 너는 나의 사랑스런 아기란다"라고 속삭이듯 노래를 불러 주었습니다. 2. 아기는 자랐습니다. 아기는 자꾸자꾸 자랐습니다. 마침내 집의 이곳저곳을 뛰어다닐 수도 있는 두 돌이 되었습니다. 아기에겐 집안에 있는 모든 물건이 신기하고 재미있었습니다. 그래서 아기는 선반 위에 있는 물건이란 물건은 모두 꺼내고, 냉장고 안에 있는 모든 음식을 꺼내 어지럽히고, "엄마 시계 차 보자" 하면서 엄마 시계를 꺼내 화장실 바닥에 내던지기도 하였습니다. 그럴 때마다 엄마는 "아휴! 우리 아가 엄마를 힘들게 하네." 라고 말씀하셨습니다. 3. 그렇지만 밤이 되면 엄마는 아기가 잘 자고 있는지 걱정이 되어 아기방으로 살금살금 소리 나지 않게 들어가 아기 침대 곁에서 가만히 들여다봅니다. "아이! 우리 예쁜 아가가 코코 자고 있네." 엄마는 아기를 앞뒤로 흔들어 주면서 노래를 불러 주었습니다. "엄마는 너를 영원히 사랑한단다. 엄마는 항상 너를 좋아해. 엄마가 살아있는 한~ 너는 나의 사랑스런 아기란다." 4. 귀여운 아기는 자라고 또 자라서 초등학생이 되었습니다. "엄마! 친구 집에 가서 놀다 올게요." "그래. 재미있게 놀다가 저녁 식사 전까지는 집에 돌아오너라." "예!" 하고 대답했지만 준이는 저녁 식사 시간에 맞추어 집에 돌아오기가 싫었	-그림자료제시 1번그림 2번그림 3번그림 4번그림

			어요. "우리 준이가 늦었구나. 어서 목욕해야지." "싫어요. 다음에 할게요." 준이는 귀찮아서 더러운 채로 그냥 잤습니다. 다음 날, 할머니께서 집에 오셨습니다. "얘! 준이야. 할머니 오셨다. 어서 나와 인사 드려야지." "할머니가 왔어?" "아이고! 할머니께는 존대말을 해야지."	5번그림
			5. 그 날 밤에도 엄마는 준이가 자고 있는 방으로 살짝 들어가 준이의 자는 모습을 들여다봅니다. "우리 준이 잘 자고 있구나." 엄마는 준이를 꼭 껴안고 앞뒤로 여러 번 흔들어 주면서 노래를 불러 줍니다. "엄마는 너를 영원히 사랑한단다. 엄마는 항상 너를 좋아해. 엄마가 살아있는 한~ 너는 나의 사랑스런 아기란다."	6번그림
			6. 준이는 자라고 또 자라 고등학생이 되었습니다. 준이에게는 새로운 친구들이 많이 생겼습니다. 준이는 이상한 옷을 입고, 엄마가 알 수 없는 음악을 들었습니다. 그럴 때 엄마는 이상한 나라에 가 있는 것같이 생각되었습니다.	7번그림
활동방법	전개	20분	7. 그럴 때도 밤이 되면 엄마는 고등학생이 된 준이가 잘 자고 있는지 걱정이 되어 방으로 들어가 보곤 하였습니다. "우리 준이가 피곤한가 봐. 엄마가 들어오는 것도 모르고 자고 있네." 하면서 엄마보다 큰 준이를 껴안고 앞뒤로 흔들어 주면서 노래를 불러 줍니다. "엄마는 너를 영원히 사랑한단다. 엄마는 항상 너를 좋아해. 엄마가 살아있는 한~ 너는 나의 사랑스런 아기란다."	8번그림
			8. 고등학생이던 준이가 이제는 대학생이 되었습니다. "어머니 저도 이제 대학생이 되었으니 집을 떠나 혼자 힘으로 살아 보겠습니다." 준이는 떠났습니다. 엄마는 준이가 떠난다는 것이 슬프기도 했지만, 기특하기도 했습니다.	9번그림
			9. 준이 생각이 몹시 나는 밤이면, "우리 준이가 잘 지내고 있는지 궁금하구나." 하시면서 차를 몰고 아들의 집으로 가곤 했습니다.	10번그림
			10. 엄마가 아들의 집에 도착했을 때, 준이의 방 불이 꺼져 있습니다. "준이가 자고 있나 보지." 하시면서 들어가 준이를 들여다봅니다. "준이가 깊이 잠들었구나." 준이를 껴안고 앞뒤로 흔들어 주면서 노래를 불러 줍니다. "엄마는 너를 영원히 사랑한단다. 엄마는 항상 너를 좋아해. 엄마가 살아있는 한~ 너는 나의 사랑스런 아기란다."	11번그림
			11. 준이가 점점 어른이 되어 가는 동안에, 엄마는 점점 더 늙어 갔습니다. 하루는 엄마가 아들에게 전화를 걸어서, "준이야! 엄마가 많이 아프단다. 엄마는 준이가 보고 싶은	

활동방법	전개	20분	데 한 번 집에 오지 않겠니?" 하셨습니다. "네! 어머니 곧 갈게요." 준이가 집에 도착했을 때 어머니는 준이를 위해 노래를 부르려고 애썼습니다. 그러나 엄마는 너무 늙고 몸이 편찮으셔서 노래를 끝까지 부를 수가 없었습니다. 12. 준이가 어머니의 이런 모습을 보고는 어머니에게로 다가 가서, "어머니, 어머니의 아들 준이가 왔어요." 아들은 어머니를 꼭 껴안고 "어머니 많이 편찮으세요? 제가 노래를 불러 드릴게요." "저는 엄마를 영원히 사랑합니다. 저는 엄마를 항상 좋아합니다. 제가 살아 있는 한~ 당신은 나의 사랑스런 엄마입니다." 13. 그 날 밤 아들이 집에 돌아와서 2층 층계에서 무엇인가를 깊이 생각하고 있었습니다. 14. 그러고 나서 아들은 한 살이 채 안된 자기의 딸 방으로 들어갔습니다. 아빠는 딸을 팔에 안고 앞뒤로 흔들흔들 하면서 노래를 불러 주었습니다. "아빠는 너를 영원히 사랑한단다. 아빠는 항상 너를 좋아해. 아빠가 살아있는 한~ 너는 나의 사랑스런 아기란다." ❷ 그림을 보며 내용을 회상한다. · 그림만 다시 한 번 보도록 하자. · 내용을 생각하면서 보자. ❸ 동화를 듣고 난 후 느낌에 대하여 이야기를 나눈다. · 어떤 내용의 동화였죠? · 우리 친구들도 준이처럼 물건을 어지럽히고, 엄마 시계를 가지고 놀다가 화장실 바닥에 던지기도 하나요? · 우리 친구들은 집에서 어떻게 하죠? · 준이는 할머니께 반말을 한데요. 어떻게 해야 할까요? · 준이 엄마는 준이가 잘못을 하면 미워했데요. · 아니에요? 그럼 어떻게 했어요? · 그래요. 엄마는 준이가 말썽을 피우고 엄마를 속상하게 해도 영원히 준이를 사랑한데요. · ○○반 친구들의 엄마는 어떨 것 같아요? · 엄마는 우리 친구들을 영원히 사랑한데요. ❹ 엄마, 아빠의 사랑에 대하여 이야기를 나눈다. · ○○반 친구들은 어떨 때 엄마, 아빠가 "나를 사랑하시는구나!"라고 느꼈나요? · ○○가 한 번 말해 볼까? · ○○는 언제 부모님의 사랑을 느꼈니? · 선생님은 우리 ○○반 친구들은 엄마, 아빠의 사랑을	12번그림 13번그림 14번그림

활동방법	전개		많이 받을 거라고 생각해요. ・우리 친구들은 엄마, 아빠를 사랑하나요? ・얼마큼 사랑하나요? ・우리를 위해 맛있는 것을 만들어 주시고, 장난감도 사주시는 엄마, 아빠께 어떤 마음을 가져야 할까요? ・항상 부모님께 감사하는 마음을 가져야 해요.	
	정리	5분	❶ 오늘의 활동 내용을 정리한다. ・오늘은 "엄마는 너를 영원히 사랑한단다."라는 동화를 들어 보았어요. ・동화가 재미있었나요? ・다음 시간에는 엄마, 아빠 책을 만들 거예요. ・우리 엄마, 아빠는 어떤 것을 좋아하고, 별명은 무엇인지를 알아오세요. ・그리고 엄마, 아빠께 하고 싶은 말도 생각해 오세요. ・○○반 친구들은 잘 할 수 있죠? ・오늘 본 동화자료는 선생님이 언어영역에 놓아 둘게요. ・관심 있는 친구는 자유선택활동 시간에 보도록 하자. ❷ 정리 정돈을 한다. ・다음은 과학활동 시간이죠? ・화장실 다녀올 친구들은 다녀오고 자리에 앉자.	
확장활동	❶ 동화를 듣고 인상 깊었던 장면을 그려본다. (미술영역) ❷ 부모님께 편지를 쓴다. (언어영역) ❸ 엄마와 준이 역할을 직접해 본다. (역할놀이영역)			

그림자료

그림 1

그림 2

그림 3

그림 4

그림 5

그림 6

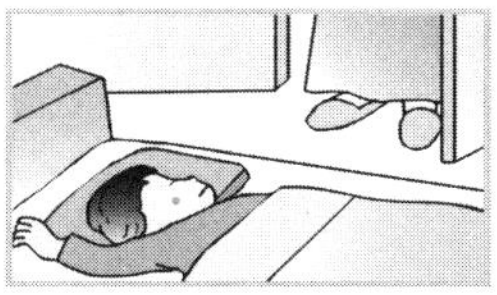
그림 7

그림 8

그림 9

그림 10

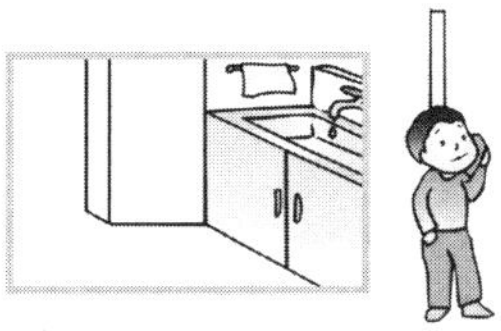
그림 11

그림 12

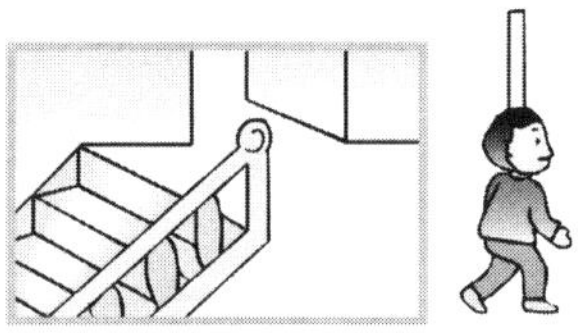
그림 13

그림 14

가족책을 만들어 보세요

활동목표 작업활동을 통해 가족의 소중함을 안다.

활동자료 흰색 마분지, 가족 구성원이 사용하는 물건이 그려져 있는 화보 또는 카탈로그, 풀, 가위, 미술 도구

활동과정 가족책을 만들 수 있는 방법에 대해 의논한다.

1. 마분지에 가족들이 그린 그림이나 글을 적은 다음 스템플러로 찍어 비닐로 싸는 방법

2. 마분지를 접어 가장자리를 셀로판 테이프로 붙인 다음 몇 장을 함께 묶어 책으로 만든 뒤 그림을 붙인다.

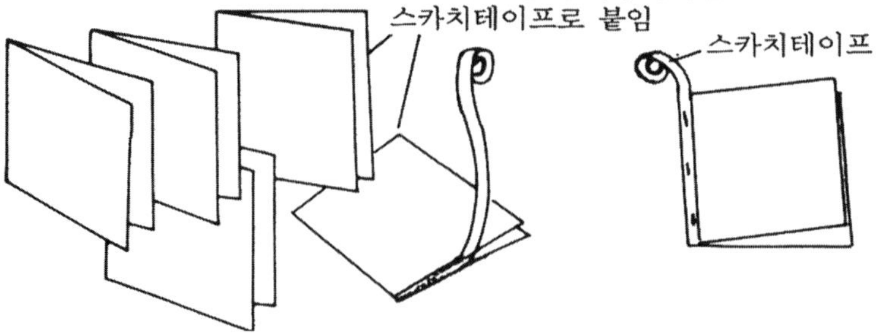

3. 마분지를 아코디언처럼 접은 뒤, 한 사람이 한 칸씩 그림 또는 글로 장식하여 펼친다.

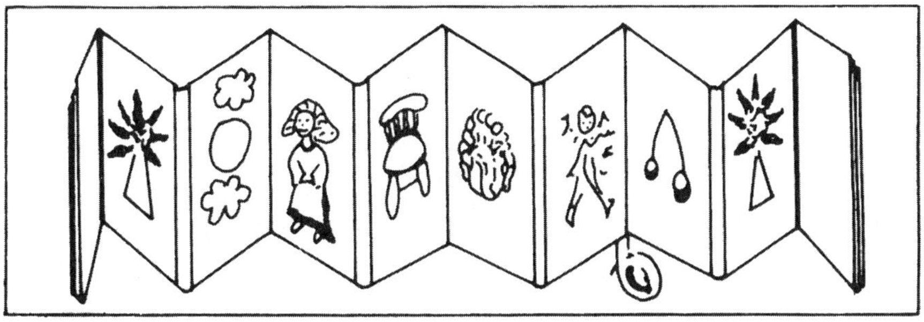

〈아코디언처럼 펼쳐지는 그림책〉

· 유아가 제안한 방법 중의 한 가지를 선택하여 가족책을 만든다.

가족책은 가족 사진이나 가족들이 그린 그림, 글, 협동화, 가족 편지, 가훈, 하고 싶은 이야기, 손도장 등의 개인 기록, 그림 이어 그리기(㉠ 도화지에 양복 · 화보를 오려 붙인 뒤 아빠 모습 꾸미기) 등을 붙여서 꾸밀 수 있다. 이 때 사용되는 화보는 백화점의 홍보물, 카탈로그, 잡지, 신문 등에서 오려내여 사용할 수 있다.

서로 돕고 사랑하는 가족

활동목표

1. 가족에게 일어날 수 있는 특이한 상황에 관심을 갖는다.
2. 이야기를 통해 사고나 위험에 대해 여러 가지 방법으로 대처한다.
3. 적극적으로 협동하여 문제를 해결해야 함을 안다.

활동자료 서로 돕고 사랑하는 가족의 그림자료

① 엄마가 아파서 누워있는 모습,
② 엄마를 돌보아 드리는 유아
③ 동생과 놀아주는 유아

④ 엄마 · 아빠가 싸우셔서 화가 난 모습
⑤ 엄마 · 아빠가 화해하시고 즐거워하는 모습

활동과정

1. 그림자료 ①을 보며, 가족에게 일어날 수 있는 일에 대해 이야기 나눈다.
   · 어떤 그림일까?
   · 혹시 엄마나 아빠가 편찮으신 적이 있었니?
   · 그럴 때는 어떻게 해야 할까?
   · 어떻게 해야 엄마·아빠가 건강하게 지내실 수 있을까? (내 일은 내가 한다, 엄마 일을 돕는다, 가족들의 일을 나누어 한다, 동생과 사이좋게 지낸다. 등)
2. 그림자료 ②를 보며, 가족에게 일어날 수 있는 일에는 어떤 일이 있는지 이야기 나눈다.
   · 어떤 그림일까? (엄마와 아빠가 싸워요. 가족이 서로 화목하게 사랑해요.)
   · 너희들도 엄마와 아빠가 싸운 적이 있니?
   · 왜 이런 일이 생겼을까?
   · 이런 일이 생기지 않도록 하기 위하여 우리가 평소에 가져야 할 태도는 무엇인가?
   · 그럴 때 우리는 어떻게 해야 할까?
3. 만약 가족에게 위험하고 안 좋은 일이 생긴다면 가족들이 서로 돕고 사랑하며 각자 맡은 일을 열심히 해야 한다는 것을 이야기한다.

내 동 생

활동목표

1. 형제간에 사이좋게 지낼 수 있다.
2. 동생을 도와줄 수 있다.

활동자료 형제 자매 또는 남매간에 놀고 있는 모습의 그림

활동과정

1. 동생에 대해서 이야기를 나눈다.
 · 동생을 보면 어떤 생각이 드니?
 · 동생은 나를 보면 어떻게 하니?
 · 동생이 나에게 잘하는 일은 무엇이니?
 · 동생이 나를 화나게 하거나 귀찮게 하는 일은 무엇이니?
 · 내가 동생을 도와줄 수 있는 일은 무엇일까?
 · 내가 동생과 나누어 가질 수 있는 것은 무엇일까?
 · 실제로 동생을 도와 주고 나누어 가진 경험을 이야기해 본다.
2. 동생에게 하고 싶은 말을 친구들과 역할놀이로 해 본다.
 · ○○야, ○○○○○
 · ○○야, ○○○○ 해 줘 등
3. 내가 동생인 유아들도 형에게 하고 싶은 말을 해 본다.
 · 형이 나에게 어떻게 할 때 제일 기뻤니?
 · 형이 나에게 어떻게 할 때 제일 속상했니?
 · 형이 어떤 것을 도와 주었으면 좋을까? 등 동생의 경우와 같은 활동을 해 본다.
4. 말짓기를 해 본다.
 · 내 동생은 나한테 ____________ 해서 속상하지만,

· ______________ 해서 예뻐요.
· 형은 나한테 ____________ 해서 화나지만,
· ____________ 해서 좋아요 등.

아가 얼굴

활동목표

1. 시를 감상하는 태도를 기른다.
2. 가족의 의미를 이해하고, 사랑하는 마음을 가진다.

활동자료 융판 그림자료, 동시판, 배경음악, 가족사진

활동과정

1. 아기가 있는 유아의 가족사진을 보며 자신의 가족을 소개하도록 한다.
   · ○○는 가족 중에서 누구를 닮았다고 생각하니?
   · ○○의 동생은 누구를 닮았을까?
2. "아가 얼굴"이라는 동시를 소개한다.
   · 오늘은 선생님과 "아가 얼굴"이라는 동시를 배워 보자.
     – 교사는 준비한 음악을 틀고 동시의 제목, 저자, 시 내용 순으로 낭송한다.
3. 동시를 듣고 난 후, 느낌과 생각을 이야기한다.
   · 우리 친구들 동생이 정말로 엄마, 아빠를 닮았을까?
   · 우리 얼굴 속에는 엄마, 아빠의 얼굴이 어떻게 숨어 있을까?
   · 가족의 얼굴은 왜 서로 닮았을까?
4. 융판 자료를 이용하여 다시 한 번 동시를 들려준다.

〈동시판〉

아가 얼굴

김 원 석

아가의 얼굴은 엄마의 얼굴
아가의 얼굴은 아빠의 얼굴
아빠 얼굴 조금 엄마 엄굴 조금
아가 얼굴 속에 숨어 있어요.

5. 다양한 방법으로 동시를 읽어 본다.
   - 유아와 교사가 처음부터 끝까지 다 함께 시를 낭송한다.
   - 유아와 교사가 연을 나누어 가면서 낭송한다.

〈그림자료〉

♣ 출처 : 오두섭 외(1997). 초등학교 선생님들이 쓰신 1, 2학년 동시집. 청솔

우리 엄마

활동목표

1. 어머니의 사랑에 감사하는 마음을 가진다.
2. 동시를 즐겨 듣는다.

활동자료 입체 동시 자료, 배경음악, 동시판

활동과정

1. 동시판을 보여주면서 엄마가 무엇이라고 말씀하실지에 대하여 이야기 나눈다.
   · 첫 번째는 어떤 상황이니?
   · 엄마가 뭐라고 하실 것 같니?
   · 우리 친구들이 밥을 먹고 있을 때 엄마는 뭐라고 하시니?
   · 세 번째는 어떤 그림이니?
   · 우리 친구들이 재미있게 놀고 있을 때 엄마는 뭐라고 하시니?
   · 밤에 잠잘 때는 뭐라고 하시니?
2. 그림 자료 없이 동시를 들려준다.
   · 오늘 배울 동시는 "우리 엄마"라는 동시로 정다운 선생님이 지으셨어요.
   · 잘 들어 보세요.
     – 교사가 동시를 낭송할 때 미리 준비한 음악을 틀어 준다.
3. 동시판을 제시하며 다시 한 번 들려준다.
   · 동시의 전개에 따라 유아의 그림을 이동한다.
4. 동시를 듣고 난 후의 느낌, 내용에 대하여 이야기 나눈다.
   · "우리 엄마"라는 동시를 들어 보았는데 느낌이 어떠니?
   · 우리 친구들 엄마와 같은 말씀을 하셨니?
   · 어떤 부분을 다르게 말씀하셨니?
   · 엄마의 사랑이 느껴지나요?

· 이렇게 우리를 사랑하시는 엄마에게 우리는 어떻게 해야 할까요?
· 동시를 다시 한 번 들어 보자.

5. 동시를 다양한 방법으로 낭송한다.
   · 선생님이 엄마가 말하는 부분을 낭송한다.
   · 유아들이 엄마가 말하는 부분을 낭송한다.
   · 엄마가 유아에게 하는 말을 다양하게 표현하여 변형 동시를 지어 본다.

〈동시〉

우리 엄마

정 다 운

아침이면 엄마는 "아직 자니?"
밥 먹을 땐 오물거리는 입을 보시며 엄마는 "아직 먹니?"
미끄럼 타면 재미있는데 엄마는 "아직 노니?"
밤이 되어 졸리워하면 엄마는 "사랑해 우리 아가야."

♣ 출처 : 이야기 친구 제7집(1995), 한국어린이육영회.

〈입체 동시판〉

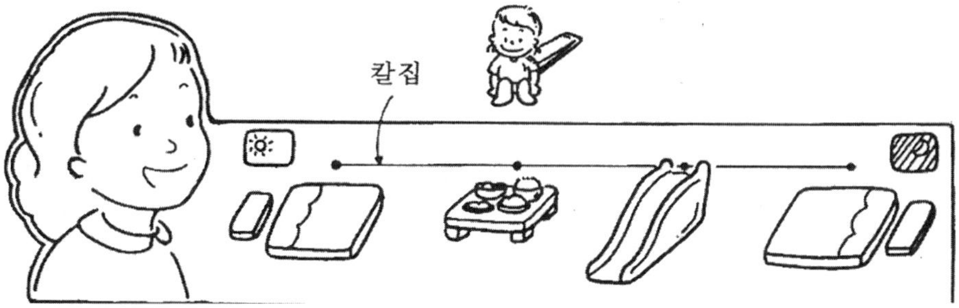

5. 가족과 협력하기

하위 내용	수준별 내용	
	I	II
5. 가족과 협력하기	· 가족 구성원을 안다.	· 다양한 가족 구조에 대해 알아 본다.
	· 가정에서 내가 할 수 있는 일을 찾아보고해 본다.	· 가족을 위해 할 수 있는 일을 알아보고 실천한다.

우리 가족은

활동목표

1. 다양한 가족 구성원이 있음을 안다.
2. 가족 마다 구성원이 다름을 안다.
3. 가족의 소중함을 안다.

활동자료 손 인형, 가족사진

활동과정

1. 유아의 가족사진을 보며 이야기 나눈다.

· 교사는 인형을 손에 끼고 유아들과 대화를 한다.

애들아, 안녕! 나는 대현이야. 우리 집에는 할머니, 엄마, 아빠, 나 그리고 동생 동환이가 살고 있단다. 우리는 모두 한 가족이란다.

○○야, 너의 가족은 누구누구니? 너의 가족사진을 보며 이야기해 줄 수 있겠니?

· ○○의 가족은 엄마, 아빠, ○○, 이렇게 세 사람이 되는 구나.

· 다음에는 어떤 친구가 가족을 소개할까?

2. 가족의 의미와 가족 구성원에 대하여 이야기 나눈다.

· 사진에는 없지만 가족이라고 부를 수 있는 사람에는 또 누가 있을까?

· 새로운 가족이 생기는 경우는 어떤 경우일까?

3. 다양한 가족구성원과 역할에 대하여 이야기 나눈다.

· 가족은 왜 한 집에 모여 살까?

· 함께 모여 살면서 각자 해야 할 일은 무엇일까?

· 엄마(아빠)는 어떤 일을 하시니?

· 할머니, 할아버지는 어떤 일을 하시니?

· 너희들은 어떤 일을 하니?

4. 가족의 소중함에 대하여 이야기 나눈다.
· 가족이 있어서 좋았던 점은 무엇일까?
· 만약에 우리에게 가족이 없다면 어떻게 될까?
· 가족을 기쁘게 하기 위해 우리가 할 수 있는 일에는 어떤 것 들이 있을까?

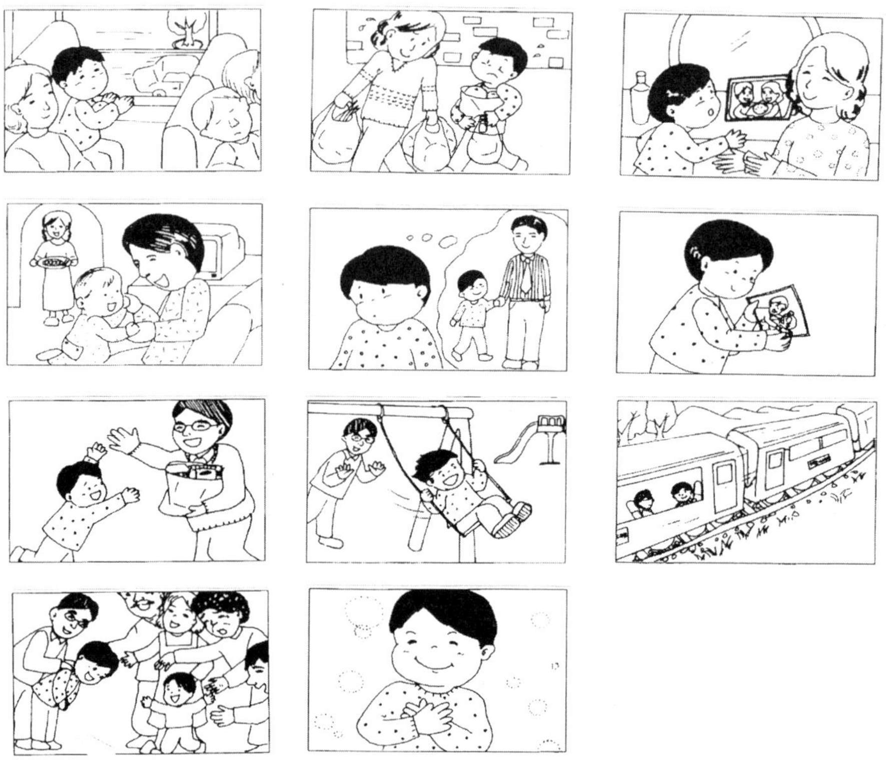

♣ 출처 : 이현숙(집필자 창작).

철이와 아버지

활동목표

1. 다양한 가족 형태를 이해한다.
2. 가족 간에 사랑하고 즐거움을 함께 하는 태도를 기른다.

활동자료 그림자료

활동과정

1. 동화를 들려준다.
2. 그림만 다시 한 번 보여 준다.
3. 동화에 대한 이야기를 나눈다.
   · 동화를 들으니 기분이 어떠니?
   · 왜 그런 기분이 들었니?
   · 동화에서 철이는 어떻게 지내고 있니?
   · 철이와 같이 아빠나 엄마가 돌아가신 친구를 만난 적이 있니?
   · 철이처럼 아빠나 엄마가 돌아가셔서 안 계신다면 마음이 어떨 것 같니?
   · 혼자 계신 엄마는 어떨까?
   · 철이가 철이 엄마라면 어떤 때 아빠가 가장 보고 싶을까?
   그럴 때는 어떻게 하면 좋을까?
4. 죽음이 아닌 다른 이유로 부모가 모두 있지 않은 가정이 있을 수 있다는 것에 대하여 이야기를 나눈다.
   · 부모님이 돌아가신 것은 아니지만 한집에 살지 않는 가족이 있을까?
   그렇다면 어떤 이유로 떨어져 살고 있을까?
   · 그렇게 떨어져 사는 것을 어떻게 생각하니?
   · 왜 그렇게 생각하니?
5. 함께 있지 않아도 서로 사랑하는 마음을 전할 수 있는 방법에 대하여 이야기

나눈다.

· 엄마, 아빠가 함께 살지 않으면 우리 친구들을 사랑하지 않을까?
· 여전히 사랑하고 있다는 것을 어떻게 알 수 있니?
· 만약, 엄마, 아빠와 떨어져 살게 된다면 사랑을 어떻게 전할 수 있을까?

철이와 아버지

1. 우리는 어머니, 아버지, 할아버지, 할머니가 계셔서 이 세상에 태어났습니다. 우리 모두 그렇게 태어났습니다.
2. 어머니, 아버지, 할아버지, 할머니, 또 그 위의 할아버지, 할머니의 사랑으로…….
3. 그렇지만 지금 어머니나 아버지가 계시지 않은 사람도 있습니다.
   철이도 그렇습니다. 철이의 아버지는 철이가 두 살 때 돌아가셨습니다. 교통사고로 돌아가셨습니다.
4. 그래서 지금 철이는 어머니와 둘이서 삽니다.
5. 유치원에서 아버지 오시는 날을 하는 때나,
6. 공원에 놀러 가서 다른 친구의 아버지를 만났을 때,
7. 자동차를 타고 어디를 가거나,
8. 시장에서 짐을 잔뜩 들고 돌아올 때, 엄마와 철이, 단 두 사람, 네 개의 손밖에 없어 손이 더 있었으면 싶을 때 철이는 아버지가 계셨으면 합니다.
9. 그래서 사진 속에서만 볼 수 있는 낳아 주신 아버지가 아니더라도 다른 아버지라도 계셨으면 좋겠다고 생각합니다. 엄마에게 다시 아버지를 만들어 달라고 부탁했습니다.
   엄마는 그건 아주 어려운 일이라며 빙긋이 웃으십니다.
10. 하긴 철이도 사진 속의 아버지께 조금은 미안한 생각이 듭니다. 철이와 아버지는 아주 친했다고 합니다.
   철이는 돌아가신 아버지가 자기가 새아버지를 가지고 싶어한다고 속상해 하실까 봐 걱정이 됩니다.
11. 그렇지만 철이는 지금 '아버지'라고 부를 수 있는 멋있는 어른이 옆에 계셨으

면 좋겠다는 것뿐입니다.

그리고 이런 철이의 마음을 아버지가 알아주실 거라고 생각합니다.

12. 이런 기분이 들 때면, 철이는 아버지와 함께 찍은 아기 때 사진을 꺼내 보기도 합니다.

13. 또, 어떤 때는 철이가 아주 많이 사랑하는 삼촌에게 전화를 걸기도 하지요.

그러면 삼촌은 철이의 마음을 아신 듯 철이네 집에 과자를 한 아름 사 들고 놀러 오십니다.

14. 그리고는 철이를 데리고 놀이터에서 함께 가 주시고,

15. 또, 할아버지, 할머니 댁에 데려가 주시기도 합니다.

16. 할아버지, 할머니 댁에 가면 많은 사람들이 철이를 반겨 주십니다.

할아버지, 할머니, 큰아버지, 큰어머니, 그리고 멋진 사촌 형들, 그리고 사촌 동생도 있습니다.

17. 철이를 사랑해 주는 가족들과 함께 있다 보면 어느 새 철이의 기분이 좋아집니다.

그리고는 생각해 보지요.

아버지가 안 계신 것은 속상한 일이지만 철이가 사랑하는 엄마와 다른 가족들이 있어서 정말 다행이라고요.

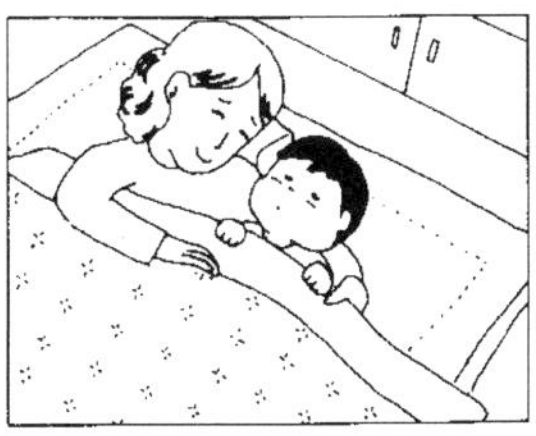

♣ 출처 : 이현숙(집필자 창작).

새로 생긴 내 동생

활동목표

1. 동생의 탄생을 중심으로 가족구성원의 특징을 이해한다.
2. 동생과 가족을 사랑하는 마음을 가진다.

활동자료 그림자료(아기), 유아들의 가족사진

활동과정

1. 새롭게 동생이 생긴 유아의 이야기를 듣는다.
   · 우리반 ○○에게 아주 특별한 일이 있었데요.
   · ○○야, 앞으로 나와서 이야기해 줄 수 있겠니?
   · 동생을 맞이한 느낌이 어땠니?
   · 어디에서 아기를 낳으셨니?
   · 동생을 보았니? 어떻게 생겼니?
2. 동생을 맞이하기 위한 가족들의 노력에 대한 이야기를 나눈다.
   · 동생이 태어나기 전에 집에서 가족들이 어떤 준비를 했니?
   · 엄마는 어떻게 하셨니?
3. 아기 동생과 유아의 다른 점에 대하여 이야기 나눈다.
   · 아기와 우리들은 어떻게 다를까?
   · 왜 그럴까?
   · 아기들이 잘 할 수 있는 것은 무엇일까?

〈그림자료〉

4. 동생이 있어서 좋은 점과 불편한 점에 대하여 이야기 나눈다.
   · 동생이 있으면 어떤 점이 좋을까?
   · 불편할 때는 언제일까?
   · 그럴 때는 어떻게 하면 좋을까?
5. 동생을 도와 주는 방법에 대하여 이야기 나눈다.
   · 동생이 생긴 ○○는 집에서 생활할 때 어떤 것이 달라질까?
   · 새로 생긴 동생은 어떻게 도와줄 수 있을까?

우리 가족이 함께 하는 시간

활동목표

1. 가족이 생활 속에서 서로 협력하고 기쁨을 나누는 일상적인 방법을 안다.
2. 가족 간에 사랑을 나누는 태도를 기른다.
3. 가족 간에 협력하여 생활하고 사랑을 나눈다.

활동자료 가족의 아침, 저녁 생활이 나타난 사진이나 그림자료

활동방법

1. 그림자료를 보며 이야기 나눈다.
   · 아침 햇살이 비치는 창문 앞에서 커튼을 반쯤 열어젖히고 있는 장면
   - 어떤 그림일 것 같니?　　- 하루 중 언제일까?
2. 우리 가족이 아침에 일어나서 하는 일들을 소개한다.
   · 아침에 가족들은 집에서 어떤 일을 하니?
     - 교사는 각 상황을 유아들이 대답할 때마다 가정의 생활문화가 나타날 수 있도록 부연 질문을 한다(아침 식사는 주로 누가 준비하니? 아침에는 주로 무엇을 먹니? 등).
   · 우리 친구들은 어떤 일을 할까?
   · 우리가 자고 일어난 이부자리나 침대는 누가 정리하니?
   · 어른들이 식사 준비를 하실 때 무엇을 하니?
3. 가족들의 저녁 생활에 대하여 이야기 나눈다.
   · 저녁에는 집에서 어떻게 지내니?
   · 가족들과 주로 하는 일은 무엇이니?
4. 집에서 가족과 하루를 지내면서 가장 즐거운 때는 언제인지 알아본다.
   · 가족들과 무엇을 할 때 가장 즐겁니?
5. 가족의 행복을 위하여 유아가 할 수 있는 일들에 대하여 이야기 나눈다.

· 어떻게 하면 우리가 집에서 더 기쁘게 지낼 수 있을까?
· 우리 가족이 더 기쁘게 지낼 수 있도록 하기 위하여 우리가 집에서 할 수 있는 일에는 어떤 것들이 있을까?

너무 작은 아기곰

활동목표

1. 동화를 듣고 즐겁게 감상한다.
2. 가족구성원을 알고, 구성원 간의 차이점을 이해한다.

활동자료 OHP 동화자료, OHP 기계

활동과정

1. 동화를 들려준다.
   · 오늘은 선생님이 "너무 작은 아기곰"이라는 동화를 들려줄게요.
   · 잘 들어 보세요.
2. 그림만 다시 한 번 보여 준다.
   · 그림만 다시 한 번 보도록 하자.
3. 동화에 대한 이야기를 나눈다.
   · 우리 친구들도 아기곰처럼 자신이 작다고 생각한 적이 있나요?
   · 언제 그렇게 느꼈니?
   · 기분이 어땠니?
4. 자신이 할 수 있는 일에 대하여 이야기를 나눈다.
   · 우리 친구들이 할 수 있는 일에는 어떤 것들이 있을까?

유의사항 동화 내용 중 1-1, 2-1의 형태로 표기된 부분의 등장인물 그림은 OHP용 투명 필름 조각에 별도로 그림을 그려, 그림 원판 가장자리에 붙였다가 동화를 들려줄 때 각 내용에 맞게 제시하여야 한다.

너무 작은 아기곰

1. 아기곰은
1-1. 누나 곰보다 작고,
1-2. 누나 곰은 형님 곰보다 작고,
1-3. 형님 곰은 엄마곰보다 작고,
1-4. 엄마곰은 아빠 곰보다 작아요.

2. 그래서 아기곰이 제일 작아요. “누나, 나도 같이가.”
2-1. 이웃집에 놀러 가는 누나 곰을 불렀어요. “안 돼. 넌 너무 작아. 너무 작아서 집을 잃어버릴 거야.”

3. “형, 나도 같이 가.”
3-1. 낚시 가는 형을 불렀어요. “안 돼. 넌 너무 작아. 너무 작아서 연못에 빠질지도 몰라.”

4. “엄마, 나도 같이 해요.”
4-1. 배추를 다듬으시는 엄마를 불렀어요. “안 돼. 넌 너무 작아. 너무 작아서 손 다쳐요.”

5. “난 왜 이렇게 작을까?” 아기곰은 슬펐어요.
5-1. 그 때, 아빠곰이 불렀요. “아빠랑 가게에 같이 갈까?”

6. 아빠곰은 큰 가게에서
6-1. 과자,
6-2. 사과,
6-3. 비누,
6-4. 치약,
6-5. 수건을 샀어요.

7. 아빠곰은 큰 바구니를 들고, 아기곰은 작은 바구니를 들었어요. 아기곰은 기뻤어요.

①

②

③

④

⑤

⑥

⑦

♣ 출처 : 한국어린이육영회(1966). 유치원교육과정 생활 동화 7 가족 : 너무 작은 아기곰, 사단법인 한국어린이육영회

누가 노인들을 돌볼까요?

활동목표

1. 노인을 따뜻하게 공경하는 태도를 기른다.
2. 동화를 듣고 그 내용을 이해한다.

활동자료 그림동화

활동과정

1. 할아버지, 할머니에 대하여 이야기 나눈다.
   · ○○반 친구들 중 할아버지나 할머니와 함께 사는 친구가 있나요?
   · 시골에 할아버지나 할머니가 계신 친구는 있나요?
   · 할아버지, 할머니와 함께 살아서 좋은 점은 어떤 것들이 있을까?
   · 오늘은 할아버지, 할머니와 관계있는 동화를 들려줄게요.
2. "누가 노인들을 돌볼까요?"라는 동화를 들려준다.
3. 동화를 들려준 후 노인을 공경하는 마음에 대하여 이야기 나눈다.
   · 할아버지, 할머니는 우리들에게 어떻게 해 주시니?
   · 우리는 할아버지, 할머니께 어떻게 해 드려야 할까?
   · 나이 많으신 분들을 도와 드릴 수 있는 방법에는 어떤 것들이 있을까?

누가 노인들을 돌볼까요?

1. 모든 사람은 나이를 먹게 돼요. 우리 모두는 계속해서 나이를 더 먹게 되지요.
2. 나이가 들면 젊었을 때 할 수 있었던 것처럼 뛰어다닐 수 없어요. 나이 드신 분들에게는 걸어 다니는 것이 힘들 때도 있답니다. 어떤 분은 지팡이를 짚어야 해요.
3. 나이 드신 분들은 예전처럼 눈이 좋지 않아서 안경이 필요하시기도 하지요. 잘 듣지 못하실 수도 있어요.
4. 그래서 나이를 먹는 것은 좋은 것만은 아니에요. 그렇지만 모두 나쁜 것은 아니지요.

젊은 사람들과 나이든 사람들은 서로에게 줄 수 있는 것이 많아요.

5. 나이 드신 분들과 함께 지내는 것도 괜찮지요. 그분들은 우리를 돌봐 주시죠. 우리에게 이야기를 해 주시면 재미있어요.
6. 우리가 슬플 때 위로도 해 주세요. 같이 놀아 주시고 동화책도 읽어 주실 수 있어요. 우리와 함께 지내시는 걸 좋아하세요.
7. 그렇지만 시끄럽거나 소란스럽게 하면 안 된다는 걸 알아야 해요.
8. 나이 드신 분들 중 어떤 분들은 도움이 필요해요. 그분들을 위해 할 수 있는 것이 많이 있어요. 청소를 하고 정리를 해 드릴 수 있어요. 마실 것을 만들어 드릴 수 있어요.
9. 때대로 나이 드신 분들은 쓸쓸해 보일 때가 있어요. 아무도 돌봐 드릴 사람이 없을 때 그렇지요.

바로 그때가 정말 도움을 드릴 수 있을 때이지요.

10. 나이는 별 문제가 아니지요. 우리 모두는 함께 있으니까요.

♣ 출처 : Child's Play(International) Ltd., Pam Adams 그림.

〈그림자료〉

우리 가족이 하는 일

활동목표 가족이 하는 일을 안다.

활동자료 장갑인형, 가족이 하는 일 그림

활동과정

1. 장갑인형을 끼고 가족의 역할 그림을 붙이며 이야기해 본다.
2. 유아들이 장갑인형을 끼고 극놀이를 한다.

〈응용활동〉

· 원뿔인형 만들기 – 가족 구성원을 원뿔인형으로 만들어 본다.

III. 이웃과 더불어 생활하기

6. 예절 바르게 생활하기
7. 다른 사람을 이해하고 존중하기
8. 질서와 규칙지키기
9. 두레의 소중함을 알고 협력하기

6. 예절 바르게 생활하기

하위 내용	수준별 내용	
	I	II
6. 예절 바르게 생활하기	· 정직하게 말하고 행동한다.	
	· 친구와 어른께 바르게 인사한다.	
	· 도움을 받거나, 잘못했을 때 표현하는 말을 한다.	· 도움을 받거나, 잘못했을 때 적절한 말과 태도로 표현한다.
	· 옷차림을 바르게 한다.	

하루 중에 언제 인사하나요

활동목표 때에 따라 바른 자세로 인사한다.

활동자료 동시 '아침 저녁', 손가락 인형(엄마, 아빠, 햇님, 나팔꽃, 달님, 분꽃)

아침 저녁

엄마 보고 안녕, 아빠 보고 안녕
아침 일찍 깨어 햇님 보고 안녕
나팔꽃도 일어나 우리 보고 안녕
엄마 보고 안녕, 아빠 보고 안녕
잠자리에 들 때 달님 보고 안녕
분꽃들도 졸면서 우리 보고 안녕

활동과정

1. 동시를 읽어 준다.
2. 손가락 인형을 끼고 다시 한 번 들려준다.
3. 아침에 일어나서 저녁에 잠들 때까지 부모님께 어떤 인사를 했는지 경험한 것을 이야기해 보도록 한다.
4. 유아가 말한 것 외에 또 언제 인사해야 하는지 알려 준다(아침에 일어나서, 잠자기 전에, 외출하기 전에, 집에 돌아와서, 식사 후에 인사하기).

유의사항 손가락 인형을 사용할 때 1절에 해당하는 엄마, 아빠, 햇님, 나팔꽃 인형을 끼고 오른손에 유아 인형 하나를 끼고 동시 내용을 표현한 다음 2절을 읽을 때는 햇님은 달님으로 나팔꽃은 분꽃으로 바꾸어 끼고 읽어 준다.

인사를 하면 즐거워요

활동목표 인사말의 종류를 알고 즐겁게 인사한다.
상황과 대상에 따른 인사말의 종류를 안다.
상황과 대상에 따라 적절한 인사말을 사용한다.

활동자료 게임판, 큰 윷 2개(두루마리 휴지를 다 쓴 다음 두루마리를 1/2로 잘라 반원의 큰 윷을 만들어 준다)

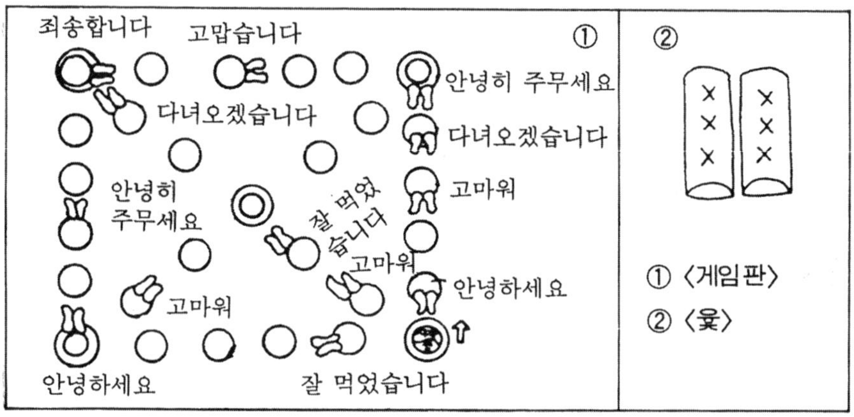

활동과정

1. 4명이 할 수 있는 게임이다(2명이 짝이 된다).
2. 짝끼리 '시작'선에 서서 누가 윷을 던질 것인가를 정한다.
3. 윷을 던지기로 결정된 두 사람은 순서를 정한다.
4. 윷을 던진다.
5. 나온 수만큼 간다.
   - 3칸 앞으로 간다.
   - 2칸 앞으로 간다.

- 1칸 앞으로 간다.

6. 그림 있는 곳에 가면 그 그림에 알맞는 말을 한다.
7. 인사를 말로 하지 않으면 1칸 뒤로 간다.
8. 큰 원 ◎에 오면 가고 싶은 방향으로 갈 수 있다.
9. '끝'에 도착하면 게임은 끝난다.

유의사항

1. 상황 그림이 보일 수 있도록 발바닥은 상황 그림판에 걸쳐서 붙인다.
2. 상황 그림 밑에 알맞은 인사말을 적어 줄 수 있다.

어른께는 존대말해요

활동목표 어른께 적절한 존대말을 쓴다.

활동자료 가족이나 친척 중에 어른을 나타낸 그림카드 6~10장.

활동과정

1. 교사는 준비된 카드를 융판 위쪽부터 붙이면서 명칭을 유아와 함께 말한다.
2. 우리 집에 어른은 누가 계신지 이야기하고 적절한 카드를 골라 유아가 아래쪽에 붙이도록 한다.
3. 우리 집에 함께 살고 있지는 않지만 친척 중에 어른은 어떤 분이 계신지 이야기하고 적절한 카드를 골라 붙이도록 한다.
4. 어른들께 이야기할 때는 어떻게 말해야 하는지 상황을 만들어 이야기해 보도록 한다(예 간다, 온다, 밥 먹는다, 잠 잔다 등).
5. 어른들이 말씀하실 때 하고 싶은 이야기가 있으면 어떻게 해야 하는지 경험을 이야기해 보도록 한다(어른들이 말씀하실 때는 급한 일이 아니면 말씀이 다 끝나기를 기다렸다 해야 함을 알게 한다).

참 고맙습니다

활동목표 감사할 것들을 알고 '고맙습니다'란 인사를 한다.

활동자료 동화 '참 고맙습니다'

참 고맙습니다

여기는 철수와 영희네 집입니다.
영 희 : "어휴 추워. 오빠 점점 쌀쌀해진다."
철 수 : "정말이야, 내일부터는 따뜻한 옷을 입고 나가야겠어."
영 희 : "와! 사과다. 바나나, 귤, 배도 있는데? 오빠 빨리 먹자."
철 수 : "잠깐만! 엄마한테 고맙다는 인사를 먼저 하고 먹어야지."
영 희 : "아! 맞아 내가 엄마를 부를게 엄마! 엄마!"
부엌에서 일하시던 엄마는 영희의 소리를 듣고 나오셨습니다.
철수 · 영희 : "엄마! 고맙습니다."
엄 마 : "아니, 뭐가 고마워."
철 수 : "이렇게 맛있는 과일을 우리에게 주셨잖아요."
엄 마 : "아! 그건 과일가게 아줌마 덕분이란다."
영 희 : "아이, 그럼 어떻게 하지?"
철 수 : "그럼, 과일가게 아줌마한테 인사하러 가자."
철수와 영희는 집을 나와 과일가게 아줌마한테 갔습니다.
철수 · 영희 : "아줌마 고맙습니다."
아줌마 : "아니, 뭐가 고마워."
철 수 : "저희에게 이렇게 맛있는 과일을 주셨잖아요."
아줌마 : "아! 그건 운전사 아저씨 덕분이란다."
영 희 : "왜요?"
아줌마 : "운전사 아저씨가 과일을 운반해 주시거든."
철 수 : "그럼 과일을 운반해 주시는 아저씨를 찾아야겠다."
철수와 영희는 운전사 아저씨를 찾아다녔습니다. 그 때 가게와 멀지 않은 곳에서 과일을 운반하시는 트럭운전사 아저씨를 만났습니다.

철수 · 영희 : "아저씨 고맙습니다."
운전사 : "아니, 뭐가 고마워?"
철 수 : "우리에게 맛있는 과일을 운반해 주셨잖아요."
운전사 : "아 그건 과수원 아저씨 덕분이란다."
철 수 : "왜요?"
운전사 : "과수원 아저씨가 나무를 심고 가꾸시거든."
철 수 : "그래요? 하지만 과수원을 어떻게 찾아가죠?"
운전사 : "마침, 과수원에 가는 길이니 내 차를 타거라."

철수와 영희는 아저씨가 태워 준 차를 타고 과수원을 갔습니다. 과수원은 넓고 나무들도 참 많았습니다. 철수와 영희는 농부 아저씨를 찾았습니다.

철수 · 영희 : "농부 아저씨! 고맙습니다."
농 부 : "아니, 뭐가 고마워?"
철 수 : "우리에게 맛있는 과일을 주셨잖아요."
농 부 : "아! 그건 하나님 덕분이란다."
영 희 : "왜요?"
농 부 : "하나님이 따뜻한 햇빛과 물과 시원한 바람을 주셨기 때문에 내가 맛있는 과일을 가꿀 수 있는 것이란다."
영 희 : "그럼 오빠! 하나님께 감사를 드리자."
철 수 : "하지만 어떻게 감사를 드리지요?"
농 부 : "너희가 하나님께 기도를 드리면 어떻겠니?"
영 희 : "그래, 오빠 기도를 드리자."
철수 · 영희 : "하나님 감사합니다. 따뜻한 물과 시원한 바람을 주셔서 정말 감사합니다."

활동과정

1. 동화를 들려준다. 가능하면 테이블 동화로 들려주는 것이 더욱 효과적이다.
2. 구연 동화를 듣고 극화 활동을 할 수도 있다.

예의바른 코끼리 엘리

활동목표 사람들은 예의바른 행동을 좋아함을 안다.

활동자료 동화 '예의바른 코끼리 엘리'

활동과정

1. 동화를 들려준다.
2. 동화 감상 후 그림을 통해 바른 인사법을 다시 익혀 본다.
3. 장면에 따라 극화놀이를 유도한다.

유의사항 낱장으로 그림을 그려서 책으로 묶어 도서 코너에 비치한다.

예의바른 코끼리 엘리

(1) 모든 사람이 예의바른 코끼리 엘리를 무척 좋아합니다. 그는 항상 점잖게 행동하고 말합니다.

엘리는 버스 정거장에서 버스를 기다릴 때 줄을 서서 자기 차례를 지킨답니다. 엘리는 결코 앞사람을 밀거나 새치기하지 않아요.

(2) 버스가 혼잡할 때, 엘리는 어린아이나 나이 많은 할머니, 할아버지께 자리를 양보합니다.

"하마 할머니, 앉으세요."

(3) 친구집에 갈 때에는 어머니에게 어디에 놀러가는지를 말씀드리고 갑니다.
"어머니, 찍찍이네 집에 놀러갔다 올께요."
친구집에 도착한 엘리는 문 앞에 달려 있는 벨을 누르고 잠시 기다립니다. 친구 어머니가 문을 열고 나오시면 모자를 벗고 공손하게 인사를 합니다.

(4) 엘리는 멋진 손님입니다. 엘리는 친구 찍찍이와 재미나게 놀이를 해요. 놀잇감도 어지럽히지 않고 잘 정돈하지요.

(5) 집에 갈 시간이 되면 엘리는 친구와 친구의 부모님께 인사하고 가지요.
"잘 놀았습니다. 안녕히 계십시오."

(6) 밖에서 돌아온 엘리는 손과 발을 깨끗하게 씻어요.

(7) 식탁에서는 똑바로 앉지요. 식탁에서 옆사람에게 무엇을 집어 달라고 할 때에는 "미안하지만, 소금을 집어 주세요."하고 말합니다. 남이 도와 주었을 때는 항상 "고맙습니다."라고 말하지요.

(8) 엘리는 친구가 집에 놀러오면, 문 앞에서 친구를 반갑게 맞으며 "안녕! 어서 와."하고 말합니다.

(9) 엘리는 부모님께 소개한답니다.
"어머니, 친구가 왔어요."

(10) 엘리는 좋은 놀이친구랍니다. 친구와 장난감을 나누어 가지고 놀 때는 조심스럽게 다룹니다.

(11) 친구가 집에 돌아가려고 하면, 엘리는 문 앞까지 나가서 친구들에게 말합니다.
"너희들이 와서 참 재미있게 놀았어. 잘 가!"

(12) 만약 누구든지 이 예의바른 코끼리 엘리를 만난다면, 엘리는 "안녕!"하며 멋지게 인사를 하겠지요.

손님 오신 날

활동목표 손님이 오셨을 때 내가 할 수 있는 바람직한 행동을 알고 실천한다.

활동자료 소꿉영역(거실 또는 안방 분위기로 꾸미기)

활동과정

1. 우리 집에 손님이 오시면 어디로 모시는지 유아들과 이야기 나눈다.
2. 손님이 오셨을 때 나는 어떤 일을 했는지 말해 본다.
   (예 나가 놀기, 심부름하기, 함께 앉아 있기, 손님께 인사하기 등)
3. 손님이 오셨을 때 내가 할 수 있는 일을 알아본다.
   (예 오실 때 가실 때 인사하기, 손님이 돌아가실 때 편히 신으실 수 있도록 신을 돌려 놓기, 옷 받아서 걸어 놓기, 더울 때 부채 갖다 드리기, 과일 대접하기, 손님과 이야기 나누시는 동안 조용히 앉아서 듣기 등)
4. 손님이 오셨을 때 내가 할 수 있는 일을 소꿉영역에서 실제로 극화해 본다.

유의사항

1. 가능하면 소집단으로 한다. 정리 정돈할 때 소꿉영역을 극화할 수 있도록 꾸민다.
2. 손님이 오셨을 때 내가 할 수 있는 일을 그림으로 그려 본다.

7. 다른 사람을 이해하고 존중하기

하위 내용	수준별 내용	
	I	II
7. 다른 사람을 이해하고 존중하기	· 친구와 사이좋게 지낸다.	
	· 사람은 서로 다르다는 것을 안다.	· 사람의 서로 다른 점을 존중하며 함께 지낸다.

코끼리와 원숭이

활동목표

1. 다른 사람의 좋은 점을 인정할 수 있다.
2. 친구와 사이좋게 지내는 마음을 가질 수 있다.

활동자료 동화 '코끼리와 원숭이'와 손가락 인형

활동과정

1. 동화를 구연이나 손가락 인형으로 해 본다.
2. 동화를 듣고 난 느낌을 이야기해 본다(코끼리와 원숭이가 왜 서로 훌륭하다고 했을까? 등).

유의사항 자기의 잘난 점을 내세우는 것보다는 남의 좋은 점도 칭찬할 줄 알게 한다.

코끼리와 원숭이

깊은 산 속에서 코끼리와 원숭이가 만났습니다. 코끼리가 원숭이에게 말했습니다.
"난 말이야, 몸집도 크고 힘도 세다고, 그리고, 나는 코로 뭐든지 집어 올릴 수도 있다구" 하며 뽐냈습니다. 원숭이도 질세라 말했습니다. "나의 손은 사람 손처럼 뭐든지 잡을 수

있단 말야. 더구나 난 나무타기도 잘 한다구." 서로 '자기가 더 훌륭하다'고 하며 뻐겨댔습니다. 그러다가, "그렇다면, 건너편에 있는 산에까지 달리기 시합을 해서 이기는 쪽이 더 훌륭하다"고 하기로 약속했습니다.

준비! 땅! 하여 함께 내닫기 시작했습니다. 수풀 건너편에는 커다란 강이 있었습니다. 코끼리는 태연하게 강물 속을 걸었습니다. 원숭이는 조그만 나무통에 탔습니다. 그리고는 손으로 물을 저으며 강을 건너 갔습니다. 강의 한가운데까지 왔을 때, 원숭이가 타고 있던 통나무가 뒤집어져 버렸습니다. 원숭이는 물 속에 빠져서 허우적거렸습니다.

그러자, 코끼리가 길다란 코로 원숭이를 붙잡아 자기의 등에 태웠습니다.

강을 건너자, 코끼리는 원숭이를 내려 놓고 다시 성큼성큼 달려갔습니다. 어찌나 열심히 달렸던지 코끼리는 배가 고파졌습니다. 그 때, 바나나 나무가 앞에 나타났습니다. 코끼리는 긴 코를 뻗어 바나나의 열매를 따려고 했습니다. 그렇지만, 아무리 코를 휘둘러도 딸 수가 없었습니다.

그 때, 원숭이가 달려왔습니다. 원숭이는 금새 쪼르르 나무를 타고 올라갔습니다. 그리고는 "코끼리 형, 아깐 정말 고마웠어. 그 보답이야" 하며 커다란 바나나송이를 자꾸자꾸 던져 주었습니다. 코끼리는 나무 밑에서, 원숭이는 나무 위에서 바나나를 맛있게 먹었습니다.

배가 잔뜩 불렀을 때 코끼리가 말했습니다. "원숭이군! 자네가 나보다 훌륭하이!" 그러자 원숭이가 말했습니다. "코끼리 형이 훌륭해. 코끼리 형은 아까 나를 구해 주었는 걸!" 코끼리와 원숭이는 마주 보며 웃으며 서로 칭찬했습니다.

달리기 시합은 그만두기로 하였습니다. 코끼리는 원숭이를 등에 태우고 돌아왔습니다.

무지개 물고기

활동목표

1. 동화를 듣고, 느낌을 표현할 수 있다.
2. 친구의 소중함을 안다.

활동자료 자석동화(바닷속 풍경판과 물고기들)

활동과정

1. 동화를 들려준다.
   · 동화의 내용에 따라 물고기들을 붙였다 떼었다 한다.
2. 동화의 내용에 대한 이야기를 나눈다.
   · 무지개 물고기는 다른 친구 물고기들과 사이좋게 지냈니?
   · 다른 물고기들은 무지개 물고기를 왜 피해 다녔을까?
   · 어떻게 해서 무지개 물고기는 친구들과 사이좋게 어울리게 되었니?
3. 유아들의 경험에 관하여 이야기를 나눈다.
   · 무지개 물고기처럼 친구들에게 뽐낸 적이 있었니?
   · 무엇으로 뽐을 내었니?
   · 다른 친구들의 기분은 어땠을까?
   · 만약, 다른 친구가 무지개 물고기처럼 한다면 어떻게 도와줄 수 있을까?
4. 친구와 사이좋게 지내는 방법에 대하여 알아본다.
   · 친구들과 사이좋게 지내려면 어떻게 해야 할까?

무지개 물고기

저 멀리, 깊고 푸른 바다에 물고기 한 마리가 살고 있었어요. 그 물고기는 보통 물고기가 아니라 온 바다에서 가장 아름다운 물고기였어요. 파랑, 초록, 자줏빛 비늘 사이사이에 반짝반짝 빛나는 은비늘이 박혀 있었어요.

다른 물고기들도 그 물고기를 보고 부러워했어요. 다른 물고기들은 그 물고기를 무지개 물고기라고 불렀어요. 다른 물고기들이 무지개 물고기를 불렀어요. "얘, 무지개 물고기야. 이리 와서 우리랑 놀자!" 하지만 무지개 물고기는 대꾸도 없이 잘난 척 비늘을 반짝이며 휙 지나가 버렸어요.

어느 날, 파란 꼬마 물고기 한 마리가 무지개 물고기를 뒤따라 왔어요. 파란 꼬마 물고기는 무지개 물고기를 불러 세웠지요. "무지개 물고기야, 잠깐만 기다려 봐! 네 반짝이 비늘 한 개만 줄래? 네 반짝이 비늘은 정말 멋있구나. 너한테는 굉장히 많잖아."

그러자 무지개 물고기는 소리를 질렀어요. "내가 가장 아끼는 건데 널 달라고? 네가 뭔데 그래? 저리 비켜!" 파란 꼬마 물고기는 깜짝 놀라서 도망가 버렸어요. 그 뒤로는 아무도 무지개 물고기랑 놀려고 하지 않았어요. 무지개 물고기가 다가오면 모두들 자리를 피해 버렸어요.

아무도 예쁘다고 보아 주지 않는데, 반짝이는 비늘이 있어 봐야 무슨 소용이 있겠어요? 이제 무지개 물고기는 불가사리 아저씨에게 고민을 털어놓았어요. "나는 정말로 예쁘잖아요. 그런데 아무도 나를 좋아하지 않아요. 왜 그럴까요?" 불가사리 아저씨가 말했어요. "나는 그런 질문에는 대답해 줄 말이 없구나. 산호초 뒤에 있는 깊은 동굴에 가면 문어 할머니를 만날 수 있을 거다. 어쩌면 문어 할머니가 널 도와줄지 모르지."

무지개 물고기는 동굴을 찾아갔어요. 동굴은 너무나 껌껌해서 아무것도 보이지 않았어요. 그런데 갑자기 눈동자 두 개가 무지개 물고기 쪽을 향해 반짝하더니, 껌껌한 데서 문어 할머니가 나타났어요.

문어 할머니는 낮은 소리로 "널 기다리고 있었다. 파도가 벌써 네 이야기를 전해 주더구나. 내가 널 도와주마. 네 비늘을 다른 물고기에게 한 개씩 나누어 주어라. 그럼 넌 바다에서 가장 아름다운 물고기가 되진 못하겠지만, 지금보다 훨씬 행복해 질거야." 라고 말했어요.

"싫어……." 무지개 물고기가 막 말을 꺼내려는데, 문어 할머니는 벌써 까만 먹물을 내뿜고 사라졌어요. '내 비늘을 나눠 주라고? 이렇게 예쁜 비늘을? 안 돼. 비늘이 없으면 난 행복하게 살 수 없는걸.'

무지개 물고기는 갑자기 꼬리지느러미 쪽에서 물결이 살랑이는 것을 느꼈어요. "파란 꼬마 물고기가 돌아왔네!" 파란 꼬마 물고기는 "제발 화내지 마! 난 그냥 작은 비늘 한 개만 가지고 싶었을 뿐이야." 무지개 물고기는 마음이 흔들렸어요. '아주아주 조그만 반짝이는 비늘 딱 한 개 뿐인데, 뭘. 한 개쯤은 없어도 괜찮을 거야.'

무지개 물고기는 조심스럽게 가장 작은비늘 한 개를 뽑아서 파란 꼬마 물고기에게 주었어요. “고마워! 정말 고마워!” 파란 꼬마 물고기는 좋아서 물거품을 보글보글 내뿜으며 반짝이 비늘을 파란 비늘 사이에 끼웠어요. 무지개 물고기는 기분이 좋아졌어요. 무지개 물고기는 파란 꼬마 물고기가 반짝이 비늘을 달고 뒤로 헤엄치는 모습을 한동안 가만히 지켜 보았어요.

파란 꼬마 물고기는 비늘을 반짝이면서 바다 속을 쉭쉭 헤엄쳐 돌아다녔어요. 그러자 다른 물고기도 무지개 물고기 주변으로 몰려들었어요. 자기들도 반짝이 비늘을 가지고 싶었거든요. 무지개 물고기는 반짝이 비늘을 뽑아서 나누어 주었어요. 그런데 이상하게도 반짝이 비늘을 하나씩 하나씩 뽑아서 나누어 주면 줄수록 기쁨이 더욱 커졌답니다. 무지개 물고기를 둘러싼 바다는 반짝이 비늘로 가득해졌어요. 무지개 물고기는 이제 다른 물고기들과 함께 행복하게 재낼 수 있게 되었 어요.

마침내 무지개 물고기에게는 반짝이 비늘이 하나밖에 남지 않게 되었어요. 다른 물고기들이 무지개 물고기를 불렀어요. “무지개 물고기야, 이리 와. 이리 와서 우리랑 같이 놀자!” “그래, 곧 갈께.” 무지개 물고기는 기분이 좋아서 물을 첨벙거리며 친구들한테 헤엄쳐 갔대요.

♣ 출처 : 마르쿠스 피스터(1994). 무지개 물고기, 시공사.

〈그림자료〉

어떻게 해야 할까?

활동목표

1. 다른 사람의 감정을 이해한다.
2. 문제를 인식하고 해결할 수 있다.

활동자료 그림자료

활동과정

1. 우리들이 느낄 수 있는 기분에는 어떤 것들이 있는지 이야기한다.
   · 선물을 받았을 때 기분이 어땠어요?
   · 그럼, 꾸중을 들었을 때는 기분이 어땠어요?
   · 친구들과 함께 놀 때는 어떤 기분일까?
2. 그림 ①-1과 ①-2 를 보며 이야기를 나눈다.
   · 민수는 왜 가만히 앉아 있을까?
   · 민수는 어떻게 해야 할까?
   · 은지의 마음은 어떨까?
   · 민경이는 어떻게 해야 할까?
   · 은지, 민경, 민수에게 어떤 말을 해 주고 싶니?
3. 그림 ②-1과 ②-2 를 보며 이야기를 나눈다.
   · 지수는 왜 혼자 서 있을까?
   · 지수의 마음은 어떨까?
   · 친구들은 지수를 어떻게 도와줄 수 있을까?
   · 지수에게 어떤 말을 해 주고 싶니?
4. 그림 ③-1과 ③-2를 보며 이야기를 나눈다.
   · 민석이는 어떻게 해야 할까?
   · 정우와 혁수는 어떻게 했을까?

〈그림자료〉

①-1

은지가 인형, 아기침대를 가지고 놀고 있다.
민수는 그냥 앉아 있다.
민경이는 장남감차를 가지고 놀고 있다.

①-2

민수는 장난을 치며 은지의 머리를 잡아 당겼다.

②-1

지수는 새로 이사를 왔다.
지수도 이삿짐 나르는 것을 돕고 있다.

②-2

놀이터에서 정미와 경식이가 그네를 타고 있다.
시소타는 아이들이 재미있게 노는 모습을 지수는 바라보고 있다.

③-1

민석이는 블록들을 가지고 멋진 다리를 만들고 있다.

③-2

다리 위를 달리고 있는 자동차가 필요했는데, 옆에서 정우와 혁수가 자동차를 가지고 놀고 있다.

좋아하는 것이 서로 달라요

활동자료

1. 그림자료
2. 만화 영화를 나타내는 그림(종류별로)
3. 각 유아의 사진과 이름이 적힌 이름표

활동목표 사람마다 좋아하는 것이 다를 수 있음을 알고, 그 사실을 인정하며 존중해 줄 수 있다.

활동과정

1. 교사는 유아들에게 준비한 그림 자료를 제시하면서 다음의 상황을 이야기해 준다.

   효정이와 재호는 서로 재미있는 프로그램(만화 영화)에 대해 이야기를 나누다 다투게 되었습니다.

효 정 : '인어 공주'가 제일 재미있어.
재 호 : '인어 공주'가 뭐가 재밌냐? '요술쟁이 할머니'가 더 재미있어.
효 정 : 너, '인어 공주' 보기나 했어?
재 호 : 그래, 나도 많이 봤는데, 재미가 하나도 없더라.
효 정 : 피, 텔레비전에서만 봤지? 나는 엄마, 아빠하고 극장에 가서도 봤다.
재 호 : 이 바보야, 우리 아빠가 그러시는데 '요술쟁이 할머니'가 더 재미있다고 그러셨어. 우리 아빠는 모르는 거 하나도 없다.
효 정 : 너, 나보고 바보라고 그랬지? 우리 엄마, 아빠한테 이를 거야!
재 호 : 그래, 일러 봐라. '요술쟁이 할머니'가 더 재미있지! 끼끼…….

2. 교사는 다음과 같은 질문을 한다.
   - 효정이와 재호는 왜 다투게 되었을까?
   - 이런 경우에 '인어 공주'가 더 재미있는지 '요술쟁이 할머니'가 더 재미있는지 결정할 수 있을까?
   - 이 두 가지 말고 재미있는 만화 영화가 또 없을까?

· 그래, 재미있는 만화 영화가 참 많구나!

그럼, 우리 친구들의 생각이 서로 같은지 다른지 한 번 알아보면 어떨까?

3. 교사는 각 프로그램별로 대표적 장면을 그림으로 그려 방의 여러 곳에 띄엄띄엄 붙여 놓은 후, 유아들에게 각자 자기가 좋아하는 프로그램의 그림 앞에 가서 서 보도록 한다.
   · 또, 텔레비전 프로그램을 그래프로 만들어서 각 유아들로 하여금 자기 사진과 이름이 적힌 이름표를 좋아하는 프로그램란에 붙여 보도록 한다.
   · 그래프를 보며 자기가 선택한 프로그램이 재미있는 이유에 대해 이야기할 수 있는 기회도 가진다.
4. 교사는 "좋아하는 만화 영화를 조사해 보니 참 여러 가지 다른 생각이 있구나.", "그럼, 이 중에서 어느 한 가지만 가장 재미있다고 결정할 수 있을까?", "왜 결정할 수 없을까?", "ㅁㅁ는 맞고 ㅁㅁ는 틀리다고 할 수 있을까?"와 같은 질문을 통해 서로 다른 여러 가지 생각들이 있을 수 있다는 것과, 그것들이 각각 인정되고 존중되어야 함을 깨닫게 한다.
5. 교사는 "자, 이제 얘기해 보자. 아까 처음에 나왔던 효정이와 재호의 말다툼에서, 만약 효정이가 '인어 공주가 제일 재미있어.'라고 말한다면 재호(나)는 뭐라고 자기의 생각을 이야기할 수 있을까?"와 같은 질문을 통해서 다양성을 수용하는 태도(예 : '응, 너는 인어 공주가 재미있구나, 나는 요술쟁이 할머니가 재미있어.' 등)를 격려한다.
6. 다른 범주(좋아하는 음식, 꿈(희망), 동물, 동화책, 놀이, 악기 등)에 대해서도 각각 조사해 보고, 다양성에 대해 경험하고 탐색해 보게 한다.

유의사항

1. 조사 활동 자체보다는 조사하는 가운데 유아들이 사람들의 저마다 다른 기호와 생각들에 대해 경험하고 깨닫는 일이 중요하며, 또 서로 다른 기호에 대해 단순히 아는 것 이외에 그것을 좋아하는 각자의 이유를 충분히 들어봄으로써 그것을 하나의 관점으로 존중하도록 유도하는 것이 중요하다.
2. 만약 유아들이 압도적으로 많이 좋아하는 한 프로그램이 있다면 그것이 가장 인기 있는 프로그램이라고 말할 수는 있다는 점을 이야기해 준다.

8. 질서와 규칙지키기

하위 내용	수준별 내용	
	I	II
8. 질서와 규칙 지키기	· 다른 사람과 한 약속을 지킨다.	
	· 질서를 지켜야 함을 안다.	· 질서를 지킨다.
	· 공공장소에서 지켜야 할 규칙을 알고 지킨다.	

유치원에서 안전하게 놀아요

활동목표

1. 유치원에서 지켜야 할 약속에 대하여 안다.
2. 유치원 시설물을 안전하게 사용하는 방법을 안다.

활동자료 그림자료

활동과정

1. 교실에서 일어날 수 있는 문제 상황에 대하여 이야기를 나눈다.
   · 놀잇감을 가지고 놀다가 어떤 일들이 일어날 수 있을까?
   · 문제가 발생하지 않으려면 어떻게 해야 할까?
2. 안전하지 않은 상황에 대한 그림자료를 보면서 이야기를 나눈다.
   · 창틀에 올라간 그림
     – 이 친구가 지금 무엇을 하고 있는 그림일까?
     – 이 친구가 다음에는 어떻게 되었을까?
     – 왜 친구가 위험하다고 생각하니?
   · 가위를 휘두르는 그림
   · 바닥에 미끄러지는 그림
   · 블록을 던지는 그림
   · 거북을 만지는 그림
   · 의자에서 장난치는 그림
   · 문고리에 부딪히는 그림
   · 조명등이 깨지는 그림
3. 안전한 상황에 대한 그림자료를 보면서 이야기를 나눈다.
   · 우산을 바르게 꽂는 그림
   · 놀잇감을 바르게 사용하는 그림
   · 의자에 바르게 앉는 그림
   · 의자를 바르게 드는 그림

· 비를 바르게 사용하는 그림
· 줄을 서서 손을 씻는 그림
· 가위를 안전하게 꽂는 그림
· 계단을 바르게 올라가는 그림

4. 정리 정돈에 대한 이야기를 나눈다.
· 놀잇감이 바닥에 많이 있으면 어떻게 될까?
· 가지고 놀지 않는 장남감은 어떻게 하는 것이 좋을까?

〈그림자료〉

우산을 바르게 꽂는 상황

놀잇감을 바르게 사용하는 상황

의자에 바르게 앉는 상황

의자를 바르게 드는 상황

비를 바르게 사용하는 상황

줄서서 손씻는 상황

가위를 안전하게 꽂는 상황

계단을 바르게 오르는 상황

창틀에 올라간 상황

가위를 휘두르는 상황

미끄러지는 상황

블록을 던지는 상황

거북을 만지는 상황

의자에서 장난치는 상황

문고리에 부딪히는 상황

조명등이 깨지는 상황

♣ 출처 : 유아안전교육(1997), 한국어린이육영회연수원.

함께 사용해요

활동목표

1. 공중시설을 아끼는 태도를 기른다.
2. 여러 사람이 함께 사용하는 물건을 소중히 다룬다.

활동자료 그림자료, 얼굴표정 카드

활동과정

1. 공중시설에 대하여 알아본다.
   · 공중시설이란 무엇일까?
   · 무엇을 공중시설이라고 할까?
   · 공중시설에는 어떤 것들이 있을까?
   · 공중시설이 없다면 어떻게 될까?
2. 그림 자료를 보며 바른 사용방법을 알아본다.
   · 1-1과 1-2의 그림 중 어떤 것이 바르게 사용하는 것일까?
   · 왜 그렇게 생각했니?
   · 어떤 얼굴표정 카드를 붙여 주어야 할까?
   -바르게 사용한 그림에는 웃는 얼굴카드, 바르지 못한 그림에는 찡그린 얼굴카드
   · 2-1과 2-2의 그림 중 바르게 사용한 것은 어떤 것일까?
   · 그림 2-1과 같이 행동한 적이 있었니?
   · 그림 3-1과 3-2는 어떤 장소일까?
   · 목욕탕에서는 어떻게 행동해야 할까? 바르게 사용한 그림에 얼굴카드를 붙여 보자.
   · 왜 3-1처럼 행동하면 안 될까?
   · 그림 4-1과 4-2는 어떤 상황이니?

· 바르게 행동한 그림에 얼굴카드를 붙여 보자.

바르지 않게 사용하는 그림	바르게 사용하는 그림
1-1 : 엘리베이터에서 여러 층의 버튼을 누르는 그림	1-2 : 엘리베이터에서 한 층의 버튼만 누르는그림
2-1 : 공중화장실에서 벽에 낙서하는 그림	2-2 : 공중화장실에서 휴지를 휴지통에 넣는 그림
3-1 : 목욕탕에서 물장난하는 그림	3-2 : 목욕탕에서 조용히 목욕하는 그림
4-1 : 대중음식점에서 뛰어다니는 그림	4-2 : 식탁에 앉아 바르게 식사하는 그림

3. 공중시설 사용에 대한 이야기를 나눈다.
  · 여럿이 함께 사용하는 공중시설은 어떻게 사용하여야 할까?
  · 함부로 사용하면 어떻게 될까?

〈그림자료〉

그림 1-1

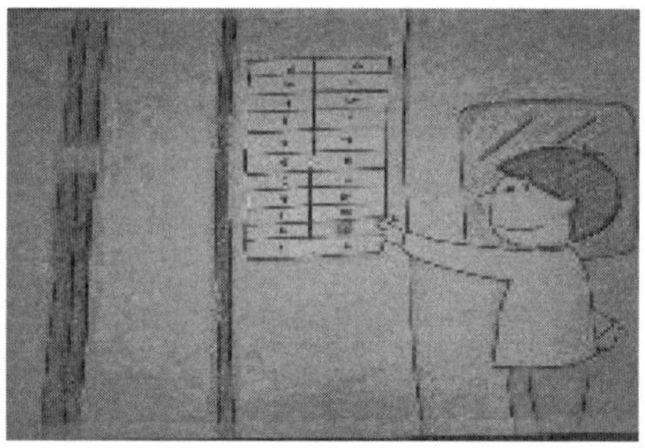

그림 1-2

그림 2-1

그림 2-2

그림 3-1

그림 3-2

그림 4-1

그림 4-2

얼굴카드

규칙 만들기

활동목표

1. 필요한 규칙을 함께 정해 본다.
2. 욕구를 조절하여 정해진 규칙을 지키는 습관을 기른다.

활동자료 코팅된 메모판, 매직펜

활동과정

1. 운동경기(예 : 축구)를 해본 후 이야기 나눈다.
   · 어떤 운동을 했니 ?
   · 기분은 어땠니 ?
   · 속상했던 일이 있었니 ?
   · 왜 속상했니 ?
   · 어떻게 했으면 좋겠니 ?
2. 교실에서 모든 친구들이 즐겁게 놀이하려면 어떻게 해야 할지 알아본다.
   · 소집단을 구성한다.
   · 소집단별로 교실에서 즐겁게 놀이하기 위한 규칙을 정해 본다.
   · 정해진 규칙을 코팅된 메모판에 매직펜으로 쓰거나 그려 본다.

   (예) -천천히 걸어다녀요./-놀잇감은 제자리에서 가지고 놀아요.
   -작은 소리로 말해요. / -친구랑 같이 해요. / -책상 위에 올라가지 않아요. 등).
3. 토의 결과물을 친구들에게 집단별로 소개하며 필요한 규칙을 알아본다.
4. 유아들과 게시할 장소를 정한 후 그곳에 붙여 두고 잘 지키도록 한다.

유의사항

1. 그룹별로 각 흥미영역에서 지켜야 할 규칙을 만들어 보도록 할 수 있다.
2. 생활하면서 지켜야 될 규칙이 새로 생기거나 수정해야 할 규칙이 생길 경우 수정하고 첨가할 수 있도록 배려한다.

간식시간의 규칙

활동목표

1. 함께 생활하면서 지켜야 할 약속을 한다.
2. 여럿이 결정한 약속을 꼭 지켜야 함을 안다.

활동자료 간식차, 접시, 컵, 간식표, 간식시간의 규칙이 그려진 표

활동과정

1. 유아들에게 정해진 시간 안에 자유로이 간식을 먹도록 할 때 교사는 사전에 유아들과 함께 간식시간에 지켜야 할 규칙에 대하여 토의해야 한다.
2. 간식차를 가져다 놓고 교사가 시범을 보이며 유아들로 하여금 생각하고 행동하게 한다.
   · 간식을 먹기 전에 손을 씻는다.

· 간식차로 가서 접시에 간식을 담는다.
  -매일 간식의 양을 그림이나 실물로 표시해 둔다.
  -정해진 양보다 적게 먹을 수는 있으나 더 먹을 수는 없다. 왜 그럴까?
  -음식을 한꺼번에 많이 담지 않는다. 왜 그럴까?
· 간식책상으로 가서는 의자에 바로 앉아 먹는다.
  -음식이 입에 있는 동안은 이야기하지 않는다.
  -음식을 들고 이리저리 다니지 않는다.
· 간식을 다 먹은 후에 접시와 컵을 간식차의 치우는 칸에 정돈한다.
  -새 접시와 컵이 놓여진 자리에 섞이지 않도록 한다.

3. 규칙을 그림으로 그리고 숫자를 써서 차례를 표시하여 표를 만든 다음 간식책상의 옆 벽면에 제시한다.

유의사항 교사는 간식시간의 규칙이 그려진 표를 사용하여 바른 간식지도를 할 수 있다. 예를 들어, 철이가 입안 가득히 음식을 넣고 큰 소리로 떠들 때 교사는 "철이야 음식을 먹으면서 말하지 말라고 선생님이 몇 번이나 말씀하셨니" 하기보다는 "철이야, 그림을 보렴. 우리가 어떤 약속을 했었지" 하고 스스로 상기해 보도록 하는 것이 더 효과적이다.

함께 모이는 장소에서는 어떻게 할까요?

활동목표 공공장소에서는 차례를 지킨다.

활동자료 게임판, 카드 18장.

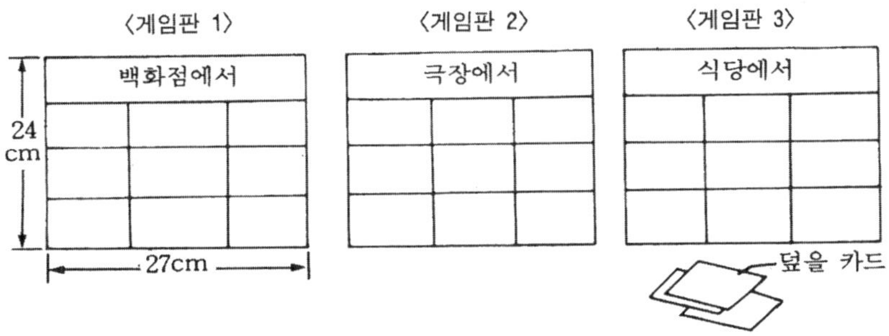

〈게임판의 1의 그림〉

1. 진열장을 만지고 입대고 하는 것.
2. 에스컬레이터에서 올라갔다 내려갔다 장난하는 것.
3. 엘리베이터 안에서 막 헤치고 먼저 내리는 것.
4. 화장실에서 남에게 물이 튀게 손씻는 것.
5. 발소리를 크게 내고 뛰어다니는 것.
6. 떼 쓰는 것.

〈게임판 1을 덮을 카드〉

1. 진열장에서 물건 구경하는 것.
2. 에스컬레이터 줄서서 타는 것.
3. 엘리베이터에서 순서대로 내리는 것.
4. 화장실에서 물 튀지 않게 손씻는 것.
5. 발소리 작게 내고 걸어다니는 것.
6. 떼 쓰지 않는 것.

〈게임판 2의 그림〉

1. 매표소에서 새치기하는 것.

2. 음료수를 가지고 극장 안으로 들어가는 것.
3. 큰 소리로 떠들면서 보는 것.
4. 부시럭거리고 먹으면서 보는 것.
5. 아무 곳에나 쓰레기를 버리는 것.
6. 늦게 와서 막 발을 밟으면서 자리를 찾아 들어가는 것.

〈게임판 2를 덮을 그림〉

1. 매표소에서 줄 서는 것.
2. 음료수를 휴게실에서 마시는 것.
3. 구경하다가 작은 소리로 말하는 것.
4. 먹을 것을 가지고 있지만 먹지 않고 보는 것.
5. 쓰레기는 쓰레기통에 버리는 것.
6. 시간 맞추어 들어가는 것.

〈게임판 3의 그림〉

1. 바른 자세로 식탁에 앉아 있는 것.
2. 음식 먹으면서 큰 소리로 얘기해서 다른 손님들이 찡그리고 있는 것.
3. 식당에서 볼일 있을 때 걸어다니는 것.
4. 음식이 나올 때까지 기다리고 있는 것.
5. 음식을 흘리지 않고 먹는 것.
6. 음식을 입 다물고 꼭꼭 씹어 먹는 것.

활동과정

1. 카드는 잘 섞어서 적절한 그릇에 담아 놓는다.
2. 어떤 그림판을 가질지 결정한다.
3. 순서를 정한다.
4. 차례대로 카드를 집어서 보고 바른 행동이 나오면 게임판에, 옳지 않은 행동은 위에 올려놓는다.
5. 먼저 바른 행동으로 게임판을 채우면 게임은 끝난다.

유의사항

1. 자기 게임판의 카드를 구별할 수 있도록 게임판의 테두리 색과 카드 테두리

색을 같이 한다.

2. 게임이 너무 빨리 끝날 것 같으면 백지 카드 4~6장을 추가하여 백지카드가 나올 경우 덮지 못하도록 한다.

약속을 지켜요

활동목표

1. 여럿이 사용하는 곳에서는 지켜야 할 약속이 있음을 안다.
2. 약속을 지키면 모두가 편리해짐을 안다.

활동자료 사진이나 그림카드 몇 장

㉮ 1. 거리에서 공차기하는 모습
2. 놀이터에서 방해하는 모습(줄 안서기)
3. 진열된 물건을 함부로 집었다 놓았다 하는 모습
4. 슈퍼에서 떼쓰고 소리지르는 모습
5. 에스컬레이터에서 올라갔다 내려왔다 장난하는 모습
6. 손님이 내리지도 않았는데 타는 모습
7. 맨 뒤에서 마구 밀치면서 먼저 내리려고 하는 모습
8. 극장에서 귓속말하는 모습

활동과정

1. 한 어린이에게 카드 한 장씩을 나누어 준다.
2. 자기의 그림이나 카드에 대해 이야기한다.

3. '나'라면 어떻게 하겠는가?를 말해 본다.
4. 동화 '철이의 나들이'를 들려주고 느낌과 행동을 이야기해도 좋다.

철이의 나들이

"철이야, 빨리 밥먹자. 부지런히 준비하고 만화영화 보러 가야지?" "야! 신난다. 조금만 기다리세요." 철이는 가지고 놀던 장난감을 그대로 놓아 두고 밥상 앞으로 갔습니다.

"손은 씻었니?" 엄마가 물어 보셨습니다.

"아뇨, 지금은 빨리 해야 하니까 그냥 먹을래요." "음식 먹기 전에 꼭 손을 씻어야 한다고 말했지? 어디 손 좀 보자. 아유 더러워, 빨리 씻고 와." 철이는 할 수 없이 손을 씻고 왔습니다.

철이는 밥을 맛있게 먹고 옷을 갈아 입으러 철이 방으로 들어갔습니다. 철이는 혼자 옷입기를 싫어합니다.

"엄마 옷 입혀 주세요."

"철이야, 엄마도 준비해야 하니까 네가 혼자 입는 게 좋겠다. 두 시까지 가야 하는데 늦겠다."

잠시 후 엄마는 옷을 곱게 갈아입고 나오셨습니다.

"철이야, 가자."

"엄마 난 아직 옷을 입지 못했어요. 빨리 엄마가 도와 주세요."

"아니 아직도 옷을 못 입고 있었어? 이제까지 무얼했니?"

엄마는 철이 방으로 들어 가셔서 철이의 옷을 입혀 주셨습니다.

"빨리 가자 늦겠다."

엄마와 철이는 택시를 타고 극장 앞으로 왔습니다. 극장표를 파는 곳에 손님들이 줄을 서 있었습니다. 철이는 갑자기 엄마손을 막 잡아당기면서

"엄마, 빨리 앞에 서야지, 맨 뒤에 서면 어떻게 해요."

엄마는 부끄러워서 어쩔줄 모르십니다.

〈교사 : 왜 엄마가 부끄러워하셨을까?〉

극장 안으로 들어온 철이는 "엄마, 나 콜라하고 팝콘 사 주세요." 하고 말했다.

"알았다." 엄마는 철이에게 콜라와 팝콘을 사 주셨습니다. 철이는 콜라와 팝콘을 가지고 영화 보는 곳으로 들어가려고 합니다. "철이야, 잠깐만."

〈교사 : 엄마가 왜 이렇게 말씀하셨을까?〉

우리 방을 치우자

활동목표

1. 장난감을 가지고 논 후에 스스로 방안을 깨끗하게 정리 정돈할 수 있다.
2. 계획한 일을 완수함으로써 성취감을 맛볼 수 있다.

활동자료 악보 '우리 방을 치우자', '치우는 시간' 등

활동과정

1. 장난감을 가지고 논 후에는 어떻게 해야 하는지를 이야기한다.
2. 더러워진 방을 깨끗이 하려면 어떻게 해야 하는지를 유아들에게 묻는다.
3. 장난감이나 종이 등을 가지고 놀 때, 아무렇게나 흩어지게 하면 무엇이 나쁜지에 대해 이야기한다.
4. 방을 치우고 나니 기분이 어떻게 달라졌는지, 기분이 어떠한지 평가한다.
5. 노래 '우리 방을 치우자'를 배운다.

유의사항 방을 깨끗이 치우는 일을 스스로 계획하고 완수할 수 있도록 격려한다.

복잡한 곳에서 줄을 서요

활동목표

1. 기다려야 할 때와 장소를 안다.
2. 여러 사람이 기다려야 하는 곳에서는 차례를 지킬 줄 안다.

활동자료 동시 '줄을 섭니다'

줄을 섭니다

줄을 섭니다.　줄을 섭니다.
한 사람 두 사람 모이면 줄을 섭니다.

줄을 섭니다.　줄을 섭니다.
복잡한 곳에서는 줄을 섭니다.

줄을 섭니다.　줄을 섭니다.
여러 사람이 모이면 줄을 섭니다.

줄을 섭니다.　줄을 섭니다.
새치기 못하게 줄을 섭니다.

활동과정

1. 간식영역이 혼잡한 날 불편한 점에 대하여 토의한다.
   · 간식영역이 왜 복잡하니?
   · 그래서 어떤 일이 일어나고 있니?
   · 어떻게 하면 모든 친구가 빨리 간식을 먹을 수 있을까?
   · 여러 사람이 모이는 곳에서 어떻게 할까? 에 대하여 이야기를 나눈다.
2. 간식영역 이외에 줄을 서서 차례를 기다려야 하는 곳은 어디인지 묻는다(화장실, 수돗가, 그네, 미끄럼틀, 버스 타는 곳 등).

3. 복잡한 곳에서 줄을 서 봄으로써 줄을 서는 것이 훨씬 빠르다는 것을 체험하고 실천해 보도록 한다(그 주가 지난 후에 경험을 이야기해 볼 수 있다).
4. 동시를 낭송한다.
   - '줄을 섭니다. 줄을 섭니다' 앞부분은 유아가 하고 뒷부분은 교사가 읽어 주어 반복해 볼 수 있다.

유의사항 실제 상황을 발견할 때마다 '누구 누구가 오늘 화장실에서 줄을 잘 서서 좋았다' 등의 표현으로 격려해 준다.

화장실 사용 안내

활동목표 올바른 화장실 사용법을 알고 여러 사람이 기다려야 하는 곳에서는 차례를 지킬 줄 안다.

활동자료 시청각 자료, 융판

활동과정

1. 간식을 먹기 전에 해야 할 일에 대해서 이야기를 나눈다.

㉮ · 손을 왜 씻어야 할까?
· 어디에 가서 손을 씻어야 할까?
· 화장실은 손을 씻을 때에도 가지만 또 어떠한 때에 갈까?
· 화장실은 어디에 있나? (화장실에 다녀온 유아의 경험담을 듣는다)

2. 교사가 소그룹의 유아들을 화장실로 안내하고 사용법을 직접 시범을 보이며 지도한다.

㉮ · 수세식에서 대 · 소변을 씻어 내릴 때
· 휴지의 사용
· 손을 씻을 때

3. 노크하는 일과 줄을 서서 차례를 지켜야 함을 알게 한다.

㉮ · 화장실에 들어가기 전에 먼저 무엇을 해야 할까?
· 화장실에 들어가고 싶은 사람이 많을 때는 어떻게 해야 할까?
· 다음날 간식을 먹기 전에 시청각 자료를 준비하여 전 날에 배우고 경험했던 것을 반복하여 이야기해 본다.

유의사항

1. 개원 첫날 교사는 자유선택 활동시간 중에 화장실에 가기 싫어하는 유아가 있는지 관찰하고 개별적으로 화장실 사용을 지도한다.

2. 소심한 유아의 경우 유치원이 낯선 곳이고 화장실도 자기 집과 다를 때 긴장하여 실수하는 수가 있다.
3. 자기보다 차례가 뒤라도 급한 친구가 있을 때 양보할 수 있음을 이야기해 본다.

소풍갈 장소를 결정해 봐요

활동목표

1. 집단적 의사결정 과정을 경험하고, 그러한 절차의 합리성을 인식하며, 스스로 선택 결정해 본다.
2. 다수결의 원리를 이해한다.

활동자료

1. 소풍가는 그림자료
2. 세 가지 정도의 소풍 갈 장소와 관련된 정보자료(사진, 팸플릿 등)

활동과정

1. 교사는 이번 시간에는 소풍 갈 장소를 우리 스스로 결정해 보는 시간이라고 이야기한다. 세 가지 정도의 가능한 장소를 미리 정해서 유아들에게 알려 준다.
2. 세 가지 장소를 놓고 어디로 가는 것이 좋을 것인지, 우선 전체 토론을 벌이도록 한다. 토론이 중구난방으로 벌어지게 되면 다음의 절차에 따라 의사결정을 유도한다.
   · 같은 장소를 원하는 유아들끼리 그룹을 짓는다.
   · 그룹이 편성되면 교사는 각 그룹에서 필요로 하는 다양한 정보자료를 준비하였다가 나누어 줌으로써 유아들로 하여금 그 장소가 소풍 장소로서 좋은 이유를 토의해서 제시할 수 있도록 한다.
   · 그룹별로 토의를 한다. 이 때, 각 그룹별로 3, 4가지 정도의 이유를 만들도록 안내해 준다.
3. 그룹별 토의가 끝나게 되면 토의 결과를 발표시킨다. 이 때, 각 그룹은 자기들의 소풍 장소가 더 좋다는 것을 입증하기 위하여 다양한 의견들을 제시한다. 교사는 발표되는 의견을 장소별로 구별해 적절히 제시해 준다(예 : ㅁㅁㅁ는 재미있는 놀이 기구가 많아요, ㅁㅁㅁ는 우리 유치원에서 가까워요, ㅁㅁㅁ는 여러 가지 동물을

볼 수 있어요, □□□는 가 본 적이 있지만 □□□는 한 번도 못 가봤어요).

4. 각 그룹의 발표가 다 끝나게 되면 발표된 내용을 교사가 요약해서 유아들에게 설명해 준다. 각 그룹의 구성원들이 각자 자기들이 주장하는 장소 이외의 다른 주장에 대해 숙고하고 검토할 시간을 준다.
5. 소풍 갈 장소는 다수결로 결정한다(이러한 결정 방법도 유아들로부터 이끌어 낼 수 있다). 이때에 거수 방법을 택해도 좋지만, 교사가 소풍 장소 세 곳을 그림으로 붙여 두고 각자 가고 싶은 곳의 그림으로 직접 가서 서 보도록 하는 방법도 좋다.
   · 너희들이 가장 많이 가고 싶어 하는 소풍 장소는 어디일까?
   · 다른 두 곳에 가고 싶은 친구도 있지만 가장 많은 □□□를 가기를 원하니까 이번 소풍은 □□□로 간다. 하지만 나머지 두 곳도 다음 소풍 때 다시 한 번 생각해 보자(소수의 의견도 존중될 필요가 있다).
6. 그림자료를 순서대로 제시하며 유아들로 하여금 그 그림이 담고 있는 내용을 설명해 보도록 한다.

유의사항

1. 유아들이 의사결정 과정을 거쳐서 결정한 장소가 있는데도, 실제로는 다른 장소로 소풍을 가거나, 아니면 소풍을 아예 가지도 않게 된다면 유아들은 자신들의 의사결정 과정이 불필요하고, 그저 형식적인 과정이라고 간주해 버리기 쉽다. 그러므로 가능한 한 활동의 결과가 어떤 방식으로든 실제에까지 반영이 되도록 이끄는 일이 매우 중요하다. 가능하면 소풍을 가기 전에 이 활동을 시행하는 것이 좋고(그렇지 못할 경우에는 처음에 교사가 유아들에게 그 점을 이해시키고 시작해야 한다), 가능한 한 실제 소풍 장소로 결정해도 무리가 없는 곳을 선정하여 제시하는 것이 좋다.
2. 유치원에서의 유아들의 일상 생활과 직접 관련되는 여러 가지 일들 중에서 함께 결정해야 할 일들을 추출하여 계속적으로 활동해 본다. 예컨대, '간식 결정하기' 같은 활동이 좋은 예가 될 수 있다. 간식은 유아들의 중대한 관심사 중의 하나이고, 또 그 결정 사항이 실질적으로 자신들에게 영향을 끼치기 때문에 보다 적극적으로 의사결정 과정에 참여할 것이다.

9. 두레의 소중함을 알고 협력하기

하위 내용	수준별 내용	
	I	II
9. 두레의 소중함을 알고 협력하기	· 친구와 함께 활동에 참여해 본다.	· 친구의 의견을 존중하며 집단 활동에 참여한다.
	· 다른 사람을 도와주는 경험을 해 본다.	· 다른 사람과 협력한다.
	· 물건을 함께 사용해 본다.	· 물건을 나누어 쓰고 양보한다.

사이좋게 타지요

활동목표

1. 서로 사이좋게 그네를 탈 수 있다.
2. 양보하는 태도와 자신의 권리를 말하는 방법을 안다.

활동자료 상황그림 4장

① 그네를 타는 그림

② 그네 앞에서 싸우고 있는 그림

③ 줄 서 있는 그림

④ 다음 차례에게 주는 그림

활동과정

1. 그림 ①을 보며 그네를 타 본 경험을 이야기해 본다.
2. 그네를 탈 때는 어떻게 해야 하는지 이야기를 나눈다.
   · 그네는 어떻게 타야 할까?

· 그네 옆에 있는 어린이는 어떻게 해야 할까?

3. 그림 ②를 보며 이야기를 나눈다.
   · 이 그림은 어떤 모습이니?
   · 왜 이렇게 싸울까?
   · 이 그림을 본 기분을 말해 보자.
   · 너희들이 이 어린이라면 어떻게 하겠니?
   · 이 어린이들은 어떻게 해야 할까?
4. 그림 ③을 보며 이야기를 나눈다.
   · 어떤 모습일까?
   · 왜 이렇게 줄을 서 있을까?
   · 어느 때 줄을 서야 할까?
5. 그림 ④를 보며 어떤 그림인지 이야기를 나눈다.
   · 어떤 모습인가?
   · 이 어린이들은 서로 어떤 말을 했을까?
   · 내가 탈 차례인데 친구에게 먼저 타라고 해본 일이 있는가?
6. 어느 때 양보해야 하는지 이야기를 나눈다.
7. 각각의 그림에 있는 어린이들에게 어떤 말을 해 주고 싶은지 이야기해 본다.

연관활동

1. 그네를 탈 때의 규칙을 유아들과 함께 정한다.
2. 결정된 규칙을 교사가 써서 코팅한 다음 그네에 붙여 준다.

서로 도우며 지내요

활동목표

1. 장애인에 대하여 관심을 가진다.
2. 장애인을 도울 수 있는 여러 방법을 안다.
3. 장애인의 어려움을 직접 경험해 본다.

활동자료 그림자료(시각장애인, 지체장애인), 눈가리개, 지팡이, 목발, 팔 부분을 묶은 옷

활동과정

1. 그림자료를 보며 이야기를 나눈다.
   · 이 사람처럼 검은색 안경을 쓴 사람을 본 적이 있니?
   · 왜 까만 안경을 썼을까?
   · 눈으로 볼 수 없다면 어떤 점이 불편할까?
   · 이 사람은 왜 휠체어를 타고 있을까?
   · 만약 내가 걸을 수 없다면 어떨 것 같니?
   · 이 사람처럼 팔을 다친 적이 있었니?
   · 팔을 다쳤을 때 불편한 적은 없었니?

〈그림자료〉

앞을 못보는 사람

휠체어를 탄 사람

팔이 불편한 사람

2. 장애 체험을 직접해 본다.
    · 눈가리개와 지팡이를 나누어 준다.
    · 목발을 나누어 준다.
    · 한쪽 팔을 묶은 옷을 나누어 준다.
    · 직접 체험을 해 보니 어떤 점이 불편하니?
3. 장애인을 도울 수 있는 방법에 대한 이야기를 나눈다.
    · 앞을 보지 못하는 시각장애인을 어떻게 도와줄 수 있을까?
    · 휠체어에 앉은 사람이 계단 앞에 있을 때 어떻게 도와줄 수 있을까?
    · 또 어떻게 도와줄 수 있을까?

둘이서 둘이서

활동목표

1. 서로 협력해야 하는 일이 있음을 안다.
2. 문제 상황에 대하여 다양한 해결방법을 생각할 수 있는 태도를 기른다.

활동자료 낱장동화(그림자료)

활동과정

1. ①번 그림자료를 보면서 이야기를 나눈다.
   · 코끼리들이 무엇을 하고 있는 그림일까?
   · 어떻게 하면 코끼리가 무거운 통나무를 들 수 있을까?
2. ②번 그림자료를 보면서 이야기를 나눈다.
   · 이 그림 속에는 누가 무엇을 하고 있을까?
   · 사과를 먹으려면 어떻게 해야 할까?
3. ③번 그림자료를 보면서 이야기를 나눈다.
   · 무엇을 하고 있는 그림이니?
   · 등을 씻는 것이 힘이 든데요, 어떻게 하면 될까?
4. ④번 그림자료를 보면서 이야기를 나눈다.
   · 목이 말라서 손잡이가 긴 바가지로 물을 마시려고 하는 그림이네요.
   · 토끼가 물을 마실 수 있었을까?
   · 어떻게 하면 바가지의 물을 마실 수 있을까?
5. ⑤번 그림자료를 보면서 이야기를 나눈다.
   · 다람쥐가 겨울잠을 자는 그림이네요.
   · 그런데 너무 추워서 잠을 잘 수 가 없데요. 어떻게 하면 될까?
6. ⑥번 그림자료를 보면서 이야기를 나눈다.
   · 하마는 칫솔도 없고, 치약도 없는데 어떻게 이를 닦을까?

7. ⑦번 그림자료를 보면서 이야기를 나눈다.
   · 어떤 그림일까?
   · 캄캄한 밤에 동전을 잃어 버렸데요. 어떻게 하죠?
   · 촛불 하나로 동전을 찾을 수 있을까요?
   · 그럼, 어떻게 해야지 동전을 찾을 수 있을까?
8. 어려운 일을 함께 했던 경험에 대하여 이야기 나눈다.
   · 친구들도 혼자하기 힘든 일이 있었나요?
   · 어떻게 해결했니?
   · (만약 해결하지 못했다면) 그 때 마음이 어땠니?
   · 또 그런 일이 생긴다면 어떻게 하면 좋을까?
9. 함께 하면 좋은 일들에 대하여 이야기를 나눈다.
   · 친구가 어려운 일을 당하면 어떻게 해야 할까?
   · 함께 하면 좋은 일에는 어떤 것들이 있을까?

〈그림자료〉

①

기우뚱 기우뚱. 무거운 통나무 어떻게 들지?

②

쩍펄쩍, 높게 달린 빨간 열매 어떻게 따먹지?

③

손씻고, 발씻고, 얼굴씻고 그런데 등은 어떻게 씻지?

④

아이 목말라. 손잡이가 긴 바가지로 어떻게 물을 마시지?

⑤

덜덜덜, 추운 겨울을 어떻게 지내지?

⑥

칫솔도 없고, 치약도 없네. 어떻게 이를 닦지?

카캄한 밤. 동전을 잃어 버렸어.
어떻게 하지? 촛불 하나로?

털털털 굴삭기

활동목표

1. 다른 사람과 서로 도움을 주고받아야 함을 안다.
2. 다른 사람의 입장을 이해하고 존중할 줄 안다.

활동자료 낱장동화, 미니카나 그림자료(굴삭기, 트럭, 승용차, 구급차, 견인차, 롤러)

활동과정

1. 그림자료를 보면서 동화를 들려준다.
   · 자동차에 눈, 코, 입 등을 의인화시켜 꾸며 주면 동화를 더욱 즐겁게 들을 수 있다.
2. 동화를 듣고 난 다음 어떤 마음이 드는지 이야기를 나눈다.
   · 그림자료만 다시 한 번 보도록 하자.
   · 동화를 들어 보았는데 어떤 자동차들이 나왔니?
   · 트럭은 어떤 일을 할까?
   · 구급차는 어떤 일을 할까요?
   · 견인차는 어떤 일을 할까요?
   · 바위와 흙더미를 치운 것은 어떤 차일까?
   · 동화를 듣고 어떤 느낌이 드니?
   · 이 세상에 하찮고 쓸모없는 것은 없어요.
3. 운전하고 싶은 차에 대하여 이야기를 나눈다.
   · 동화에 나온 차 중에서 우리 친구들이 운전해 보고 싶은 차는 어떤 것일까?
   · 왜 그런지 친구들에게 설명해 줄 수 있니?

〈그림자료〉

굴삭기

승용차

트럭

견인차

굴렁굴렁 롤러

구급차

털털털 굴삭기

❶ 털털털 굴삭기가 일을 하고 있어요. 왼쪽, 오른쪽! 앞으로, 뒤로!
굴삭기는 예쁘지도, 빠르지도 않지만 일을 아주 잘 해요.
털털털 굴삭기는 힘이 아주 장사예요. 땅도 퍽퍽, 바위도 번쩍!
커다란 나무도 한 번 툭 치면 힘없이 쓰러지는 걸요. 굴삭기는 듬직한 일꾼이에요.

❷ 털털털 굴삭기가 길을 가고 있어요. 일을 하러 가는 거예요.
뒤에서는 비키라고 야단이에요.
"이 봐, 굴삭기! 힘만 세면 뭘 해? 나처럼 짐을 싣고 다녀야지. 짐 나르는 데는 내가 최고야!"
트럭이 요란한 소리를 내며 지나갔어요.

❸ 뒤에서는 날씬한 승용차가 달려 와요.
"느림보 굴삭기 안녕! 자동차라면 나처럼 빨리 달릴 수 있어야지. 달리는 데는 내가 최고야!"
날씬한 승용차가 '쌩' 앞질러 갔어요.

❹ '나도 짐칸만 있으면 짐을 나를 수 있을 텐데.'
'나도 멋진 바퀴를 달면 빨리 달릴 수 있을 텐데.'
굴삭기는 트럭과 승용차가 너무 부러웠어요.

❺ 어! 저쪽에서 무슨 일이죠?
저런 저런! 교통사고가 났네요.
"빨리 빨리!" 구급차가 환자를 싣고 달려가요.
견인차가 부서진 자동차를 끌고 가요. "굴삭기 저리 비켜!"
굴삭기는 뒤로 슬금슬금 물러났어요.

❻ 굴렁굴렁 롤러가 길을 닦고 있어요.
"이봐, 굴삭기! 길에 자국이 나잖아!" 굴삭기는 뒤뚱뒤뚱 비켜났어요.
"길을 닦는 데는 내가 최고지!" 굴렁굴렁 롤러가 으스대며 지나갑니다.
"난 쓸모가 없어! 구급차처럼 환자를 싣고 달릴 수도 없고, 롤러처럼 길을 닦을 줄도 몰라."
굴삭기는 힘이 빠져 그만 멈추어 서고 싶었습니다.

❼ 그 때, 한 아이가 손을 흔들었어요. "저 좀 태워 주세요."
"정말?" 굴삭기는 얼른 아이를 태웠습니다.
털털털 굴삭기가 길을 가요. 꼬불꼬불 산길을 가요.

❽ 그런데 앞서 가던 차들이 모두 서 있어요. 산에서 바위와 흙더미가 무너져 내린 거예요.
"도와줘, 굴삭기!" 모두들 애타게 굴삭기를 불렀어요.
"걱정 마!" 굴삭기는 바위를 번쩍 들어 올렸어요. 흙더미도 길옆으로 치웠어요.
"와, 굴삭기가 최고야!" 멈추어 있던 차들이 모두 만세를 불렀어요.
"고마워요, 굴삭기!" 마을 앞에서 아이가 내렸어요.
다른 차들은 벌써 멀리 달려갔어요.
털털털 굴삭기, 느릿느릿 굴삭기, 하지만 이제는 신이 나서 털털털.

♣ 출처 : 비룡소. 글-정하섭/그림-한병호.

살기 좋은 우리 동네

활동목표

1. 이웃과 사이좋게 지내는 방법을 안다.
2. 여러 사람이 하는 일에 참여하며, 다른 사람과 도움을 주고받는 방법을 안다.

활동자료 각종 기관 사진이나 그림자료

활동과정

1. 유아들과 동네를 돌아보게 한 후 이야기를 나눈다.
   · 우리 동네에는 어떤 기관들이 있었니?
   · 다른 동네에는 있는데 우리 동네에는 없는 기관은 무엇일까?
2. 그림자료를 보며 이야기를 나눈다.
   · 이 곳의 이름은 무엇일까? (약국, 병원, 슈퍼, 우체국 등)
   · 이 곳은 무엇을 하는 곳일까?
   · 이 곳에는 언제 갈까?
   -그림자료를 하나하나 살펴본다.
   · 이런 기관들은 우리를 어떻게 도와 줄까?
3. 우리 동네에 이러한 기관들이 없다면 어떻게 될지에 대하여 이야기를 나눈다.
   · 만약에 병원이 없다면 어떻게 될까?
   · 우리 동네에 슈퍼가 가까이 있어서 좋은 점은 무엇일까?
   -기관의 기능과 필요성을 하나하나 살펴본다.
4. 동네 사람들이 편안히 살 수 있도록 도와주는 분들에 대한 이야기를 나눈다.
   · 우리가 편안히 살 수 있도록 도와주는 분들에는 누가 있을까?
   · 그분들은 어떤 일들을 하실까?
   · 만약에 환경미화원 아저씨가 청소나 쓰레기를 수거하지 않으면 어떻게 될까?

· 그분들에게 어떤 마음을 가져야 할까?

5. 이웃과 잘 지낼 수 있는 방법에 대하여 이야기를 나눈다.
   · 고마운 이웃들과 잘 지내기 위해서는 어떻게 해야 할까?
   · 이웃에게 잘못을 했을 경우 어떻게 해야 할까?
   · 우리 친구들이 할 수 있는 일들에는 어떤 것들이 있을까?

임금님과 거지

활동목표 도움이 필요한 사람이 있음을 알고 돕는다.

활동자료 막대인형(임금님, 거지, 신하, 많은 사람)

활동과정

1. 유아에게 동화를 구연으로 들려준 다음, 유아들이 동화의 제목을 정한다.
2. 동화의 내용에 대하여 이야기를 나눈다.
   · 이야기를 듣고 나니 어떤 느낌이 드니?
   · 이야기의 제목은 무엇이라고 하면 좋을까?
   · 너희들이 길에서 불쌍한 사람을 만났다면 어떻게 하겠니?
3. 사람들이 서로 돕고 나누어 주지 않는다면 어떤 일이 생길까? 이야기를 해 본다.
4. 임금님에게 또는 신하들에게 하고 싶은 말을 해 본다. 유아들이 한 말을 교사가 적어 준다. 글씨를 쓸 수 있는 유아는 편지를 써 본다.
5. 유아들이 한 말을 적은 것과 편지를 게시해 준다.

㉮예

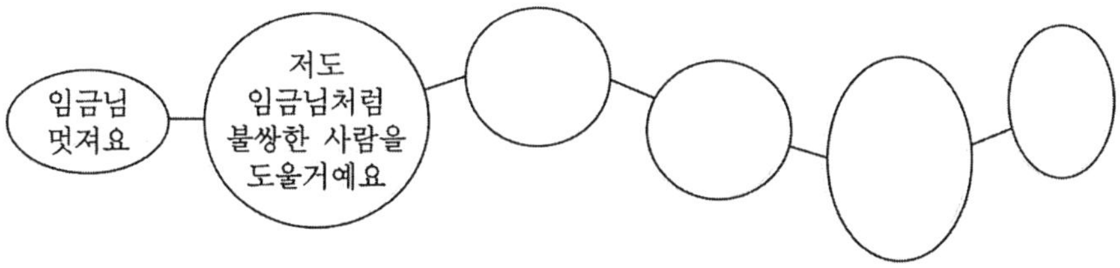

임금님과 거지

옛날 어느 나라에 마음씨가 아주 착한 임금님이 계셨어요.

어느 날 임금님은 궂은 비가 쏟아지는 거리를 마차를 타고 지나가셨어요.

창 밖을 내다보던 임금님은 우연히 한 나이 많은 거지를 발견하셨어요.

그 나이 많은 거지는 밑창이 뚫어져 물이 새는 헌 신발을 끌며 질퍽한 길을 걷노라 애를 쓰고 있었어요.

임금님은 마차를 멈추게 하고, 한 동안 늙은 거지를 쳐다보셨어요.

임금님은 늙은 거지가 너무 불쌍해 보였어요. 그래서

"여봐라, 저기 다 떨어진 신발을 신고 쩔쩔매는 노인에게 내 신발을 가져다 신기도록 하여라."라고 말씀하셨어요.

이 소리를 들은 신하들은 펄쩍 뛰었어요.

"임금님. 아니되옵니다. 임금님의 높으신 뜻을 받들어야 하겠습니다만, 임금님께서 맨발이 된다는 것은 당치 않은 일인 줄로 아옵니다."

"임금님 그러하옵니다. 어찌 임금님의 신발을 거지에게 신길 수가 있겠습니까?"

두 신하가 번갈아 가며 임금님께 아뢰었어요.

그러나 임금님은 한 번 마음먹은 뜻을 굽히려 하지 않았어요.

"여러 말 말고, 짐이 이르는 대로 하여라. 짐은 이 나라의 임금이 아니냐."

"하지만 폐하……."

신하들이 다시 뭐라고 말하려 하자 임금님은 더 이상 긴 말을 하지 않겠다는 듯이 잘라서 말씀하셨어요.

"너희들은 이 나라 백상과 더불어 살고 있으면서, 어찌하여 백성의 고통을 덜어 주려는 짐의 뜻을 꺾으려고만 드느냐? 임금이 불쌍한 백성의 모습을 보고도 모르는 체 그냥 지나쳐도 옳단 말이냐? 어서 짐의 신발을 저 노인에게 갖다 주도록 하여라."

"폐하께서는 맨발로 궁전까지 가시렵니까?"

"짐은 신발이 없이 가도 되지 않겠느냐? 마차가 있으니 말이다."

신하들은 더 이상 할 말이 없었어요.

"여봐라. 어서 이 신발을 저 노인에게 갖다 주어라."

신하는 임금님이 주시는 신발을 받아 들었습니다.

"늙은 몸으로 고생이 많도다. 부디 힘이 들더라도 건강하게 오래 살라는 짐의 뜻을 저 노인에게 전하라."

"예."

신하는 임금님의 신발을 나이 많은 거지에게 전했어요. 나이 많은 거지는 너무 고마워서 질퍽한 땅 위에 무릎을 꿇고 앉아 임금님이 계신 마차를 향하여 수없이 절을 하였습니다.

거리에 모여 있던 많은 사람들이 이 광경을 보고 외쳤어요.

"인정 많은 임금님 만세!"

"사랑 많은 우리 임금님 만세!"

"임금님, 우리들은 임금님을 사랑합니다. 임금님 만세!"

지구에 큰 일이 생겼어요

활동목표

1. 천재지변을 당한 사람들의 어려움을 안다.
2. 남을 돕는 방법을 알고 실천해 본다.

활동자료 지구 모양판 2장, 융판을 동그랗게 오려서 지구모양을 만든다(까칠이 부착). 사건카드, 주사위

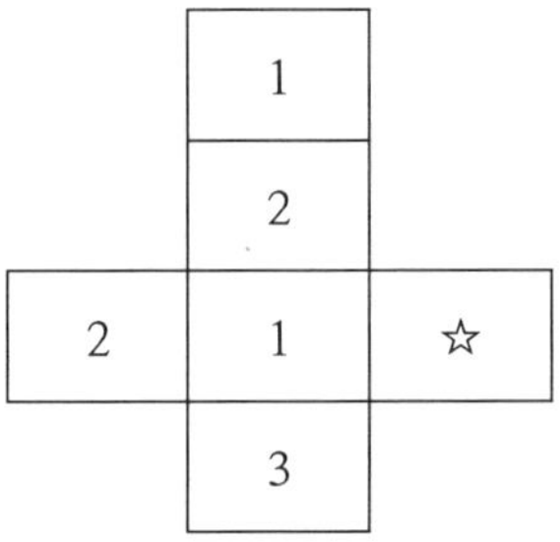

주사위

활동과정

1. 활동을 소개하면서 여러 가지 재난에 대해 이야기해 본다.
2. 그들에게 어떤 위로의 말을 할 수 있을까 말해 본다.
3. 재난을 입은 사람을 돕기 위한 방법을 이야기해 본다.
   재난을 입은 사람의 마음은 어떨까 이야기한다.
4. 놀이규칙에 대하여 이야기를 나눈 후 게임을 한다.
   · 지구판을 나누어 갖는다.
   · 사건카드를 한 장씩 지구판 위에 놓으면서 어떤 사건인지 알아본다(게임하는 어린이 두 명이 같은 카드를 집으면서 이야기한다).
   · 순서를 정하고 주사위를 던져서 나온 수만큼 사건카드를 지구판에서 떼어 낸다. 초록별이 나오면 떼어 낸 카드 1개를 붙인다.

· 사건카드가 없어질 때까지 게임을 계속한다.

〈사건카드〉

내용 설명과 함께 그림을 붙여 코팅하고 뒷면에 까칠이를 붙인다(각 2장씩 총 30장).

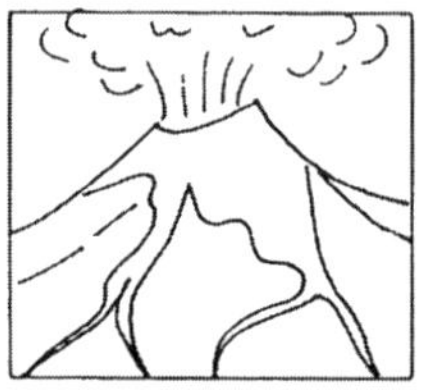
〈화 산〉

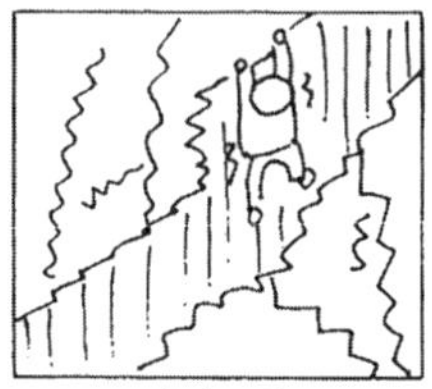
〈지 진〉

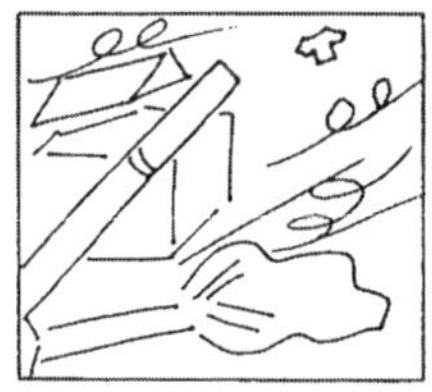
〈태 풍〉

〈천 둥〉

〈번 개〉

〈가 뭄〉

〈홍 수〉

〈전 쟁〉

〈화 재〉

〈전염병〉

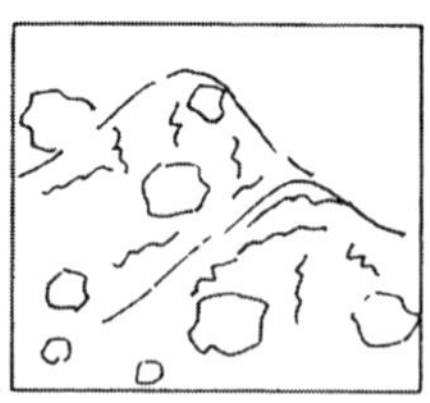
〈산사태〉

〈한 파〉

〈무더위〉

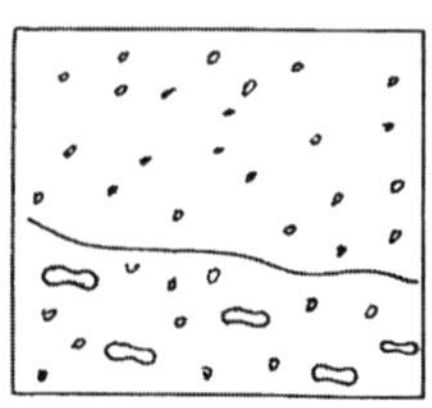
〈폭 설〉

〈장 마〉

갑자기 비가 오네

활동목표 친구와 서로 도움을 주고받을 수 있다.

활동자료 그림자 동화자료(나비, 버섯, 토끼, 여우, 생쥐, 참새, 개미), 그림자 인형 극틀

활동과정

1. 그림자 동화자료 '갑자기 비가 오네' 동화를 들려준다.
2. 그림자 동화자료만 다시 보면서 동화 내용을 다시 생각해 본다.
3. 동화내용에 대해 이야기를 나눈다.
   · 토끼는 어떻게 버섯 속에 숨었을까?
   · 토끼를 숨겨 주지 않았다면 어떻게 됐을까?
4. 버섯에게 어떤 말을 해 주고 싶은지 이야기를 나눈다.

갑자기 비가 오네

어느 날 개미가 길을 가고 있는데 갑자기 비가 오기 시작했어요.
"어어 비가 오네! 어디에 가서 비를 피할까?"
개미는 이곳 저곳을 살폈습니다.
"아유! 저기 좋은 곳이 있구나."

개미는 작은 버섯을 발견하고 그 안에 숨어서 비가 그치기를 기다렸습니다. 그러나, 비는 점점 더 세게 쏟아졌습니다.

그 때 비를 맞은 나비가 버섯 쪽으로 다가왔습니다.

"개미야, 나도 버섯 속에 들어가게 해 줄래?"

"그래 좁긴 하지만 빨리 들어와."

개미는 한쪽 편에 붙어서서 나비가 들어올 수 있게 해 주었습니다. 비는 여전히 세게 쏟아졌습니다. 이번에는 새앙쥐가 뛰어왔습니다.

"얘들아, 나도 버섯 속에 들어가게 해 줄래?"

"그래, 좁긴 하지만 빨리 들어와."

개미와 나비는 몸을 바싹 붙여서 새앙쥐가 들어올 수 있게 해 주었습니다. 비는 좀처럼 그치지 않고 계속 내렸습니다. 그 때 작은 참새가 버섯으로 날아왔습니다.

"얘들아, 나도 버섯 속으로 들어가게 해 줄래?"

"그래, 좁긴 하지만 빨리 들어와."

개미와 나비와 새앙쥐는 몸을 바싹 붙여서 참새가 들어올 수 있게 해 주었습니다. 그때 토끼가 깡충깡충 뛰어오다가 버섯을 보았습니다.

"얘들아, 나 좀 숨겨 줘. 여우가 나를 쫓아오고 있어."

"아유, 가엾어라. 얘들아, 좁긴 하지만 토끼를 숨겨 주자."

"그래 그래. 토끼를 숨겨 주자."

개미와 나비와 새앙쥐와 작은 참새는 버섯 속에 토끼를 숨겨 주었습니다. 토끼를 숨겨 주자마자 여우가 달려왔습니다.

"얘들아, 토끼 못 보았니?"

"아니."

여우가 더 가까이 와서 코를 킁킁거렸습니다.

"이상하다. 토끼 냄새가 나는데."

"이렇게 좁은 곳에 어떻게 토끼가 들어올 수 있단 말야?"

여우는 토끼를 찾으려고 다른 곳으로 가 버렸습니다. 여우가 간 후 비가 조금씩 그치기 시작했습니다.

"야, 신난다. 비가 그쳤다. 우리 밖으로 나가자."

개미와 나비, 새앙쥐, 작은 참새, 토끼는 버섯 밖으로 나와서 신나게 놀았습니다.

연관활동 동화를 듣고 난 뒤에 역할을 정해서 동극을 해 볼 수 있다.

어려운 이웃 돕기

활동목표 다른 사람에게 필요한 것을 알고 돕는다.

활동자료 신문기사

활동과정

1. 신문기사를 들려준다.
   · "어려운 이웃을 도와 주세요."
   · "얼굴없는 5천만원"

어려운 이웃을 도와 주세요

수해복구에 여념이 없는 인천 강화군의 사회복지과에 지난 18일 손님이 찾아왔다. 길상면 온수리의 양로원 '성안나의 집' 원장수녀.

궁금해하는 직원들 앞에 원장수녀는 "28명의 양로원 할머니들이 모은 것"이라며 한 번도 입지 않은 속옷 4상자와 성금 1백 14만 8천원을 수해복구에 써 달라며 내놓았다. 혼자선 움직이기도 힘들고, 오히려 도움을 받아야 할 처지인 '생활보호대상자' 할머니들이 모은 정성. 원장수녀가 전한 사연은 이러했다. 지난 5일밤 강화도에 6백 20㎜의 집중폭우가 내려 큰 피해를 입었지만 다행히도 '성안나의 집'은 피해가 없었다. 할머니들은 TV에 계속 비치는 수재민들의 모습을 보고 "불쌍하다"며 눈물지었다. 원장수녀가 이들에게 "작은 정성이라도 모아 보자"고 제안했고, 할머니들은 언젠가 입겠거니 하고 마련해 두었던 속옷을 선뜻 내놓았다. 할머니들은 또 군청으로부터 매달 조금씩 받는 생계비를 쪼개 쓰고 모았던 '금쪽'같은 돈도 앞다투어 모았다.

성공회 성가수녀회의 원장수녀도 "먼저 제의는 했지만 이렇게 많이 모일 줄은 몰랐다"고 했다. 원장수녀는 "할머니들의 뜻이 수재민들에게 작은 힘이 되면 다행"이라고 말했다.

"얼굴없는 5천만원" 어느 할머니, 아들과 모은 돈 기탁

12일 오후 6시쯤, 한 할머니가 조선일보사 사업본부에 마련된 수재의연금 접수처 문을 열었다. 60대 중반쯤으로 보이는, 가냘픈 체격에 고운 얼굴의 할머니는 나지막한 목소리로 "수재민 돕는 돈을 받는 곳이냐"고 묻고는 소파에 앉아 두 눈을 감았다.

5분 여가 흐른 후 직원이 "어디 편찮으신 데가 있나요."라고 묻자 할머니는 그제서야 감은 눈을 떴다. 그리고는 무릎 위에 놓여 있던 손을 풀더니 가방 깊숙한 곳에서 편지봉투 하나를 건넸다. 1백만원 짜리 수표 50장, 5천만원이 들어있는 봉투, 접수처로 오는 길에 은행에 들러 찾아온 돈이라고 했다.

할머니는 "아들과 함께 하나님을 위해 쓰려고 틈틈이 모은 돈이 이렇게 큰 돈이 되었다"며 "어려운 이웃들을 위해 쓰는 것이 바로 하나님께 드리는 것 아니냐"고 했다. 할머니는 "아들에게 물어 봤더니 어머님 뜻대로 하시라"고 해 수재의연금으로 헌납하기로 했다며 "고통받는 이웃을 위해 쓰는 만큼 하나님도 이해하실 것." 이라고 말했다. 할머니는 "오늘날 일부 교회가 하나님의 뜻과는 달리 몸집 불리기에만 신경쓰는 것 같아 걱정된다"는 말도 덧붙였다.

거듭 "이름이라도 밝혀 달라"고 요청했지만 할머니는 더 이상 말을 하지 않은 채 조용히 문을 나섰다.

2. 신문기사 내용에 대해 이야기 나눈다.
   · 할머니들께서 무슨 일을 하셨니?
   · 어떻게 할머니들께서 돈을 모으셨을까?
   · 이 소식을 듣고 어떤 느낌이 드니?
3. 어려운 이웃이나 친구를 위하여 무엇을 어떻게 도울 수 있는지 이야기 나눈다.

사전 · 사후활동 상황에 따라 다른 사람들을 돕기 위한 구체적인 실천방법과 적절하게 연결해 볼 수 있다(수해모금, 불우이웃 돕기 바자회 등).

유의사항 이웃 돕기 성금모금과 같은 행사에서 모금을 강요하지 말고 자율적으로 참여하도록 한다.

교사를 위하여

■ 어려운 이웃 돕기 프로그램

대상 : 아동교육기관(유치원, 어린이집, 학원, 교회 아동부 등)
시기 : 분기별 1회 또는 1년 연결 프로그램(유치원 사정에 맞게 선택도 가능)
실시형태 : 교육 프로그램 후 저금통 나누기

■ 프로그램 내용

① 3월－인형극/레크리에이션(이웃 사랑 기본개념 심기)
② 6월－교육 비디오 상영 : 우리의 도움이 절실한 북한, 제3세계의 빈곤한 상황 등을 한국이웃사랑회에서 직접 운영, 후원하고 있는 사업현상을 느끼는 13~15짜리 내용
빈곤체험 : 간식이나 급식시간에 북한에서 주로 먹는 옥수수죽 먹기 (옥수수 가루는 한국이웃사랑회에서 제공), 북한 아동돕기 (저금통 나누기)
③ 9월－사랑의 그림편지 보내기(해외 아동돕기) : 헌 옷, 장난감 등을 가지고 알뜰시장을 열어 수익금은 국내 아동의 크리스마스 선물의 의미로 보낸다.

■ 저금통에 동전이 채워지면……

교육프로그램 실시 후 작은 저금통을 나누어 갖고 1~2개월 동안 모은 후, 다시 프로그램 전에 수거하여 이웃사랑회로 보낸다. 저금통 모금액은 아동별로 집계한 후 영수증을 전달한다.
한국이웃사랑회에 연락하면 위와 같은 프로그램의 혜택과 지원을 받을 수 있다.
@ 연락처 : 서울 마포구 마포동 33-1 대농빌딩 8층
Tel. (02) 704-9923/5
Fax. (02) 704-9925

■ 어린이를 돕는 유니세프(UNICEF)

유니세프(유엔아동기금)는 1946년 제2차 세계대전이 끝난 직후 전쟁의 후유증으로 고통받던 유럽과 중국의 어린이들을 구호하기 위해 창립되었습 니다.
유니세프의 설립 정신은 국적이나 이념, 종교 등의 차별 없이 어린이를 구호한다는 '차별없는 구호'였으며 이에 따라, 2차 대전의 승전국과 패전국, 동유럽과 중국, 한국의 어린이들도 모두 유니세프의 도움을 받기 시작하였습니다.
그 후 유니세프의 임무는 전세계 개발도상국의 어린이들을 돕는 것으로 확대되었습니다.

■ 우리도 유니세프의 도움을 받았습니다.

유니세프는 우리 나라 어린이들의 열악한 상황에 가장 먼저 관심을 보인 유엔기구였습니다.
특히 6.25 직후 유니세프가 보내준 분유와 담요, 의약품 등은 전쟁의 잿더미 속에서 죽어가

던 어린이들을 되살리는 큰 힘이 되었습 니다.
당시 유니세프가 보내 준 분유의 양은 6,000만kg이었는데 이는 어린이 1000만명이 1년 동안 매일 한 잔씩 마실 수 있는 양이었습니다. 전쟁으로 인한 긴급구호 상황이 끝난 후에도 유니세프는 한국의 경제발전 단계에 맞추어 1993년 말까지 농촌 영양 개선사업, 유아교육 사업 등을 통해 지속적으로 한국을 지원하였으며, 이 기간 동안 한국에 대한 지원금액은 총 2300만불(당시 시세)에 달하였습니다. 그리고 1994년 유니세프 한국위원회의 설립과 더불어 한국은 유니세프의 도움을 받는 나라에서 도움을 주는 나라로 그 위치가 발전하게 되었습니다. 1997년까지 유니세프 한국위원회는 유니세프의 본부를 통하여 이디오피아, 베트남, 캄보디아, 미얀마, 몽골, 북한을 포함한 세계 어린이를 지원하였으며, 그 액수는 130억원에 이릅니다.

■ 유니세프가 긴급구호지역에서 어린이를 위해 하는 일들

· 영양실조 어린이들에게 고단백 영양식 유니믹스를 제공합니다.
· 기본 의약품을 공급해 주고, 예방접종을 실시합니다.
· 설사병 어린이에게 구강수분 보충염을 제공해 치료해 줍니다.
· 전쟁 중에도 어린이들이 학교에 다닐 수 있도록 기본 학습도구를 지원합니다.
· 식수공급을 위해 난민촌에 식수탱크를 설치하고, 마을에는 수동식 펌프를 설치해 줍니다.
· 난민촌 어린이와 고아들을 위해 보호소를 운영합니다.

■ 세계 어린이들에게 사랑을……

2만원…북한 어린이 한 명에게 옥수수/콩 혼합식(CBS)을 매일 450g씩 약 두 달 공급
3만원…어린이 한 명에게 홍역, 디프테리아, 결핵, 파상풍, 백일해, 소아마비의 예방접종
5만원…설사로 인한 탈수증으로 고통받는 450명의 어린이에게 구강수분보충염(ORS) 공급
10만원…실명을 예방할 수 있는 비타민 A 캡슐을 1천명의 어린이에게 1년간 제공
50만원…난민촌 어린이 100명이 계속해서 교육을 받을 수 있는 기본학습도구 제공
@ 지원 및 관련 내용의 문의처 : (080) 733-7979
(02) 723-8215 (유니세프 개발부)

♣ 출처 : 유니세프(UNICEF) 홍보물.

유엔(U.N), 유니세프를 아세요?

활동목표

1. 세계 여러 나라의 어려운 사람을 돕는 기관에 대하여 조사하여 알게 한다.
2. 세계 여러 나라에는 힘들고 어려운 사람들이 많이 있다는 것을 안다.

활동자료 U.N의 활동하는 사진, 유니세프의 활동 사진, 유니세프 카드(교사가 미리 유니세프 한국지사 등에 의뢰를 해서 활동내용을 알아본다)

활동과정

1. 유엔이 활동하는 사진 등을 통해 유엔에 대해 알아오게 한다.
   · 유엔이라는 말은?
   · 유엔은 어떤 일을 하는 곳일까?
   (유엔군, 식량지원, 핵사찰 등)
2. 우리 나라는 유엔에서 어떤 일을 하고 있는지 알아본다.
3. 유니세프가 활동하는 사진, 카드 등을 보며 유니세프에 대하여 알아본다.
   · 유니세프는 어떤 일을 하는 곳일까?
   · 어떤 사람들이 유니세프에서 일하고 있을까?
   · 사람들은 어떻게 유니세프를 돕고 있을까?
   · 유니세프에서 카드를 왜 만들까?
4. 전쟁을 하고 있는 나라 어린이들은 어떤 어려움이 있는지 알아본다.
5. 우리는 어떻게 도울 수 있을지 방법을 생각해 본다.
6. 유엔이나 유니세프에서 일하는 분들께 고마움을 어떻게 표현할까 알아본다(감사의 편지를 보내요, 돈을 조금씩 모아 보내요 등).

IV. 사회현상에 관심 가지기

10. 주변 지역에 관심 가지기

하위 내용	수준별 내용	
	I	II
10. 주변 지역에 관심 가지기	· 우리 동네의 이름과 집의 위치를 알아본다.	· 우리 동네의 특징을 알아본다.
	· 우리 동네에 있는 여러 기관을 알아본다.	· 우리 동네에 있는 여러 기관의 역할을 알아본다.

교육활동안

1. 단원명 가족과 이웃

2. 단원선정의 이유

◈ 유아는 태어나는 순간부터 가족과 사회의 구성원으로서 역할을 수행하며 일상생활에서 가족 및 사회에 구성원과 상호작용을 하면서 성장하고 학습하는 과정을 통해 사회화되어 간다.

◈ 가족과 지역사회는 성장하는 유아와 불가분의 관계를 맺고 있으며, 직·간접적으로 유아의 성장과 발달에 많은 영향을 끼친다. 따라서 유아들에게 가족 및 지역사회의 의미, 역할과 책임에 대한 이해, 그리고 동시에 다양한 가족의 형태 및 지역사회의 구조, 구성원, 역할, 문화의 다양성을 알게 하여, 가족과 사회 전반에 일어나는 변화에 잘 적응할 수 있도록 하기 위하여 이 생활 주제가 선정되었다.

3. 단원학습의 목표

- 우리 동네의 모습과 특징을 이해한다.
- 우리 동네에 있는 여러 기관을 알아본다.
- 우리 동네에 있는 기관에 대해 고마운 마음을 갖는다.

4. 단원학습의 개요 및 지도상 유의점

◈ 생활 주제 '가족과 이웃'은 유아들이 항상 함께 생활하는 가족과 지역사회에 대한 내용이므로, 유아의 생활 그 자체라고 할 수 있다. 따라서 유아의 실제 생활과 연관지어서 전개하도록 한다.

◈ 유아들이 이 생활 주제를 통해 현대사회에서 중시되는 남녀평등, 자원 절약, 및 환경보존 등에 대한 문제를 인식하고 실천할 수 있도록 한다.

◈ 이 생활 주제는 가족과 관련된 행사와 특별한 날들이 많은 5월에, 자연스럽게 동기 유발이 되도록 전개하는 것이 효과적이다. 전개 기간은 2~3주가

적당하지만 유아들의 흥미와 관심에 따라 조정할 수 있으며, 관련 있는 생활 주제를 동시에 진행할 수도 있다.

5. 단원학습의 계획

차시	주 제	내 용	자료	비고
1/4	■ 가족의 구성과 역할	가족 구성, 역할	그림자료	
2/4	■ 우리 집과 이웃	종류, 형태, 직업	시각자료	
3/4	■ 우리 동네를 돌아보아요.	과일따기 게임	그림자료 현장견학	본 시
4/4	■ 우리 생활을 도와 줘요.	우리 동네 기관	역할놀이	

6. 활동계획안

가. 일　　시 : 2006년 5월 17일 수요일 (20분간)

나. 대　　상 : ○○유치원 달님반 만 4세

다. 인　　원 : 20명

라. 그룹형태 : 대그룹 활동

마. 수 업 자 : ○○○

바. 생활주제 : 가족과 이웃

사. 소 주 제 : 우리 동네를 돌아보아요.

아. 본시 내용

<table>
<tr><td>활 동 명</td><td colspan="3">동네가 생기게 된 이야기</td></tr>
<tr><td>활동영역</td><td>동화</td><td>대상연령</td><td>만 4세</td></tr>
<tr><td>활동 목표</td><td colspan="3">· 동네가 생기게 된 이유를 안다.
· 동네의 소중함을 안다.</td></tr>
<tr><td>활동자료</td><td colspan="3">융판동화, 동화 그림자료</td></tr>
<tr><td>교육과정 관련요소</td><td colspan="3">사회현상과 환경 - 주변지역에 관심을 가지기</td></tr>
</table>

<table>
<tr><th colspan="2">단 계</th><th>시간</th><th>교수-학습 활동</th><th>준비물</th></tr>
<tr><td>활동방법</td><td>도입</td><td>3분</td><td>❶ 지난 시간에 배운 '동네 한 바퀴' 노래를 불러 본다.
❷ 오늘 활동을 소개한다.
· 이번 시간엔 우리 동네가 생기게 된 이야기를 들려줄 거</td><td></td></tr>
</table>

활동 방법			예요. ❸ 우리 동네에는 무엇이 있는지 이야기 나눈다. · 우리가 살고 있는 동네에는 무엇이 있었니? · 우리 동네에는 기관이 왜 생겨났을까?	
	전개	15분	❶ 융판동화로 동화를 들려준다. **〈동네가 생기게 된 이야기〉** 아무도 살지 않는 곳에 집 한 채가 세워졌어요. 그리고 영희네가 그 집으로 이사 와서 살기 시작했어요. 그러나 영희네는 너무 외롭고 심심했어요. 그러던 어느 날 영희네 집 옆에는 다른 집들이 하나, 둘, 셋 세워지기 시작했어요. 사람들도 이사 와서 영희네는 외롭지 않았어요. 친구가 생겼으니까요. 영희네 엄마는 저녁 식사 준비를 하셔요. 그런데 야채가 모자랐어요. 영희네 동네에는 시장이 없어서 다른 마을까지 가서 사 와야 했어요. "가까운 데서 야채를 살 수 있으면 좋을 텐데.." 하고 영희 엄마는 생각했어요. 그래서 마을에는 커다란 시장이 생겼어요. 어느 날, 마을에 아픈 사람이 생겼어요. 하지만 누구도 그 사람을 고칠 수가 없었어요. 먼 동네에 계신 의사 선생님에게 가서 치료를 받았어요. 그래서 사람들은 마을에 의사 선생님을 모셔 오자고 회의를 했어요. 마을에는 병원이 생겼어요. 이제 아픈 사람들은 언제나 병원에 갈 수 있게 되었어요. 영희네 마을 아이들은 매일 밖에서 뛰어 놀기만 해요. 어른들은 걱정했어요. "우리 아이들도 모여서 놀고 여러 가지를 배울 수 있는 곳이 필요해요." "맞아요, 그리고 예절도 배워야 해요." "그럼 누가 아이들을 가르치죠?" 그래서 선생님을 모셔 오고, 유치원과 학교도 세웠어요. 그러던 어느 날, 마을에 도둑이 들어와 물건을 훔쳐 갔어요. 사람들은 밤에 잠도 자지 않고 도둑이 오나 지켜봤어요. 여러 날 잠을 못 자 지친 사람들은 도둑 걱정 없이 살고 싶었어요. 그래서 마을에는 경찰서가 세워졌어요. 그리고 사람들의 돈을 안전하게 맡아 줄 은행도 세워졌어요. 마을 사람들은 이제 안심하고 살 수 있었어요. 동네가 점점 커지면서 동네에서 일어나는 여러 가지 일을 돌봐 주는 곳이 필요했어요. 마을에 동사무소를 만들고, 동장님도 뽑았어요. 동장님은 동네를 돌아다니면서 사람들의 불편한 점을 알아보고 편안하게 살 수 있도록 열심히 일을 하셨어요. 동네에는 점점 더 많은 가게들이 생기고, 소방서, 우체국, 사람들에게 도움을 주는 여러 가지가 생겨났어요. 이제 영희네 동네는 살기	융판 그림 자료

활동방법			좋은 마을이 되어 갔어요. 사람들은 더욱더 살기 좋은 마을을 만들려고 의논도 해요. 사람들이 쉴 수 있는 공원도 만들자고 했어요. 또, 쓰레기가 없는 깨끗한 거리를 만들자고 했어요. 영희네 동네 사람들은 매우 행복했어요. · 동화의 내용을 전개하면서 아이들에게 질문을 던져가며 흥미를 유발한다. – 어른들은 매일 밖에서 뛰어놀기만 하는 아이들을 걱정했어요. 어떻게 하면 좋을까? 너희들이라면 어떻게 하겠니? ❷ 동화내용에 대해 이야기를 나눈다. · 아무도 없던 마을에 집들이 들어서면서 무엇이 생겼니? · 이 동네에는 또 무엇이 있으면 좋을까? · 왜 그렇게 생각했니? · 만약 우리가 사는 동네가 없다면 어떻게 될까요? ❸ 소중한 동네를 위해 어떻게 해야 하는지 이야기 나눈다.	
	정리	2분	❶ 오늘의 활동 내용을 정리한다. · 오늘은 우리 동네가 생기게 된 이야기에 대해 알아보았어요. · 동네가 생기게 된 이유를 알았나요? · 이야기에 대해 궁금한 점이 있나요? · 다음 시간에는 친구들과 함께 우리 유치원 주변 동네를 돌아볼 거예요. · 우리 동네에는 어떤 것들이 있는지 직접 보기로 해요. ❷ 정리 정돈을 한다. · 오늘 활동한 융판동화는 언어영역에 놓아 둘게요. · 나중에 다시 하고 싶은 친구는 자유선택활동 시간에 해보도록 하자. · 다음 활동을 위해 화장실 다녀올 친구들은 다녀오자.	
확장활동	❶ 우리가 살고 있는 동네를 탐방 후 조를 나누어 신문지를 이용해 동네를 만든다. ❷ 내가 살고 싶은 동네를 상상해서 그려 본다. ❸ 시장놀이를 해 본다.			

교재 · 교구 (그림자료)	

도서관에서

(활동목표) 도서관이 하는 일을 안다.

(활동목표) 그림동화 '도서관에서'

도서관에서

영희와 철이가 엄마와 동네 도서관에 가기로 약속한 날이 왔어요. 그런데 아직도 떠나지 못하고 있었어요. 왜 그럴까요? 영희가 도서관에서 빌려 온 책 하나를 잃어 버려서입니다.

영희와 철이에게는 책이 많았는데, 책상 속에 뒤죽박죽 놓여 있었어요. 영희가 빌려온 책은 책상에 없었어요. 그때 철이가 낡은 인형집 지붕으로 사용되고 있는 책을 찾아냈어요. 엄마가 방에 들어오셔서 말씀하셨어요. "너희들, 책을 어떻게 다루어야 하는지 알아야겠구나."

영희와 철이는 도서관 가는 길에 어린 민이를 만났어요. 민이는 도서관에 가본 적이 한 번도 없었대요. "우리와 도서관에 가 보자, 민아."

영희와 철이가 말했어요.

어린이 도서관에서 일하고 있는 사서 선생님은 영희와 철이의 오랜 친구입니다. 영희와 철이는 자신들이 빌린 책들을 돌려 준 다음 민이의 손을 잡고 서기가 있는 방으로 들어갔어요.

철이는 괴물에 관한 책을 찾고 있었어요. 영희는 재미있는 책 1권과 낡은 인형집을 고치는 방법이 있는 책을 찾고 있었어요. 민이는 어떤 책을 골라야 할지 망설였어요. 도서관에 있는 책들은 영희와 철이 집에 있는 책들보다 더 뒤죽박죽되어 있다고 생각했어요.

"사서 선생님을 위해 책을 가지런히 꽂아 주자." 철이와 영희와 민이는 서로 도왔어요. 그때 민이가 책을 몇 권 떨어뜨렸어요. 그러자 모든 일이 엉망진창으로 되었어요. 사서 선생님이 무슨 일인가 하고 보러 왔어요. "이런!" 사서 선생님이 소리쳤어요. 그러나 선생님은 아이들이 자기를 도와 주려다 이런 일이 생긴 것을 알았어요.

책들은 '가 · 나 · 다…'순으로 꽂혀 있으며 같은 종류의 책은 한 곳에 두도록 정리한다고 알려 주었어요. "책들이 뒤죽박죽으로 꽂혀 있는 것 같지만, 그래도 우리는 어느 책이 어디쯤 있는지 알고 있단다." 사서 선생님이 말했어요.

영희와 철이는 자신들이 찾는 책들이 어디 있는지 알았어요. 사서 선생님은 민이와 이야기를 시작했어요. 사서 선생님은 민이의 아버지가 정비소에서 일하신다는 것을 알게 되었어요. 민이는 차에 대해 많이 알고 있었어요. 그래서 선생님은 차에 관한 책을 찾도록 도와주셨어요.

영희와 철이는 책을 꺼내서 사서 선생님께 드렸어요. 선생님은 고무스탬프로 책에 날짜를 찍고 책을 반납해야 하는 날짜를 알려 주었어요.

집에 돌아온 영희와 철이는 각기 방에서 도서관을 차렸어요. 그들은 집안을 돌아다니며 책을 찾아 모았어요. 모든 책들을 한 곳에 잘 배열하는데 시간이 오래 걸렸어요. 철이는 가짜 고무도장을 만들었어요. 영희는 인형들에게 책을 읽어 주었어요. 생쥐 터비는 꼬리를 흔들고, 고양이는 잠이 들었지만 가만히 이야기를 들었어요. 아빠가 이 도서관의 첫 번째 고객이 되었어요. “내 도로 지도책이 어디 있지?” 아빠가 물어 보셨어요.

영희와 철이는 곧 아빠께 책을 찾아 드렸어요. “책들이 뒤죽박죽인 것처럼 보이지만, 어느 책이 어디 있는지 저희들은 잘 알아요.” 사서 선생님이 말한 것처럼 똑같이 말했어요. 엄마와 아빠는 영희와 철이가 도서관 직원이라고 생각했어요.

소방서놀이

활동목표 극놀이를 통해 소방서가 하는 일을 안다.

활동자료 소방서를 구성할 수 있는 큰 나무토막이나 큰 상자, 호스, 철모자, 모형 전화, 굵은 밧줄이나 끈, 종이, 크레파스 등

활동과정

1. 큰 나무토막이나 상자로 소방서와 불난 집을 만들고 불이 난 집의 표시는 불꽃 모양의 색칠을 한 종이를 한 면에 붙인다.
2. 굵은 밧줄로 끝을 묶어 소방차를 만들어 사용한다.
3. 작은 사다리나 실내 미끄럼대를 이용하여 소방서의 활동을 흥미있게 만든다.
4. 소방서원, 신고자, 주민, 부상자 등 분단별로 역할을 맡는다.
5. 불이 나서 급하게 신고하는 장면으로부터 시작하여 전화를 받고 급히 출동 준비하는 소방서, 출동하여 불 끄는 장면, 불 속에서 위험을 무릅쓰고 밖으로 나오는 주민, 부상자들 등의 맡은 역할을 흥미있게 이끌어 나간다.

유의사항

1. 교사는 개개인이 맡은 역할을 질서 있게 잘 실행하였는지 토의하여 본다.
2. 극놀이가 잘 전개되었는지 유아들과 함께 평가해 본다.
3. 불조심에 대한 인식이 어느 정도인지 알아본다.

소식 전하기

활동목표 소식을 전해 주는 기관을 안다.

활동자료 편지지와 봉투(내용이 써 있는 것), 엽서, 전화기

활동과정

1. 먼 곳의 소식을 알려주는 방법에 대해서 이야기를 나눈다.
   · 소식은 무엇인지 이야기해 준다.
   · 소식은 우리가 어떻게 지내고 있는지를 다른 사람에게 알려주는 것.
   · 먼 곳의 소식을 알 수 있도록 하려면 어떻게 해야 할까?
   -편지를 해요.
   -전화를 해요.
   -전보를 쳐요.
   · 편지를 전할 수 있게 도와 주는 곳은 어디일까?
   -우체국
2. 우체국에서 하는 일에 대해 이야기를 한다.
   · 우체국에서는 어떤 일을 할까?
   -편지, 소포, 전보를 전해 주어요.
3. 편지보다 빠르게 소식을 전할 수 있는 방법은 무엇일까?
   · 전화
   · 전보
4. 전화를 우리가 쓰도록 도와 주는 곳은 어디일까?
   · 전화국
5. 전화국에서는 어떤 일을 할까?
   · 전화가 고장났을 때 고쳐 준다.
   · 전화를 놓아 준다.

우리 동네(유치원 동네)

활동목표

1. 지역사회는 상호 의존함을 안다.
2. 유치원과 집의 위치를 정확히 익힌다.

활동자료 신호악기, 카메라, 녹음기, 악보 '우리 동네'

활동과정

1. 유아들과 의논하여 유치원 동네 중 견학할 곳의 범위를 결정한다.
   · 학부모가 경영하는 곳(책방, 식품점 등)이 있으면 더욱 좋다.
2. 유아를 소집단(15명~20명)으로 나누고 각 집단이 견학할 곳을 정한다.

㉠ (1집단) : 오른쪽 골목 → 식품점 → 우체국 → 은행 → 귀원
   (2집단) : 왼쪽 골목 → 장난감 가게 → 책가게 → 소방서 → 귀원

3. 유치원 동네 견학의 목적 및 주의사항을 서로 이야기하여 약속을 정하고 떠난다.

〈목 적〉

· 유치원 동네에는 어떤 곳이 있나?
· 누가 어떤 일을 하는 곳인가?
· 우리에게 어떤 도움을 주는가? 등에 대해 알아보기 위하여 간다.

〈주의사항〉

· 선생님의 지시, 신호악기 소리에 주의를 기울인다.
· 짝과 손을 잡고 한눈을 팔지 않는다.
· 차조심을 하고 걸어 다닌다.
· 동네 사람들에게 방해되지 않도록 조용히 한다.

· 떠나기 전 반드시 용변을 보도록 한다.

4. 견학을 가서 가능하면 유아들이 주도적으로 주인과 이야기를 나눌 수 있도록 격려한다(인사 나누기, 목적 설명하기, 궁금한 것 질문하기, 감사의 마음을 표시하기).
5. 교사는 대화를 녹음하고, 사진을 찍는다.
6. 유치원으로 돌아온 다음 약속을 지켰는지를 평가한다.
7. 유치원에 남아서 지낸 유아들에게 녹음 테이프를 들려주며 현장감을 느끼게 한다.

유의사항

1. 교사가 한 사람밖에 없을 때는 부모 참여자의 도움을 얻어야 한다.
   교대로 견학을 갈 경우에 유치원에 남은 유아들의 실내놀이 활동을 도와 주도록 요청할 수 있다.
2. 교사는 반드시 견학할 장소와 가는 길을 답사하며 위험한 곳이 있는가를 점검해야 한다.
3. 이 활동은 유치원 동네 지도 만들기로 연결되며 시장놀이로 종합된다.
4. 음률이나 표현활동으로 연결할 수 있다.

11. 경제생활에 관심 가지기

<table>
<tr><th rowspan="2">하위 내용</th><th colspan="2">수준별 내용</th></tr>
<tr><th>I</th><th>II</th></tr>
<tr><td rowspan="4">11. 경제생활에 관심 가지기</td><td colspan="2">· 물건을 잘 간수하고 아껴 쓴다.</td></tr>
<tr><td colspan="2">· 다시 쓸 수 있는 물건을 재활용한다.</td></tr>
<tr><td>· 물건을 살 때 돈이 필요함을 안다.</td><td>· 필요한 물건을 계획해서 사 본다.</td></tr>
<tr><td>· 우리 가족의 직업에 대해 알아 본다.</td><td>· 여러 가지 직업에 대해 알아보고 모든 직업이 소중함을 안다.</td></tr>
</table>

나는 아껴 쓸 수 있어요

활동목표 여러 가지 물건 등을 아껴 쓴다.

활동자료 아껴쓰기와 관련된 상황 그림자료

그림 ①: 음식을 적당히 덜어다 먹고 난 모습과 먹다가 남긴 그림.

그림 ②: 수돗물을 넘치게 틀어 놓거나 손을 씻거나 세수할 때에 틀어 놓고 하는 그림과 적당히 틀어 사용하는 그림.

그림 ③: 식수대에서 물을 따라 마실 때 적당히 따르는 그림과 옆으로 흘러 넘치는 그림.

그림 ④: 몹시 덥다고 선풍기, 에어컨을 여러 대 다 틀어 놓고 있는 그림.

그림 ⑤: 친구들과 물놀이를 할 때 물을 계속 틀어 놓고 하는 그림.

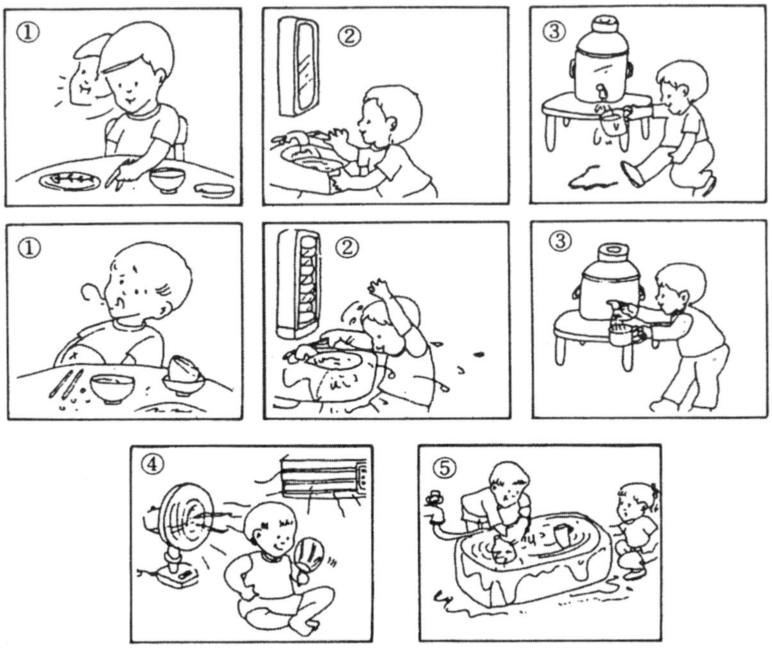

활동과정

1. 어린이와 함께 그림을 보면서 무엇을 하는 내용인지 이야기를 들어 본다.
   · 그림 ①과 관련하여 편식, 식사예절, 음식을 남기지 않고 먹기 등에 대하여 이야기한다.
   · 그림 ②③④와 관련하여 물을 아껴 쓸 수 있는 구체적인 상황을 이야기 나눈다.
   –손씻을 때
   –수돗물을 다 쓰고 난 후
   –수세식 화장실 사용 후
   –컵에 물을 부을 때(물컵에 가득 따라 조금 먹고 버리는 행동도 낭비이다)
   · 그림 ④를 보며 전기를 아낄 수 있는 상황에 대해 이야기 나눈다.
   –전기코드 뽑기
   –불필요한 때 전깃불 끄기
   –냉장고 문은 꼭 필요할 때만 열고, 열고 난 후 빨리 닫기 등
2. 가정통신문을 통하여 부모와 협조하여 음식을 남기지 않고 먹었을 때, 수돗물을 잘 잠갔을 때 등 아껴 쓰기를 실천할 때 예쁜 스티커를 붙여 주어 습관화될 수 있도록 유도한다.

유의사항 어린이들의 행동을 관찰하여 지도가 요망되는 상황부터 구체적으로 상황그림을 제시하여 스스로 자신의 행동을 되돌아볼 수 있는 기회를 주는 것이 바람직하다.

함께 쓰는 물건 간수하기

활동목표 유치원에서 함께 쓰는 물건을 알고 소중히 다룬다.

활동자료 함께 쓰는 물건(크레파스, 색연필, 가위, 풀, 도화지, 동화책, 교재 · 교구 등), 실외놀이터의 놀이시설 등

활동과정

1. 유치원에서 친구들과 함께 쓰는 물건에 대해 알아본다(블록, 물감, 가위, 동화책 등).
2. 친구들과 함께 사용할 때의 상황에 대한 이야기를 나눈다.
   · 다른 친구들과 물건을 함께 쓸 때 어땠니? (재미있어요, 싸웠어요, 혼자만 쓰려고 해요, 망가졌어요. 등)
   · 어떻게 해야 함께 잘 쓸 수 있을까? (순서를 정해요, 나눠 써요, 사이좋게 써요, 망가지지 않게 조심해요. 등)
3. 내 것과 모두가 함께 쓰는 것과의 차이점에 대해 이야기 나눈다.
   · 내 것과 함께 쓰는 것은 어떻게 다르니?
4. 모두가 함께 쓰는 물건도 내 물건처럼 소중하다는 것을 이야기한다.
   · 함께 쓰는 물건이 없다면 어떨까? (불편해요, 각자 가져와야 해요. 등)

유의사항 모두가 함께 쓰는 물건을 집에 가져가지 않도록 지도한다.

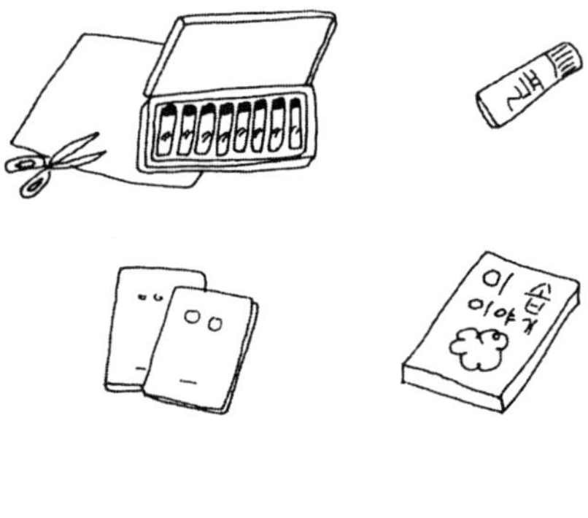

전기 아껴쓰기

활동목표 전기를 아껴쓰는 방법을 알고 실천한다.

활동자료 전기를 이용하는 제품 사진(형광등, TV, 세탁기, 냉장고, 청소기, VTR, 라디오 등), 모든 전기기구를 한꺼번에 사용하는 그림, 과열하여 터지는 그림

활동과정

1. 정전을 경험했을 때의 느낌과 불편했던 점에 대해서 이야기 나눈다.
   · 정전이 되었을 때 어떤 느낌이었니?
   · 어떤 점이 불편했니?
2. 정전은 왜 일어나는지 이야기 나눈다.
   (전기를 한꺼번에 많이 사용해서 부족하므로, 고장이 나서, 주변에서 공사 중일 때 등)
3. 우리 생활에서 전기를 사용하는 것에는 무엇이 있는지 그림자료를 보며 알아본다.
4. 전기를 아껴 쓰려면 어떻게 해야 하며, 우리가 실천하기 위해서는 어떻게 해야 하는지에 대해 이야기 나눈다.
   (TV 안볼 때 끄기, 아무도 없는 방이나 화장실의 불 끄기, 냉장고 문 자주 열지 않기, 에어콘 사용 줄이고 선풍기 · 부채 사용하기, 플러그 여러 개 꽂지 않기, 플러그 빼놓기 등)

5. 가정과 연계하여 실천할 수 있도록 실천표를 가정으로 보내어 활동하도록 한다.

____________ 학부모님께

전기 아껴쓰기에 대한 이야기를 나누고 어린이들이 실천할 수 있는 일들을 함께 생각해 보았습니다. 가정에서도 꾸준히 실천될 수 있도록 협조해 주세요.

항 목 / 날 짜	7/6	7/7	7/8	7/9	7/10	7/11	7/12	7/13	7/14
	월	화	수	목	금	토	일	월	화
TV안볼 때 플러그 뽑아 놓기	♡	♡	♡	♡	♡	♡	· ·	· ·	· ·
아무도 없는 방에 불끄기	♡	♡	♡	♡	♡	♡	· ·	· ·	· ·
· ·									
· ·									

(잘 지켰으면 초록색, 지키지 못했으면 빨간색으로 색칠해 주세요.)

○○반 이름○○○

〈우리 집 가족회의〉

주제 : (월 일)

( )의 의견 :
( )의 의견 :
( )의 의견 :
( )의 의견 :

우리 가족은 다음과 같이 결정하였습니다.

* 회의 기록은 부모님이 해 주세요.

유의사항 정전 화보(신문에 난 정전기사 스크랩북 만들어 놓기), 그림자료를 활용하여 동기화한다.

교사를 위하여

선풍기의 강풍은 미풍보다 30% 정도 전력이 더 든다. 선풍기를 오래 켜 놓으면 뜨거워져 냉방효과가 떨어지고 건강에도 좋지 않다. 선풍기는 방문을 열어놓고 사용하는 것이 좋다. 잠들기 전에는 반드시 선풍기를 끄는 것을 잊지 말자. 자칫 잘못하면 목숨을 잃을 수도 있다. 가능하면 자연풍과 같은 방향에서 바람이 나오도록 선풍기를 켜놓는 것이 좋다.

(조선일보 1998. 6. 8)

화장지를 알맞게 사용해요

활동목표 화장지를 알맞게 사용하는 법을 알고 실천한다.

활동자료 그림과 같은 코끼리 코로 된 화장지 절취선이 그려진 그림판, 실제 화장지 준비

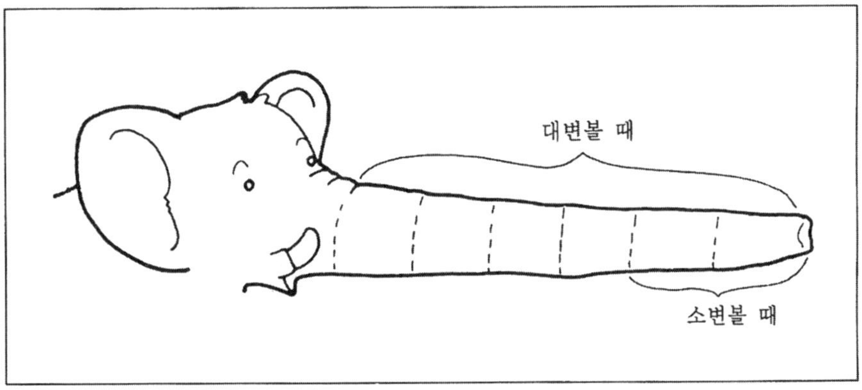

활동과정

1. 코끼리 코를 보고 소변과 대변 후에 사용할 양의 화장지는 몇 장이면 되는지 이야기한다.
   - 이 모양이 무엇과 같을까? (코끼리 그림판)
   - 화장실에 가서 소변 보고 난 후 어떻게 하지요?
   - 소변 본 후 화장지로 물기를 닦아야 한대요. 화장지는 몇 장을 갖고 하면 좋을까?
   - 대변 볼 때보다 적게 사용할 수 있지요. 몇 장으로 사용할까? 세어 보자 등
2. 실제로 화장지를 뜯어 본다.
3. 화장지를 어떻게 접어 사용하는지 접어 본다.

상품 비교하기

활동목표

1. 사고 싶은 물건의 상품에 대하여 알아본다.
2. 상품의 장 · 단점을 비교해 본다.

활동자료 여러 가지 종류의 상품(예 색연필)

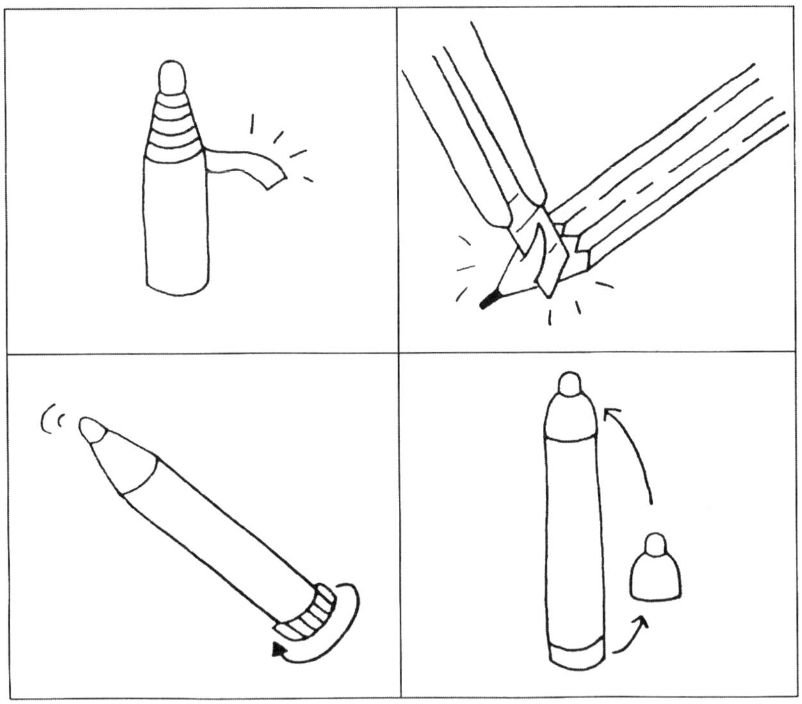

활동과정

1. 유아는 사고 싶은 물건을 하나 선정한다(예를 들어 색연필을 선정했을 경우).
2. 선정된 상품(색연필)의 특징에 대하여 알아보고 비교해 본다.

㉾ 색연필의 종류 및 특징

A. 종이를 풀어서 깎는 것	B. 칼과 기계로 깎는 것
C. 꼭지를 돌리는 것	D. 심을 계속 끼워서 쓰는 것 등

3. 각 다른 종류의 상품을 사용한 친구들의 이야기를 들어 본다.
4. 각 유아는 어떤 상품을 쓸 것인지에 대해 나름대로의 생각을 이야기해 본다.
5. 결정한 상품과 그 상품을 선택한 이유를 말해 본다.
6. 여러 종류를 직접 사용해 보고 느낌을 이야기해 본다.

사전 · 사후활동

① 선정한 상품들을 그래프로 그려 본다.

② 예를 들어 위 색연필의 종류 A, B, C, D를 선택한 경우 다음과 같이 조사해 볼 수 있다.

	· 유화 · 진우	· 수안	· 재희 · 형승 · 진호	· 화연 · 지원
사람 / 종류	A	B	C	D

유의사항 상품의 디자인에 현혹되지 안고 기능에 더 중점을 두고 상품을 선택할 수 있도록 한다.

물건 사기 전에 계획하기

활동목표

1. 물건을 살 때는 계획해서 구입해야 함을 안다.
2. 욕구를 조절하는 습관을 기른다.

활동자료 인형 2개, 메모지, 펜

활동과정

1. 2개의 손인형이 서로 백화점에 다녀온 이야기를 들려준다.

〈상황 이야기 1〉

나는 엄마와 백화점에 갔다. 사고 싶은 물건이 너무 많았다. 엄마는 옷, 신발, 화장품을 사고, 나는 장난감, 게임기, 웃옷을 잔뜩 샀다. 집에 돌아와 다시 살펴보니 엄마는 똑같은 옷을 샀고 화장품이 아직 남아 있어서 후회를 하셨다. 나는 장난감이 부서져서 못쓰게 되어 버렸고 웃옷보다는 바지가 부족하다는 것을 알게 되었다. 또, 오늘 쓴 돈을 계산해 보고 너무 많이 써서 깜짝 놀랐다.

〈상황 이야기 2〉

엄마는 시장에 가서 사야 할 물건을 계획하고, 엄마와 나는 살 물건들을 적어 보았다. 엄마는 내가 사고 싶어하는 물건이 있는지를 물어 보셨고 서로 이야기해 보았다. 내가 꼭 갖고 싶어하는 물건 중 엄마가 사줄 수 있는 물건 한두 가지를 적었고 다른 것은 다음 번에 사기로 했다.

2. 두 이야기가 어떻게 다른지 비교하여 이야기 나눈다.
3. 물건을 사본 경험에 대해 이야기 나눈다.
   - 누구와 함께 샀니?
   - 무엇을 샀니?
   - 어디에서 샀니?
4. 물건을 사는 방법에 대해 이야기 나눈다.
   - 물건을 사러 가기 전에는 무엇을 해야 할까?

     (계획을 세운다, 살 물건을 적어 본다. 등)

물건 값은 얼마일까요?

활동목표

1. 화폐의 교환 가치 기능을 안다.
2. 상품의 가격과 동일한 금액의 돈을 찾을 수 있다.

활동자료 가게 그림판, 물건 그림카드, 물건값 카드

활동과정

1. 가게 그림판에 있는 물건과 가격을 살펴본다.
2. 가게에서 사고 싶은 물건 그림카드를 하나 고른다. 그 물건의 가격을 알아보고, 알맞은 물건 값이 적힌 카드를 찾아 물건 그림카드 아래에 붙인다.
3. 같은 방법으로 물건을 고르고, 알맞은 물건값 카드를 붙인다.
4. 교사는 활동을 하고 있는 유아에게 적절한 질문을 하여 물건에 따른 금액의 차이를 비교해 볼 수 있도록 한다.
   · 가장 많은 돈(비싼 물건)이 필요한 것은 어느 것인가?
   · 가장 적은 돈(싼 물건)이 필요한 것은 어떤 것인가?

확장활동

· 유아들이 물건값을 익숙하게 찾게 되면, 물건을 여러 개 사는 상황도 만든다.
  -바나나를 2개 사려면 얼마가 필요할까?
  -바나나 한 개와 사과 한 개를 사려면 얼마가 필요할까?
· 유아들이 개별적으로 활동에 익숙해지면 두 명이 그룹 게임 형태로 놀이를 해 본다.
  -물건 그림카드는 뒤집어서 쌓아 둔다.
  -물건 값 카드는 잘 보이게 흩어 놓는다.
  -순서를 정한다.
  -이긴 사람이 먼저 물건 그림카드를 한 장 뒤집는다. 그 물건의 알맞은

물건 값 카드를 찾는다. 먼저 찾은 사람이 물건을 가져 간다.
-차례대로 카드를 뒤집으면서 같은 방법으로 물건을 다 살 때까지 한다.
-물건을 더 많이 사 온 사람이 이긴다.

〈그림자료〉

가게 그림판

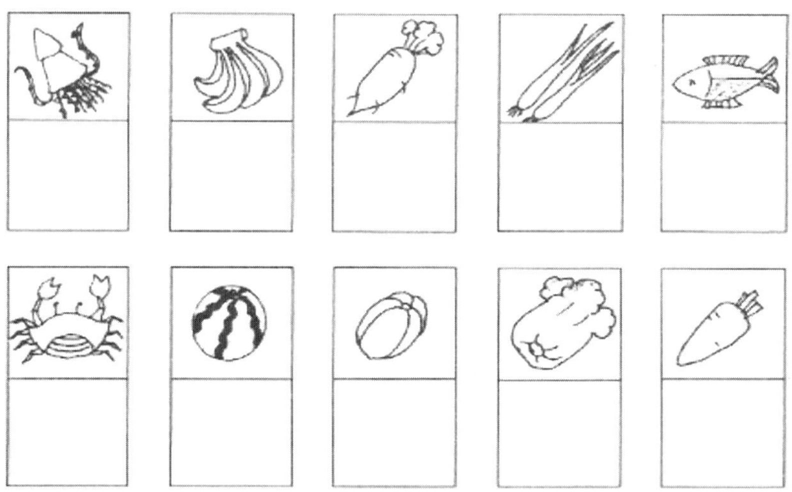

물건 그림카드

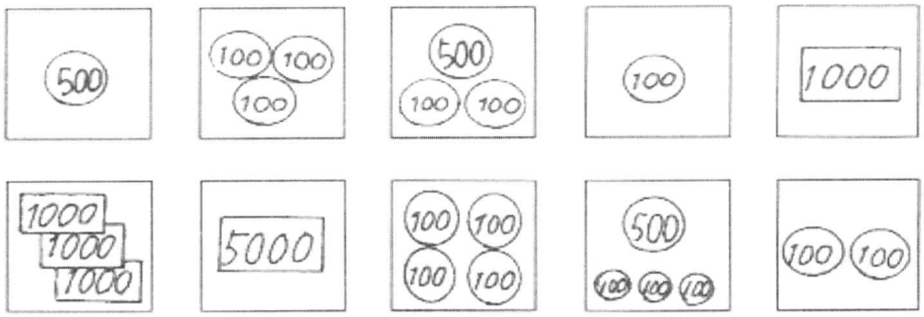

물건값 카드

♣ 출처 : 유치원 교육 활동 지도자료 3.

필요한 물건만 사기

활동목표

1. 내가 가진 물건이나 꼭 사지 않아도 되는 물건에 대해 알아본다.
2. 필요한 물건만 사는 습관을 기른다.

활동자료 도화지, 색연필, 사인펜, 상황그림

활동과정

1. 여러 가지 상황 그림을 보면서 이야기 나눈다.
   · 꼭 필요한 물건과 없어도 되는 물건은 무엇일까?
2. 자신이 가지고 있는 물건 중 더 사지 않아도 되는 물건을 의논한다.

♠ **상황그림**

1. 문구점에서 엄마와 함께 학용품을 사고 있는 그림
2. 장난감을 가지고 있는 유아가 또 장난감을 사 달라고 떼쓰는 그림
3. 똑같은 옷인데 레이스가 더 달렸다고 사 달라고 떼쓰는 그림
4. 낡은 운동화를 신고 있는 유아가 엄마와 함께 신발을 사고 있는 그림
5. 오락 게임기를 한 개 더 사달라고 떼쓰는 그림

유의사항

1. 활동을 통해서 지나치게 많은 물건을 가지고 있는 것에 대해 다시 한 번 생각해 보도록 한다.
2. 필요없는 물건을 사는 일이 없도록 유의한다(크레파스, 물감 등을 낱개로 구입할 수 있다).
3. 필요하지 않은 물건을 또 사고 싶을 때 참을 줄 알도록 한다.

알뜰 어린이 시장

활동목표

1. 사용하지 않은 물건을 서로 바꾸어 쓰는 태도를 가진다.
2. 물건을 계획해서 사는 경험을 한다.

활동자료 집에서 사용하지 않은 유아 물건 3가지, 투명한 포장지, 리본테이프, 가위, 알뜰표(쿠폰)

활동과정

1. 집에서 사용하지 않는 유아용품(장난감, 책, 옷, 신발, 모자, 액세서리 등)을 알아 친구와 바꾸어 사용할 물건을 3가지 정도 가져온다.
2. 집에서 가져온 물건 중에서 너무 낡아서 사용하지 못하는 물건이나 유아 수준에 맞지 않는 물건을 가려 내고 더러운 물건은 깨끗이 빨거나 닦는다.
3. 우리반 물건을 종류대로 분류한 후 어떤 물건들이 들어 있는지 알아보고 종류별로 가게를 정한다(신발가게, 옷가게, 책가게, 모자가게, 장난감 가게 등).
4. 집단별로 나누어 유치원 마당이나 놀이실에 가게를 꾸민다(가게 이름과 여러 가지 관련된 그림을 붙인다).
5. 각 집단의 물건을 예쁜 투명 포장지에 넣어 리본 끈으로 묶어서 가게에 진열한다.
6. 유아들에게 각각 알뜰표 2장씩을 나누어 주어 가게에서 필요한 물건을 사 보도록 한다.
7. 계획한대로 구입했는지 평가한다.

사전 · 사후활동

1. 알뜰 시장을 견학하고 알아본다.
2. 상거래의 질서에 대해서 이야기 나눈다.

유의사항

1. 물건을 한꺼번에 다 진열하면 나중에 사는 유아는 사고 싶은 것을 사지 못하는 경우가 있으므로 골고루 나누어 진열해 놓는다.
2. 집에서는 3가지 물건을 가지고 왔으나 진열할 수 없는 물건을 가려 냈으므로 알뜰표 2장으로 물건 2가지 만을 살 수 있는 원칙을 정해 줄 수 있다.
3. 가게주인과 손님역할을 교대로 한다.
4. 물건 소개서를 활용할 수 있다.

내가 가져온 ____________________

4살 때 생일선물로
받은 것입니다.

○○반
이름 ○○○

옷 물려 입기

활동목표

1. 다른 사람이 입던 옷이라도 나에게 어울릴 수 있음을 안다.
2. 물려받은 옷을 입어 보는 경험을 한다.

활동자료 물려받은 헌옷

활동과정

1. 물려받은 옷이 있는 유아에게 그 옷을 입고 오게 한다.
2. 물려받은 옷에 대해 이야기 나눈다.
   · 누구에게 물려받았니?
   · 물려받은 옷을 입은 느낌은 어떠니?
   · 자기의 옷 중에서 물려줄 옷이 있다면 누구에게 주고 싶니?
   · 어떤 옷을 주고 싶니?
   · 왜 주고 싶니?
   · 물려주기 위해서는 어떻게 하면 좋을까?
   (깨끗하게 빤다, 다림질을 한다, 떨어진 곳을 수선한다. 등)

사전 · 사후활동

1. 작아져서 못 입게 되었거나 싫증이 나서 안 입는 옷을 가지고 와서 바꿔 입어 본 후 그 옷을 마음에 들어하는 친구나 동생에게 주도록 한다.
2. 다른 물건(책, 학용품, 가방, 신발 등)도 물려주는 활동을 할 수 있다.

쓰레기 버리는 방법

활동목표 쓰레기를 버리는 방법을 안다.

활동자료 그림자료(순서카드), 헌 옷, 상자, 우유곽, 병, 캔

활동과정

1. 쓰레기를 버리는 방법에 대해 이야기 나눈다.

옷 : 개켜서 옷수거함에 넣는다.

빈 상자 : 접어서 부피를 줄인다.

우유곽 : 씻은 후 펴서 말린다.

병 : 담뱃재 등 이물질을 넣지 않고 씻어서 모은다.

캔 : 눌러서 오그린 후 모은다. 등

2. 음료수, 우유 등을 먹고 버리는 과정이 순서카드를 보면서 이야기 나눈다.
   (먹는 장면 → 씻거나 접는 방법 → 말리는 장면 → 한 곳에 모으는 장면 → 수거해 가는 장면)
3. 각각의 쓰레기는 따로따로 모아서 다시 사용할 수 있음을 이야기한다.

옷 : 옷이 부족한 사람들에게 보낸다.

병 : 씻어서 다시 사용한다.

상자, 우유곽 : 재생종이, 재생휴지

캔 : 녹여서 다시 만든다. 등

사전 · 사후활동

1. 유치원에서도 간식 후 또는 점심 후에 빈 상자, 우유곽, 병, 캔 등을 정리해 모은 후 고물상이나 재생공장에 판매하는 활동을 할 수 있다.
2. 집에서 작아진 옷을 가져와 모아서 필요한 곳에 보내는 활동을 할 수 있다(가정에서도 이 활동을 연장할 수 있는 부모교육을 한다).
3. 전날 먹은 우유곽을 씻어 그 물은 화분을 주고, 양치질할 때 컵으로 사용한다.
4. 우유곽에 네임펜으로 이름을 적어 물놀이할 때의 이름표로 사용할 수도 있고, 반듯하게 오려 왼쪽 상단에 구멍을 뚫어 낱말카드로 사용할 수 있다.

유의사항 '재활용품 분리 배출요령'을 참고할 수 있다.

정리상자 만들기

활동목표 폐품활용에 관심을 가진다.

활동자료 빈 상자, 칼, 가위, 색도화지, 매직, 시트지

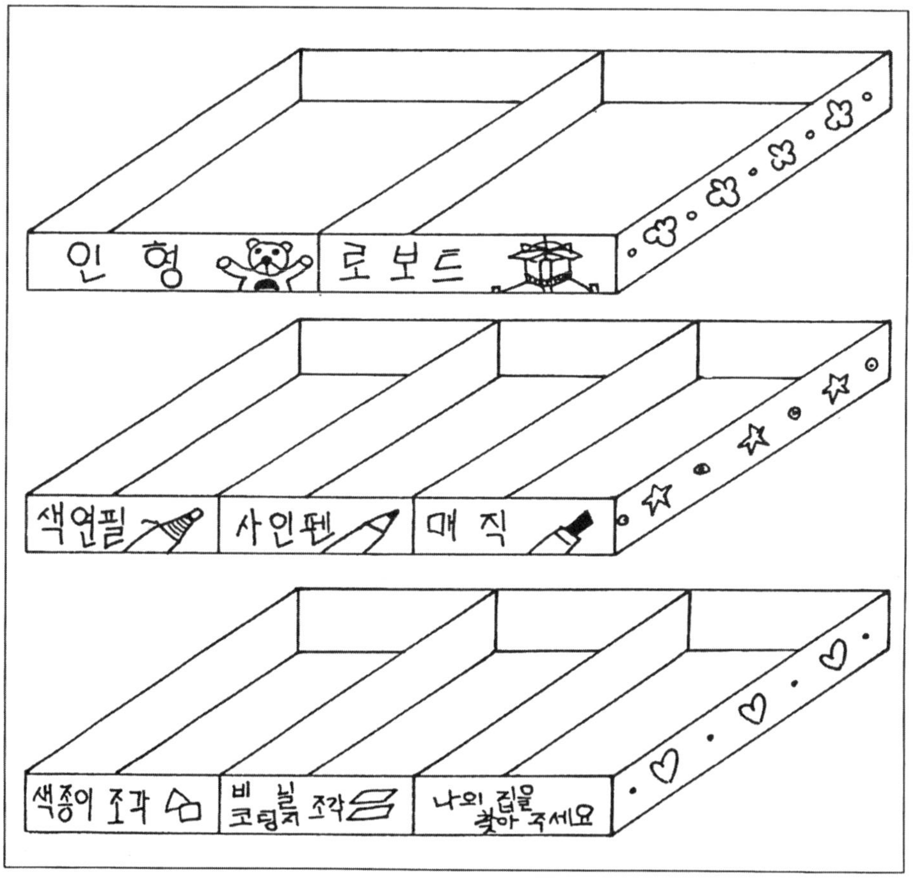

활동과정

1. 여러 가지 종이상자를 보여주며 이야기 나눈다.

· 이것으로 무엇을 할 수 있을까? (물건을 담아 놓는다, 쌓기놀이를 한다, 작업활동에서 사용한다. 등)

2. 장난감 정리상자를 만드는 방법에 대해 이야기 나눈다(정리상자가 필요한 장난감의 크기, 종류, 수 등을 알아본다, 여러 가지 종이상자를 모은다, 장난감 정리상자를 만드는 방법에 대해 생각해 본다, 만드는 데 필요한 자료를 모은다. 등).
3. 유아들이 생각한 방법으로 정리상자를 만들어 본다.

사전 · 사후활동

1. 가정에서 장난감 뿐만 아니라 속옷정리 상자, 양말정리 상자, 작은 소품 정리 상자 등을 만들어 본다.
2. 유아들이 만든 여러 가지 정리상자를 모아서 전시회를 열어 본다.

유의사항

1. 큰 상자를 자르는 데 칼을 사용할 경우 위험하므로 교사가 도와 준다.
2. 유아들이 만든 상자는 연필 · 풀 · 가위 등의 자료 정리함으로 이용할 수 있다.

학용품 아껴쓰기

활동목표

1. 학용품을 아껴쓰는 방법을 안다.
2. 학용품을 끝까지 활용하여 쓰는 태도를 가진다.

활동자료 심이 부러진 연필들, 몽당연필과 연필깍지, 동강난 크레파스들, 나오지 않는 사인펜이나 매직펜, 귀퉁이만 조금 쓰거나 한두 번 접어서 버린 색종이나 종이 몇 장, 악보 '몽당연필'

몽당연필의 노래

이지원 요
이지원 곡

활동과정

1. 준비한 자료들을 보여주며 이렇게 된 이유를 이야기 나눈다.
   - 왜 이렇게 되었을까? (힘을 주어 썼기 때문이다, 떨어뜨렸기 때문이다, 사용 후 뚜껑을 닫지 않았기 때문이다, 자기가 쓸 종이의 양과 용도를 미리 생각해 보지 않았기 때문이다. 등)
2. 학용품을 아껴쓸 수 있는 방법을 이야기 나눈다.

· '몽당연필의 노래'를 불러 본다(악보 참조).
· 짧아진 연필이나 크레파스를 더 오래 사용하려면 어떻게 할까?
(볼펜대를 댄다, 두꺼운 종이를 연필 · 크레파스에 대고 말아서 깍지를 만들어 끼워 사용해 본다, 크레파스를 녹여서 재생해서 사용한다. 등)
· 종이는 어떻게 사용해야 할까? (적정량을 사용한다, 사용 후 남은 종이는 잘 정리해 둔다, 종이 보관함을 함께 정하고 꾸며 본다. 등)
· 학용품은 왜 아껴 써야 할까? (학용품이 만들어지기까지의 과정이 매우 복잡하고 힘들다는 점을 이야기한다.)

사전 · 사후활동

· 유아들과 함께 크레파스를 직접 재활용해 본다(색깔초 만들기 등).
· 몽당연필이나 짧아진 크레파스, 재활용 종이 등을 보관해 둘 상자나 통을 유아들이 예쁘게 꾸며 본다(와이셔츠나 내의 상자, 화장품 케이스, 우유통 등).
· 기타 여러 가지 물건을 아껴쓰는 방법을 이야기한다(물, 비누, 치약, 전기, 휴지 등).
· 헌 학용품을 교환하는 시장을 열어 본다.

유의사항

· 각자 자기 크레파스를 사용하는 경우에 낱개마다 견출지를 이용하여 이름을 써 붙이도록 하며 학기 초 부모교육 때 강조한다(모든 물품에 이름을 기입함).
· '잃은 물건 찾아가세요!' 상자를 하루 한 번씩 살펴서 자기 이름이 붙여진 자기 물건이 있으면 챙겨서 귀가한다.
· 유치원에서 물건을 습득한 유아는 '잃은 물건 찾아가세요' 상자에 넣는다.
· 매 주말에 교사는 '잃은 물건 찾아가세요' 상자를 확인하여 찾아가지 않은 물건이 있으면 모두 찾아가도록 소개한다.
· '잃은 물건 찾아가세요' 상자에서 자기 물건만 꺼내 간다.
(꺼내갈 때는 교사에게 확인을 받고 가져가도록 한다)
· 자기 물건을 한 번도 잃지 않은 유아는 주기적으로 이름을 불러 주고 칭찬한다.

청소부 아저씨

활동목표 청소부 아저씨에 대한 고마움을 안다.

활동자료 그림동화 '청소부 아저씨'

청소부 아저씨

쓱쓱 싹싹

이른 새벽에 청소부 아저씨가 쓰레기를 치우고 있어요. 길에 버린 쓰레기를 모두 치워요. 쓰레기를 함부로 버리면 아저씨들이 힘들 거예요.

청소부 아저씨가 없으면 거리도, 우리 집도, 온통 쓰레기로 가득할 거예요.

엄마, 아빠는 쓰레기를 치우느라 무척 고생하실거예요.

우리는 쓰레기에서 생기는 나쁜 냄새와 병균들 때문에 앓아 누울 거예요.

청소차가 왔어요. 딸랑딸랑

집집마다 버린 쓰레기도 청소부 아저씨가 말끔히 치워 주지요.

청소차들이 여러 곳에서 쓰레기를 실어 와서 한 곳에 모아요.

쓸 것과 못 쓸 것을 골라 내는 분들이 쓰레기 더미에서 열심히 일하고 있어요.

쓸 것과 못 쓸 것을 잘 나누어서 버려야 힘이 덜 들거예요.

청소부 아저씨는 참 고마운 분이에요. 나는 아저씨를 볼 때마다 '고맙습니다' 하고 인사를 해요.

활동과정

1. 동화를 들려준다.
2. 청소부 아저씨가 안 계신다면 어떤 일이 벌어질까? 이야기한다.
3. 어떻게 하면 청소부 아저씨를 덜 힘들게 할까? 의논한다.

누가 사용하는 것일까요?

활동목표 다양한 직업에 따라 사용하는 기구를 안다.

활동자료

1. 목수 - 톱, 망치, 못……
2. 요리사 - 그릇, 냄비, 앞치마, 요리사 모자……
3. 미용사 - 빗, 가위, 거울, 헤어 드라이어……
4. 어부 - 그물, 물고기, 낚싯대……

활동방법

1. 가게놀이에서 사용한 삼각판 뒷면에 왼쪽에는 직업 이름과 직업인 그림이나 사진을 붙이고, 오른쪽에는 주머니를 만든다.
2. 자유선택 활동 시간에 유아들이 잡지에서 오린 여러 가지 물건 그림을 카드로 만들어 상자 안에 넣어서 판 앞에 놓아 둔다.
3. 직업인과 관련 있는 그림카드를 골라서 직업인 옆의 주머니에 넣는다.

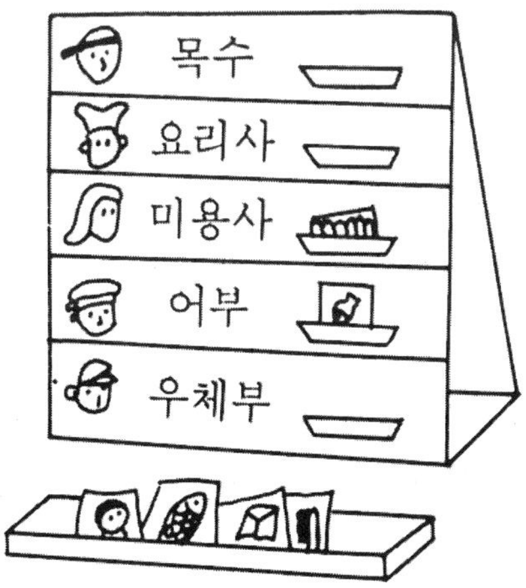

음식점 놀이

활동목표

1. 친구들과 역할을 나누어 즐겁게 놀이를 한다.
2. 음식점 놀이를 통해 주방장, 요리사, 주인, 손님의 역할에 관심을 가진다.

활동자료 여러 가지 음식 모형, 그릇, 쟁반, 바구니

활동과정

1. 유아들은 역할놀이 영역에서 음식을 만들며 놀이한다.
   · 역할놀이 영역에 비치되어 있는 음식 모형을 이용하여 음식을 만든다.
   · 만든 음식을 그릇에 담아 직접 먹거나, 다른 친구들에게 대접하기도 한다.
2. 유아들이 자유롭게 음식 만들기 놀이를 하고 있을 때, 교사도 놀이자로 참여하면서 놀이를 확장시킨다.
   · 우리가 만든 맛있는 음식을 다른 곳에서 노는 친구들에게도 주면 어떨까?
   · 어떤 방법으로 음식을 줄 수 있을까?
     - 이곳으로 초대한다. 친구들이 노는 곳으로 가져다 준다. 등
   · 누가 음식을 가져다 줄까? 음식점에서 집으로 음식을 가져다 주는 사람을 본 적이 있니?
   · 그런 사람을 뭐라고 부르니?
3. 음식 배달원을 정한다.
   · 음식을 어디에 담아 배달해 줄까?
     - 쟁반, 바구니 등
4. 역할을 나누어 음식 배달 놀이를 한다.
   · 음식을 만드는 사람은 역할놀이 영역에서는 음식을 만든다.
   · 배달원은 방 안 곳곳을 다니며 음식을 배달해 주겠다고 알린다.
   · 만든 음식을 원하는 유아들에게 배달해 주고, 다 먹은 음식은 다시 역할놀이 영역으로 가져온다.

· 유아들이 원하면 음식을 만드는 사람과 배달하는 사람의 역할을 바꾸어서 해 본다.

· 교사는 유아들이 놀이를 하면서 자신의 역할과 상황에 맞는 적절한 말을 하도록 돕는다.

㉮ 여기 음식 배달 왔습니다. 맛있게 드세요. 고맙습니다. 수고하세요. 맛있게 먹었습니다.

5. 놀이 시간이 끝나면 모여서 놀이한 것에 대해 이야기한다.
   · 음식 배달원이 되어 수고했던 유아를 격려해 준다.
   · 음식 배달 놀이를 해 보니 마음이 어떠니? 어떤 점이 재미있었니?
   · 어떻게 하면 더 재미있게 놀이할 수 있을까?

확장활동

· 위에 제시된 방법보다 역할과 과정을 좀 더 세분화하여 Ⅱ수준 활동의 음식 배달 놀이로 확장할 수 있다. 예를 들어, 음식 메뉴판을 만들어 유아들이 그것을 보고 음식을 주문할 수 있게 하거나, 돈을 만들어 음식값을 주고받을 수도 있고, 상자를 이용해서 실제처럼 배달통을 만들어 놀이를 한다.

〈그림자료〉

주 문 서

토끼나라 음식점 전화번호 :

식탁번호	인원수	날 짜	
		2007년 월 일	
메 뉴		가 격	수 량
김 밥		2,500원	
통 닭		3,000원	
햄 버 거		1,000원	
계 란 후 라 이		500원	
샌 드 위 치		1,000원	
자 장 면		2,500원	
피 자		15,000원	
아 이 스 크 림		500원	
돈 까 스		3,000원	
종업원 이름 :		합 계	

음식점 놀이

이름 : ____________

♠ 음식점 놀이를 한 후 제일 재미있었던 역할에 ㅇ표 하세요.

주방장(　　)　　주인(　　)　　종업원(　　)　　손님(　　)

☞ 음식점 놀이를 한 후 다시 해 보고 싶은 역할에 ㅇ표하세요.

주방장(　　)　　주인(　　)　　종업원(　　)　　손님(　　)

♣ 출처 : 월간유아 2005, 유치원 교육활동 지도자료 3.

생선가게 놀이

활동목표

1. 화폐의 교환 가치 기능을 안다.
2. 상품의 가격과 동일한 금액의 돈을 찾을 수 있다.

활동자료 가게 그림판, 물건 그림카드, 물건값 카드

활동과정

1. 생선가게를 하기 위한 준비를 한다.
   · 생선그림을 그려 오리고, 물건값 카드와 동전을 준비한다. 가게 그림판도 만든다.
2. 가게 그림판에 있는 생선과 가격을 살펴본다.
3. 사고 싶은 생선그림을 고르고, 그 물건의 가격을 알아본다.
4. 주인은 생선그림을 손님의 바구니 카드에 붙여 주고, 손님은 가격만큼 돈을 낸다.
5. 같은 방법으로 생선을 사고 판다.
6. 교사는 활동을 하고 있는 유아에게 적절한 질문을 하여 물건에 따른 금액의 차이를 비교해 볼 수 있도록 한다.
   · 가장 많은 돈(비싼 물건)이 필요한 것은 어느 것인가?
   · 가장 적은 돈(싼 물건)이 필요한 것은 어떤 것인가?

확장활동

· 유아들이 물건값을 익숙하게 찾게 되면, 물건을 여러 개 사는 상황도 만든다.
· 생선 한 마리 사려면 얼마가 필요할까?,
· 생선 한 마리와 오징어 한 마리를 사려면 얼마가 필요할까? 등.

〈그림자료〉

생선가게 놀이(1)

이름 : ______________

♠ 바다에 사는 것들이에요. 알맞은 이름을 오려 붙이세요.

게	불가사리	복 어	조 개
가오리	해 마	소 라	뱀장어
거 북	오징어	새 우	말미잘

생선가게 놀이(2)

이름 : ______________

♠ 생선을 요리해서 먹는 방법을 아는 데로 친구와 함께 적어 보세요.

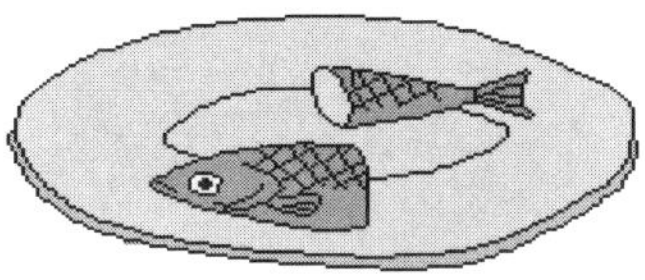

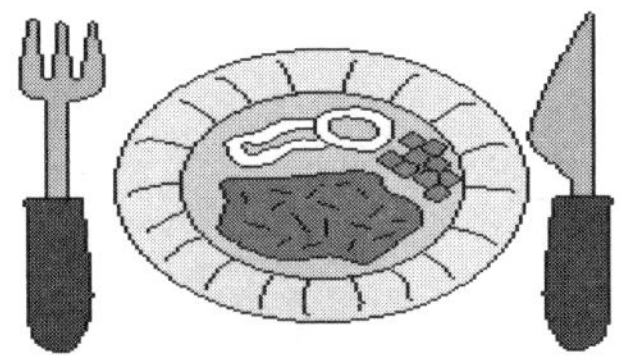

생선가게 놀이(3)

이름 : ______________

♠ 생선가게 놀이를 하고 난 후 제일 재미있었던 역할에 ○하세요.

가게주인 (   )

손님 (   )

♠ 생선가게 놀이를 하고 난 후 다시 해 보고 싶은 역할에 ○하세요.

가게주인 (   )

손님 (   )

♠ 다시 하고 싶은 이유를 써 보세요.

♣ 출처 : 월간유아 2005.

병원놀이

활동목표

1. 병을 예방하고 치료하는 기관이 있음을 안다.
2. 다양한 방법으로 극놀이를 할 수 있는 표현 능력을 기른다.

활동자료 의사가운, 간호사 옷, 병원놀이 세트 혹은 실물자료(혈압계, 체온계, 붕대, 반창고) 진료카드, 의료보험카드, 필기구, 약봉지 등

준비사항

· 역할놀이 영역에서는 병원놀이를 할 수 있는 공간을 확보하고 바구니에 진찰실, 주사실, 약제실, 접수창구 등에서 사용하는 물건을 나누어 두고 벽면에 시력검사표를 붙여 둔다.

· 미술영역에서는 진료카드, 의사 이름표, 병원과 진료 과목 간판, 의료보험카드와 간호사 모자, 의사 반사경, 약 등을 만들 수 있도록 계획한다면 쉽게 활용할 수 있다.

활동과정

1. 병원놀이에 필요한 것들을 소개한다.
   · 병원놀이를 하려면 누가 있어야 할까?
   · 병원놀이에는 어떤 물건이 필요할까?
   · 병원에 가면 어떻게 해야 할까?
   · 필요한 물건을 어떻게 준비할까?
2. 소품을 이용하여 병원을 꾸민다.
   · 병원 이름은 무엇으로 할까?
   · 환자가 오면 접수하는 곳은 어디로 할까?
   · 환자를 치료하는 곳은 어떻게 만들까?
   · X-Ray 사진을 찍는 곳은 어디로 만들까?

3. 병원놀이에 필요한 의사 반사경, 각 영역에 필요한 안내 표시 등은 미술영역에서 만든다.
4. 병원놀이에 필요한 역할을 정한다.
   · 병원에는 어떤 사람들이 있지 ?
   · 의사, 간호사, 약사, 환자, X-Ray 기사는 누가 할까 ?
   · 환자는 어떻게 하면 좋을까 ?
5. 진찰하기, 주사 맞고 약지어 가기, 입원하기 등 병원놀이를 한다.
6. 놀이가 끝나면 역할을 바꾸어서 해 보고, 재미있었던 일, 불편한 점에 대해 이야기한다.

유의사항

· 놀이에 사용하는 약은 초콜릿이나 주스 가루로 하고, 놀이할 때 사용하는 약과 실제 약을 구분할 수 있도록 주의시킨다.
· 사전 활동으로 병원을 현장학습하려 한다면, 병원을 선정할 때 질환을 치료하는 기관은 피하도록 한다.

확장활동

· 미술영역에서는 진료카드, 의사 이름표, 병원과 진료 과목 간판, 의료보험카드와 간호사 모자, 의사 반사경, 약 등을 만들 수 있도록 계획한다.
· 병원놀이 전개에 따라 119 구조대 놀이 등과 연결하여 확장할 수 있다.
· 미술영역에서 X-Ray 사진 그리기를 한다.

〈그림자료〉

〈진료카드〉

이름 :	(남, 여)	살
날 짜	아픈 곳	치 료
		약 (　) 주사 (　) 검사 (　)

〈의료보험카드〉

의료보험증 ☆이름 : ☆나이 : ☆주소 :	날 짜	치료기관
	월 일 월 일 월 일 월 일	

진 찰 증

이 름		몸 무 게	
나 이		혈 액 형	
주 소		키	
전화번호		성 별	남, 여
의사선생님의 생각	◈ 어디가 어떻게 아프세요?		
처 방	◈ 이렇게 하면 낳아요?		
			○○병원(000)353-1711

병원놀이

이름 : ______________

♠ 병원의 종류를 알아보아요.
해당되는 병원의 이름을 적어 보고 신문이나 잡지에서 찾아서 붙여 보세요.

몸을 다쳤어요. 어디로 가야 할까요?	배가 아파요. 어디로 가야 할까요	충치가 생겼어요. 어디로 가야 할까요

눈이 아파요. 어디로 가야 할까요?	무엇이 생겼나봐요. 몸이 가렵고 아파요. 어디로 가야 할까요?	우리 할머님께서 침을 맞으셔야 한대요. 어디로 가야 할까요?

♣ 출처 : 월간유아 2005.

수고하시는 분들

활동목표

1. 힘든 일을 하시는 분들이 있어 우리가 편히 생활할 수 있음을 안다.
2. 힘든 일을 하시는 분들께 감사의 마음을 갖는다.

활동자료 그림자료

〈전봇대에서 일하는 모습〉

〈도로 공사하는 모습〉

〈농사짓는 모습〉

〈땅 속에서 석탄 캐는 모습〉

〈바다에서 고기잡는 모습〉

〈청소하는 모습〉

활동과정

1. 그림을 보며 무슨 일을 하는 그림인지 이야기해 본다.
   · 무슨 그림인가?
   · 어디에서 어떤 일을 하는 모습일까?
   · 이런 일을 하시는 분들이 있어서 우리에게 도움이 되는 것은 무엇인가?
2. 엄마, 아빠는 어떻게 지내시는지 이야기해 본다.
3. 우리는 수고하시는 엄마와 아빠께 무엇을 해드릴 수 있을지 이야기 해 본다.

동물회사

활동목표

1. 우리 주위에는 여러 가지 일을 하는 사람들이 있다는 것을 알 수 있다.
2. 모든 직업은 똑같이 중요함을 안다.

활동자료 동화 '동물 회사', 동물에 관한 막대인형이나 융판동화 자료

활동과정

1. 유아들에게 융판동화나 막대인형을 여러 동물들을 준비하여 '동물 회사' 동화를 들려준다.
2. 동화를 듣고 난 후 내용을 상기하면서 직업에 관련된 이야기를 나누어 본다.

㉮ · 어떤 동물들이 있었나요?
 · 각 동물들은 무슨 일을 했나요?
 · 동물들이 무엇을 차렸나요?
 · 무엇을 하는 회사일까? 등
 · 교사는 유아들에게 우리 주위에는 여러 가지 일을 하는 사람들이 있다는 것을 말해 준다.

유의사항 동화에 나와 있는 직업 이외에 다른 여러 직업에 대해서도 유아들과 이야기를 나누어 볼 수 있다.

동물회사

동물들이 마을에다 회사를 차렸습니다. 무슨 일이나 도와주는 회사입니다. 전화만 하면 얼른 찾아와서 일을 해 줍니다. 사람들은 동물회사를 참 좋아합니다.

"여보세요. 유리 좀 닦아 주세요."

동물 회사에 전화를 하였습니다. 코끼리가 물통과 걸레를 가지고 왔습니다. 코끼리는

유리창에 물을 뿜고 걸레로 닦았습니다.

"지붕을 고쳐 주세요."

지붕이 샌다고 하자, 다람쥐 수십 마리가 왔습니다. 다람쥐들은 밤같이 흙을 동그랗게 만들어 가지고 지붕으로 올라왔습니다. 다람쥐들은 흙으로 구멍을 막고 꼬리로 청소를 하였습니다.

"전봇대의 전깃줄이 끊어졌어요."

전화를 하였습니다. 원숭이들이 차를 타고 왔습니다. 원숭이들은 전봇대에 쪼르르 기어 올라갔습니다. 원숭이들은 여기저기 매달려서 잘 고쳤습니다.

"하수도가 막혔어요."

전화를 하자, 두더지가 나타났습니다. 두더지는 얼른 땅 속을 뚫고 들어갔습니다. 두더지는 막힌 하수도를 잘 고쳤습니다.

"아기를 보아 주세요."

전화를 하자, 낙타가 왔습니다. 낙타는 등에다 바구니를 달고 왔습니다. 바구니에 실린 아기는 낙타 등에서 여러 가지 구경을 하면서 놀았습니다.

"자동차가 고장이 났어요."

전화를 하자, 커다란 하마가 왔습니다. 하마가 자동차를 밀자, 자동차는 스르르 굴러갔습니다. 자동차가 또 섰습니다. 하마가 또 밀었습니다. 하마는 기운이 셉니다.

"빨래를 해 주세요."

부탁을 받은 사슴이 왔습니다. 사슴은 빨래거리를 가지고 냇가로 갔습니다. 물 속에서 빤 옷은 뿔에다가 널어 놓았습니다. 빨래는 잘 말랐습니다.

"택시를 보내 주세요."

전화를 하자, 택시가 없다고 타조가 왔습니다.

타조는 손님을 등에 태우고 달렸습니다. 자동차보다 빨랐습니다.

"이층집 이삿짐을 날라 주세요."

키가 큰 기린이 두 마리 왔습니다. 기린은 창문으로 짐을 내렸습니다. 무거운 것은 두 마리 기린이 힘을 합쳐서 잘 내렸습니다.

동물 회사는 일을 잘 합니다. 그래서 전화가 많이 옵니다.

12. 우리나라와 우리 전통문화에 관심 가지기

하위 내용	수준별 내용	
	I	II
12. 우리나라와 우리 전통문화에 관심 가지기	· 태극기, 애국가, 무궁화 등 우리나라 상징에 관심을 가진다.	· 태극기과 애국가에 대한 예절을 알고 지킨다.
		· 통일에 관심을 가진다.
	· 전통문화에 관심을 가진다.	· 전통문화를 존중하고 친밀감을 가진다.

태 극 기

활동목표

1. 태극기는 우리 나라 국기임을 안다.
2. 국기에 대한 예절을 안다.

활동자료 태극기, 시청각 자료(글씨카드 및 각종 그림카드), 융판

활동과정

1. 우리 나라 이름을 안다(대한민국, 한국, 코리아).
2. 태극기 노래를 함께 부른다.
3. 태극기를 융판에 붙이고 모양과 색깔을 관찰한다.
   · 태극기는 평화, 단일, 창조, 광명, 무궁을 나타낸다.
   · 태극 : 빨강(양) – 해(태양), 밝음과 귀함
   　　　　파랑(음) – 달, 희망과 어두움
   · 4괘 : 건(☰) – 하늘과 봄　천(天), 봄, 동
   　　　　곤(☷) – 땅과 여름　지(地), 여름, 서
   　　　　리(☲) – 물과 가을　일(日), 가을, 남
   　　　　감(☵) – 불과 겨울　월(月), 겨울, 북

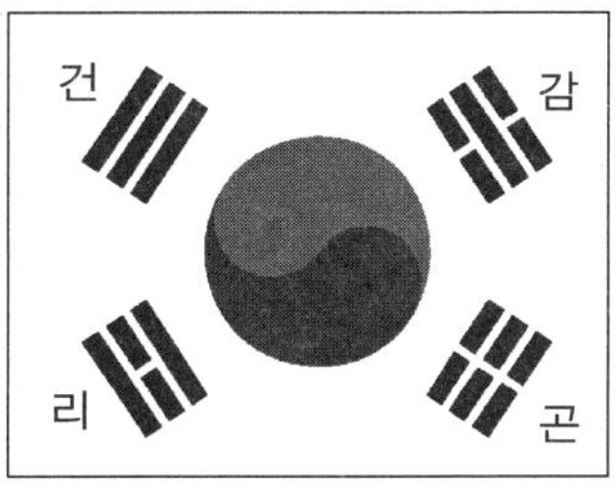

4. 나라마다 국기를 가지고 있음을 알게 하고 태극기를 만들게 된 유래를 들려 준다.

이야기 자료

이조 고종 19년(1882년) 8월부터 사용되기 시작했다. 임진왜란 후 제물포에서 일본과 조약을 맺게 되자 이로 인하여 박영효와 김옥균 등이 정식 특파대사로 일본에 건너가게 되었는데 여기에서 국기의 필요성을 느끼게 되어 배 안에서 만든 것이 바로 지금의 태극기이다.

5. 태극기는 언제, 어떻게 다는지에 대해 이야기한다.
   · 유치원 : 일요일을 제외한 모든 요일
   · 집 : 국경일(설날, 3 · 1절, 광복절, 개천절, 한글날과 현충일)
6. 태극기를 하루 중 어느 때에 달고 내리며, 게양하는 방법을 알아본다.
   · 게양 : 아침에 해뜨기 전
   · 하기 : 저녁에 해지기 전
   · 방법 : 집 밖에서 볼 때 왼쪽에 단다.
     현충일에 다는 조기는 세로 폭만큼 내려서 단다.
7. 활동실 벽에 걸려 있는 태극기 사진틀을 향해서 정해진 시간에 '국기에 대한 경례'를 한다.
8. 태극기를 게양하거나 하강할 때 어떤 노래가 들리는가?
   · '애국가'를 만든 안익태 선생님의 이야기를 들려준다.
   · 유아들과 애국가를 불러 본다.
9. 국기에 대한 경례를 하는 동안 어떤 생각을 하는가를 유아들에게 물어 본다.
10. 태극기는 어떻게 보관하는가?
   · 국기함을 만들어서 소중하게 보관한다.
   · 국기가 더러워지면 태워서 없애고 새로 산다.

유의사항

1. 국기에 대한 경례는 유치원 생활이 시작될 때 하는 것이 좋다.
2. 운동회에 사용할 태극기를 유아들에게 직접 그리게 해도 좋다.

우리 나라 책 만들기

활동목표

1. 우리 나라를 나타내는 것을 안다.
2. 서로 협동하며 활동할 수 있다.

활동자료 우리 나라를 나타내는 그림

활동과정

1. 우리 나라를 나타낼 수 있는 것은 무엇이 있는지 알아본다.
   (국기, 나라꽃, 집, 문화재, 옷, 음식, 사람, 언어, 산, 강 등)
2. 우리 나라를 나타낼 수 있는 사진이나 그림을 모아 책을 만든다.
   · 사진이나 그림은 어디서 구할까?
   · 언제까지 책을 만들까? (2~3일의 여유를 준다)
3. 6~7명씩의 집단으로 나누고 집단의 이름을 정한다.
4. 16절지 켄트지를 8절지 하드보드지에 다음의 그림 모양대로 붙인다. 이것은 각 집단마다 한 권씩 준비한다.

대한민국	국기 그림	나라꽃 그림	음식 그림	옷 그림	문화재 그림

5. 집단의 유아들이 사진이나 그림을 어떻게 붙일지 협의하여 찾아온 자료를 붙인다.
6. 사진이나 그림 아래에 제목이나 쓰고 싶은 말을 써 본다.
7. 책이 다 만들어지면 각 집단별로 만든 우리 나라 책을 소개한다.
8. 책 만들기를 하면서 우리 나라에 대해 느낀 점을 이야기해 본다.

유의사항 "활동 과정 5"부터는 자료를 찾아오는 대로 자유선택활동 시간에 한다.

광고 "우리 나라에 오세요"

활동목표

1. 친구들과 협동하며 활동할 수 있다.
2. 우리 나라를 찾아오는 사람에게 친절하게 대할 수 있다.

활동자료 달력 사진, 그림자료, 부채나 건축물 형태로 오린 자료

활동과정

1. 그림을 보며 이야기를 나눈다.
   · 어떤 그림일까?
   · 어떻게 하는 것이 친절한 행동일까?
2. 광고에 대해 알아보고 우리의 자랑거리를 광고해 보는 활동을 한다.
   · 광고란 무엇일까, 광고는 왜 할까?
   · 우리 나라의 어떤 것을 광고해 볼까?
3. 어떻게 광고하면 좋을지 협의해 본다.
   · 우리가 그림을 그려서 광고해요.
   · 녹음과 사진으로 광고해요.

4. 4~6명의 집단별로 한 가지씩 광고할 것을 정하고 어떻게 광고할지 협의하며, 실제로 광고를 만들어 발표해 본다.

(연관활동) 우리반 광고를 만들어 볼 수 있다.

한복을 바르게 입어요

활동목표 한복이 전통적인 우리 나라의 옷임을 알고 바르게 입게 한다.

활동자료 부직표, 찍찍이, 본드

〈만드는 방법〉

· 부직포로 남자, 여자 어린이를 만든다.

· 한복(남자, 여자) 옷의 순서대로 만든다.

· 옷 뒤에 찍찍이를 붙인다.

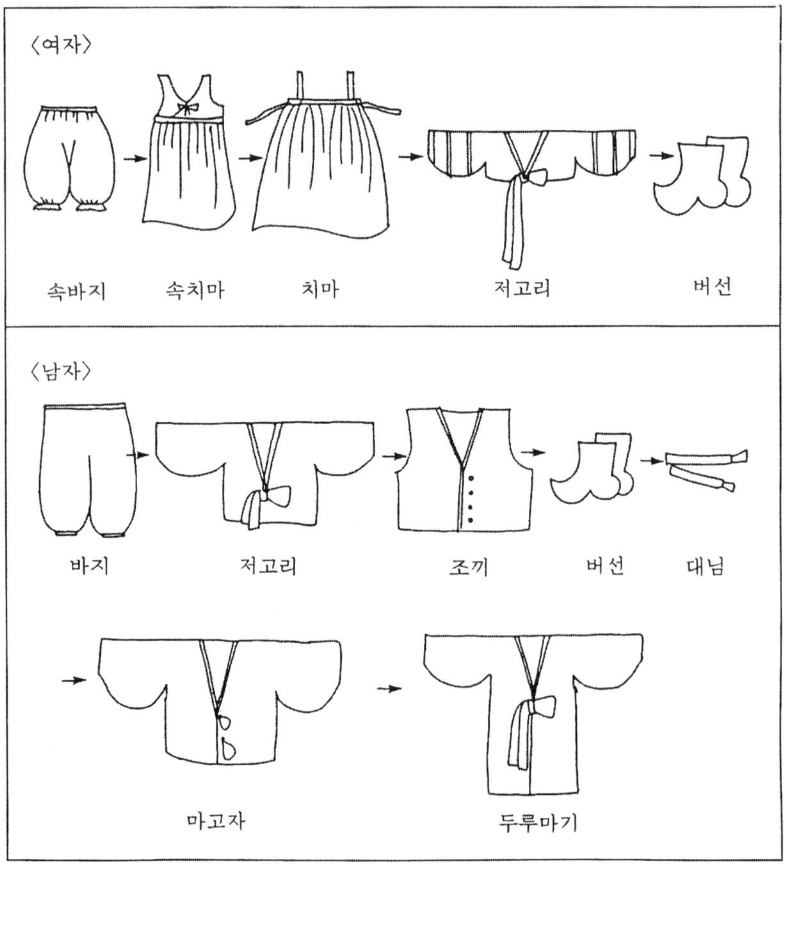

활동과정

1. 오늘 어떤 옷을 입고 왔니? 기분이 어떠니?
   유아 : 한복이요, 편해요, 이상해요.
2. 한복의 명칭을 알아본다.
   유아 : 저고리, 치마, 고름, 동정, 깃 등
3. 한복입는 순서를 부직포를 이용해 붙여 본다.
4. 한복을 바르게 입었나 이야기해 본다.

유의사항 명절을 앞두고 활동을 하면 더욱 효과적이다.

무궁화 만들기

활동목표 작업을 통해 무궁화가 우리 나라의 꽃임을 안다.

활동자료 자료그림(무궁화 만들기), 색종이, 철사, 가위, 풀, 소독저

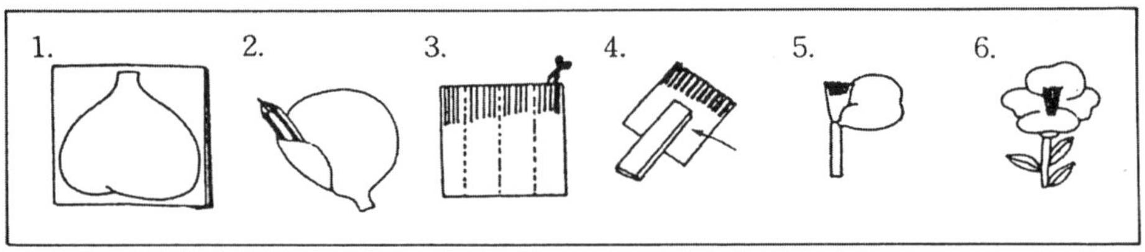

활동과정

1. 우리 나라 꽃에 대해 이야기를 나눈다.
2. 만들기 순서를 그림으로 보여주고 작업하도록 한다.
   · 색종이에 꽃잎을 그린다.
   · 가위로 오린 후 연필로 구부린다.
   · 꽃술을 만들어 소독저나 철사에 붙인다.
   · 꽃잎을 올려 가며 붙인다.
   · 잎을 붙인다.

유의사항 가위, 풀 사용시 친구에게 방해가 되지 않도록 한다.

제기 만들기

활동목표 전통놀이의 종류를 알고 경험해 본다.

활동자료 제기 만드는 방법에 관한 그림자료, 습자지, 엽전 또는 구멍 낸 병뚜껑, 민속놀이에 관한 그림이나 사진자료

활동과정

1. 우리 나라에서 옛날에 했던 민속놀이에는 어떤 것들이 있는지 이야기 나눠 본다(팽이치기, 연날리기, 씨름, 그네타기, 윷놀이, 제기차기 등).
2. 각 민속놀이를 하는 시기와 방법에 대해 이야기를 나눠 본다(이에 관련된 그림이나 사진이 있으면 유아들에게 보여주면 더욱 좋다).
3. 오늘은 여러 민속놀이 중 제기를 만들어 제기차기를 해 보자고 이야기한다.
   · 제기를 만들어 본 사람이 있는지 알아보고 어떻게 만들었는지 이야기 들어 본다.
4. 제기 만드는 방법을 그림자료를 제시하며 설명한다.

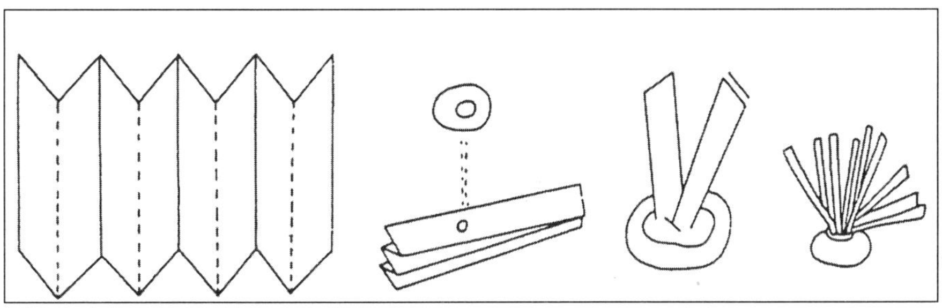

· 습자지를 잘 찢어지는 방향을 길이로 하여 부채 만드는 방법과 같이 접는다.
· 길이대로 접은 습자지의 중간에 엽전의 구멍이 오게 하여 구멍을 뚫는다.
· 구멍 속으로 양쪽 습자지를 집어 넣는다.
· 구멍을 빠져 나온 습자지를 가위나 손으로 잘게 찢는다.

5. 교사는 돌아다니면서 유아들이 제기 만드는 것을 살펴 주도록 한다.
6. 제기를 다 만든 다음에는 '제기차기' 놀이를 해 본다.

· 네모난 판(두꺼운 도화지나 책받침 등)을 준비하여 유아들이 만든 제기를 판 위에 놓고 위로 쳐 올리는 게임으로 변형할 수 있다.

유의사항 유아들이 발로 정확하게 제기를 찬다는 것은 어려우므로, 이것을 강요하지 말고 자유스럽게 차 보게 한다.

강강수월래

활동목표 전통놀이를 해 보고 즐긴다.

활동자료 음악 '강강수월래'

활동과정

1. 추석을 전후해서 강강수월래를 추는 사진이나 그림을 전시한다.
2. '강강수월래' 음악을 듣고 노래와 춤을 배운다.
3. 노랫말에 따라 동작을 유아들과 의논해 본다.
4. 유아들이 제시한 대로 동작을 꾸며 율동을 만들어 간다.
5. 몇 그룹으로 나누어 각 그룹에서 율동을 의논하여 만들어 보게 한다.
6. 각 그룹에서 만든 율동을 발표하도록 한다.

유의사항 창의적이고 다양한 움직임을 생각하도록 격려한다.

윷 놀 이

활동목표 간단한 전통놀이를 해 본다.

활동자료 윷가락, 윷가락 이야기 자료

〈놀이방법 1〉

⊙ 윷가락의 뒷면은 같은 동물그림이나 색으로 준비하며 윷가락의 크기는 15㎝×1.5㎝가 적절하다. "예 ①"과 같이 뒷면의 그림의 수와 도, 개, 걸을 일치하게 한다.

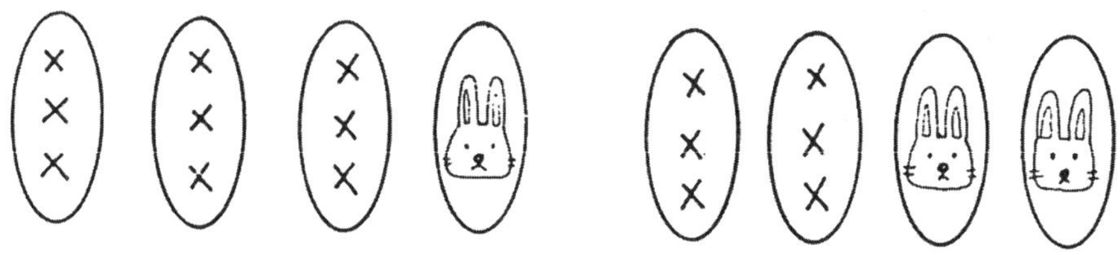

㊐ ① 동물그림을 이용한 윷가락

⊙ 윷가락 이름과 수량은 연상되는 내용의 이야기 자료를 활용한다.

윷가락 이야기

꿀꿀이 돼지는 어제 밤에 잠도 제대로 자지 못했습니다. 오늘 아침이 엄마가 며칠 전 새로 만들어 주신 때때옷(한복)을 입고 맛있는 음식도 먹을 수 있는 날이거든요.

오늘은 엄마 아빠가 고운 한복을 입으시고 우리들의 세배를 받으시고는 좋아하셨어요.

꿀꿀이 돼지는 빨리빨리 서둘러서 마을 우물가로 갔습니다. 친구들과 마을 어른들께도 세배를 가야 하니까. 아직 친구들이 아무도 오지 않았습니다. 새해 첫날 아침 우물가는 약간 춥기는 했지만 햇님도 나무와 새들도 즐겁게 웃고 있었어요. 꿀꿀이 돼지는 햇님과 나무와 새들에게 때때옷을 자랑하고 싶어서 죽 둘러 보았어요. 그 때 멍멍이 개와 양이 재미있게 노래를 부르며 왔습니다. 라라라…, "꿀꿀아, 너도 멋있는 한복을 입었구나." 개와 양이 함께 말해 주었습니다. "응 엄마가 만들어 주셨어. 너희들은 색동옷이네. 참 예쁘다." 꿀꿀이도 말해 주었습니다. "우리도 한복 입었어, 예쁘지?" "그래, 이제 우리 빨리 세배하러 가자!"

돼지와 개 그리고 양, 소, 말도 다같이 마을의 어른들께 세배를 다녔습니다. 마을 어른들께 세배를 다닐 때마다 맛있는 것들을 많이 주셔서 모두들 배가 불렀습니다. 그리고 세배돈 대신 주신 사과를 바구니에 담아 왔습니다. 꿀꿀이는 "좋은 생각이 있다. 우리 달리기를 하자. 그러면 소화가 잘 될 거야." 하고 말했습니다. 소는 "그래, 달리기를 해서 제일 먼저 들어오면 사과를 5개 그 다음은 4개, 그 다음은 3개, 그 다음은 2개, 그 다음은 1개를 갖는 거야." 모두들 좋다고 말했고, 그렇게 규칙을 세우기로 말했습니다.

돼지, 개, 양, 소, 말들은 시합을 하기 전에 먼저 달리기 연습을 해 보기로 했습니다. 이 때 성묘를 다녀오던 어른들이 한 분씩 모여들어서 재미있게 구경을 하셨습니다. 이제 연습은 끝내고 진짜 시합을 하기로 했습니다. "준비, 땅!" 꿀꿀이와 멍멍이, 양, 소, 말은 열심히 달렸습니다. 구경꾼들은 "우리 꿀꿀이 이겨라!" "우리 멍멍이 이겨라!" 하면서 응원을 해 주셨습니다. 말은 타가닥 타가닥 달려갔습니다. 소는 껑충껑충 달려갔습니다. 양은 헐레벌떡 달려갔습니다. 개는 쫄랑쫄랑 달려갔습니다. 돼지는 내가 1등할거야 하면서 뒤뚱뒤뚱 달려갔습니다. 모두들 열심히 달렸습니다. 말이 제일 먼저 들어왔습니다. "아얏 아야!" 그런데 그만 돌뿌리에 걸려 넘어지고 말았습니다. 돼지는 일어나려고 애를 썼습니다. 그러나 몸이 너무 뚱뚱하고 다리는 짧아서 발버둥을 쳐도 일어날 수가 없었습니다. 그 모습을 보고 있던 말이 달려가서 함께 일으켜 주었습니다. "꿀꿀아 괜찮니?" 모두들 걱정스런 얼굴로 바라보았습니다. 돼지는 다시 일어나 "괜찮아, 다시 끝까지 달릴 거야!"하고 끝까지 달렸습니다.

규칙대로 사과를 나누어 가졌습니다. 돼지는 하나, 개는 둘, 양은 셋, 소는 넷, 말은 다섯 개를 가졌습니다. 어른들은 이것을 보고 웃었던 것이 미안하다는 생각이 들었습니다. 그래서 어른들은 이 동물들의 사랑을 기억하기 위해 놀이를 만들기로 했습니다. 그 놀이가 윷놀이입니다.

어른들은 돼지를 도라고 이름 붙였습니다. 개를 개라고 그냥 불렀습니다. 양을 걸이라고 이름을 붙였습니다. 말을 모라고 이름을 붙였습니다. 그리고 소의 이름을 따서 윷이라고 한 것입니다.

지금도 윷놀이에서도 도가 나오면 하나, 개가 나오면 둘, 걸이 나오면 셋, 윷이 나오면 넷, 모가 나오면 다섯 칸을 갑니다.

〈놀이방법 2〉 산가치 윷놀이, 콩 · 팥 윷놀이

⊙ 윷놀이 유래에서 발견한 산가치 윷과 콩 · 팥 윷을 이용하여 윷가락 이름과 수 또는 양을 연결하는 말이 없는 윷놀이가 "예 ②"와 같이 제공된다. 놀이진행은 규칙 1), 2)에 따른다.

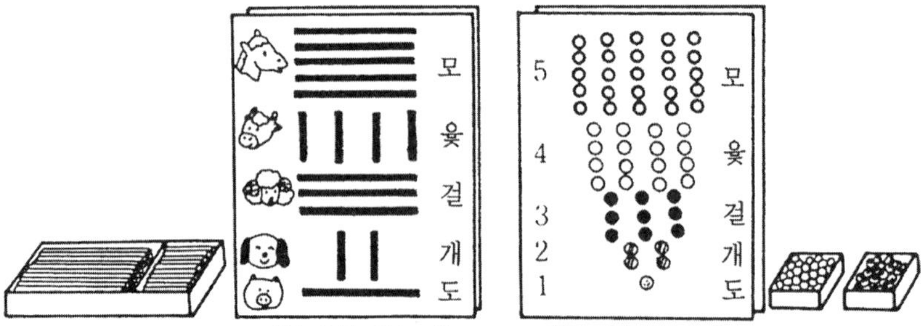

〈산가치 윷놀이〉 〈콩·팥 윷놀이〉

㉮ ② (규칙 1) 산가치 윷놀이

1. 한 사람 또는 한편의 윷판 한 개씩을 갖는다.
2. 각각 윷판 위에 산가치를 늘어 놓는다(나무젓가락).
3. 순서를 정한다.
4. 윷을 던져 끗수가 나온 만큼 집어 간다.
5. 윷이나 모가 나오면 한 번 더 할 수 있다.
6. 산가치를 다 갖고 간 사람이 이긴다.

  같은 규칙으로 다시 채워 진열할 수 있다.

(규칙 2) 콩 · 팥 윷놀이

1. 한 사람 또는 한 팀이 윷판 한 개씩을 갖는다.
2. 각 윷판 위에 말을 늘어놓는다(바둑알).
3. 순서를 정한다.
4. 윷을 던져 끗수가 나온 만큼 콩 · 팥을 갖고 간다(예 : 도가 나오면 도위치에 있는 말만 갖고 갈 수 있다).
5. 콩 · 팥을 다 갖고 간 사람이 이긴다.

같은 규칙으로 다시 채워 넣는 방법도 있다.

〈놀이방법 3〉

㉮ ③ 규칙

⊙ 말은 2개 혹은 4개씩(두 가지 종류로)을 준비하여 판 가장자리에 보관한다.

⊙ 규칙은 단순한 것으로부터 점차 추가 수정해 간다.

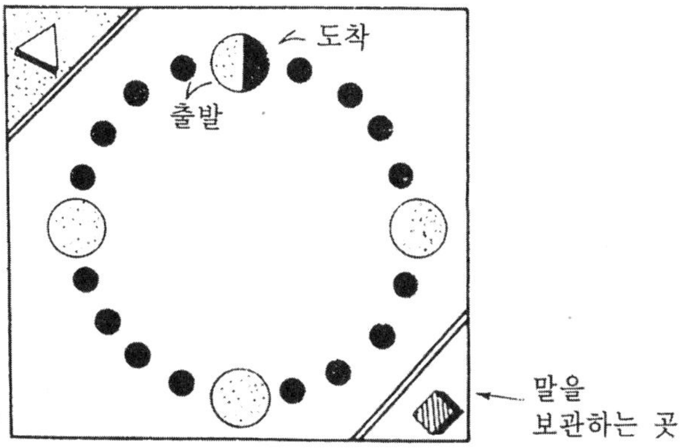

〈윷판〉

(규칙)

1. 놀이자는 두 사람으로 한다.
2. 1개의 말은 자기 것으로 정한다.
3. 순서를 정한다.
4. 윷을 던져 끗수가 나온 것만큼 말을 옮겨 놓는다.
5. 상대편 말이 있는 곳에 가면 한 번 더 윷을 던지게 한다.
6. 한 개의 말이 먼저 다 나오면 또 한 개의 말을 가질 수 있다.
7. 두 개의 말이 다 먼저 나오면 이긴다.

유의사항

1. 판을 단순한 것으로 수정하여 제공한다.

재래의 20개 동그라미판은 연령이 어릴수록 의미있게 사용되지 못하며 흥미를 잃어버린다. 예컨대, 놀이의 전략으로 지름길을 사용할 수 있다는 것은 인지하지 못하고 같은 방향으로, 즉 외곽의 동그라미 길로만 가는 경향이 크다. 다시 말해 일정한 지점에 오면 지름길을 택할 수 있음을 보여주어도 외곽길만 선택하려 한다. 공간에 대한 개념이 희박하여 빨리 들어올 수 있는 길에 대한 인지가 안되며 방향이 꺾이지 않고 계속해서 가는 길을 더 선택하려는 경향이 있다.

그러므로 나이가 어릴수록 간단한 외곽길만 제시하면(20개 동그라미) 흥미있게 게임에 참여할 수 있을 것으로 보인다. 4세는 외곽길 판만, 5세는 재래식판과 병행하여, 6, 7세는 원래의 판에 더 흥미를 보여주므로 이 때는 지름길을 택할 수 있는 지점에 방향 표시를 해 줄 수 있다. 또한 연령이 어릴수록 도착지점에서 게임이 끝난다는 규칙을 잊어버리고 같은 말로써 다시 출발하게 된다. 따라서 도착지점과 출발지점을 같은 동그라미 위에서 분명히 "예 ③"과 같이 그려 주는 것이 효과적이다.

2. 말은 각자 소유(하나씩)에서부터 편의 소유로 사용할 수 있다.
3. 상대편의 말은 '잡아먹기'보다 상대편의 말과 같은 위치에 올 때 윷을 한 번 더 던질 기회를 주어 긍정적 경쟁을 배운다.
4. 윷놀이의 편 놀이는 1 : 1에서 시작하여 인원을 점차 추가하며, 놀이규칙은 단순한 것에서 시작하여 흥미로운 조건을 부과하는 복잡한 규칙으로 발전시켜 나간다.

비석치기

활동목표

1. 간단한 전통놀이를 해 본다.
2. 비석치기의 명칭과 유래를 안다.

활동자료 비석치기 이야기 자료, 90cm×12cm×2.5cm 크기의 나무토막(모서리 둥근 것), 플라스틱 제품 또는 팥주머니, 각종 작은 크기의 공(지름 10cm 정도)

활동과정

1. 비석치기 놀이의 흥미를 유발하기 위하여 '비석치기 이야기'를 들려준다.
2. 던지고 굴리기를 즐길 수 있도록 땅바닥에 ㅁ, ㅇ, ㅅ 모양을 그려 놓고 일정거리(1.5cm ~ 2cm)에 출발선을 정한다.
3. 던지는 물건은 안전예방을 위해 나무토막, 플라스틱 제품이나 팥주머니 등을 활용한다.
4. 굴리기에는 각종 작은 크기의 공을 사용한다.
5. 놀이의 절정을 경험하기 위해 편으로 나누어 던져 넣기와 굴리기를 한다(기존게임과 연결됨).
6. 놀이 규칙은 단순한 것에서부터 시작한다.
7. 상대편의 비석을 놓은 위치에서부터 맞추는 조준거리를 그림과 같이 조절한다.

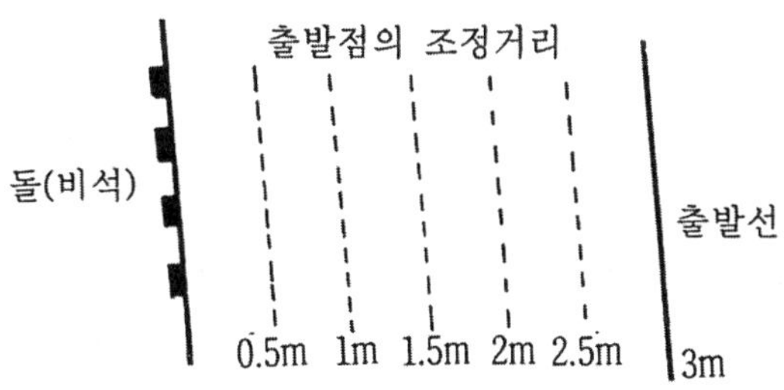

8. 비석을 놓는 방법은 상대편의 인원과 관계 없이 여러 개를 놓아 맞추는 확률을

높게 조절한다.

· 때로는 상대편의 비석을 직각으로 쌓아 던져 쓰러뜨릴 때, 와르르 무너지게 해 즐거움을 더하게 한다.

9. 비석을 옮기는 신체부위 선택은 쉬운 것에서부터 난이한 단계로 옮겨진다. 이는 비석을 옮겨 상대편 비석 위에 떨어뜨림으로써 쓰러지게 하는 방법이므로, 일정한 거리(2~3㎝)에서 상대편의 비석이 서 있는 곳까지 자기 것을 운반하는 동작이 요구된다. 그러므로 실패하지 않으려면 긴장감을 주는 과정인 만큼, 처음부터 너무 난이한 신체 부위를 사용하면 놀이의 흥미가 사라진다. 따라서 손등 위에, 무릎 사이 끼우기(토끼뜀), 겨드랑이 사이에 끼우기(신문팔이), 머리 위 등으로 점차 추가하여 놀이의 즐거움을 더해 가야 한다.

10. 비석치기의 편놀이 형태는 5세 후반, 6세에 적용된다.

비석치기 이야기

옛날 옛날 돌 던지기를 잘하는 바우라는 아이가 어머니와 함께 살고 있었습니다. 바우는 돌을 던져 맞추기를 좋아해서 언제나 돌을 던지며 걸어 다녔어요. 그러나 바우네는 너무 가난하여 매일매일 바우가 산에 가서 나무를 해다 장에 가서 팔아야 먹고 살 수가 있었어요. 바우는 다른 친구들처럼 놀 수도 없고 서당에 가서 공부할 수도 없었어요. 바우는 그런 친구들이 무척 부러웠어요. 산에서 나무하는 일은 무척 힘든 일이었지만 홀로 계신 어머니를 위해 바우는 열심히 일했어요.

어느 날 아침, 바우는 지게를 메고 어머니가 싸 주신 점심밥을 갖고 산에 나무를 하기 위해 집을 떠났어요. "어머니 다녀오겠습니다.", "오냐! 어린 네가 고생이 많구나." 어머니는 바우가 다른 아이들같이 뛰어 놀지 못하는 것이 무척 마음이 아팠어요. "아니예요, 어머니, 저는 이 일이 하나도 힘들지 않아요. 어머니 그러니 그런 말씀은 마세요." 바우는 어머니와 헤어져서 산으로 향했어요. 바우는 많은 나무를 하기 위해 산 속으로 들어갔어요. 산으로, 산으로 들어가는 동안 바우는 매우 심심한 생각이 들었어요. "저기 커다란 비석이 있네. 누구의 비석이지?" 그 비석들은 양반들이 집안을 자랑하기 위해 크게 만들어 놓은 것들이었어요. "잘됐다. 양반들의 묘 옆에 세워 놓은 멋진 비석을 돌로 던져 맞춰 보자."

산 속 깊숙한 곳에는 많은 꽃들이 피어 있고 예쁜 새들도 많이 있었어요. "어머나 예뻐라. 어쩌면 이렇게 귀여울 수 있을까?" 바우는 새둥지의 아기새를 보며 말했어요. 바우는 깊은 산 속의 아기 새와 친해져서 자기의 도시락을 나눠주며 즐거운 한때를 보냈지요.

"안녕. 아기새야!", "짹짹 바우!" 바우는 매일 숲 속에 와서 아기새와 노는 일이 즐거웠어요. 그 숲까지 오는 길에 비석을 돌로 던져 맞추기를 하는 것도 재미있었지요.

어느 날 바우가 아기새의 둥지 옆에서 나무를 하고 있는데 심술쟁이 뱀들이 아기 새를 잡아먹기 위해 나무 위를 기어오르고 있는 거예요. 이것도 모르고 아기 새들은 즐겁게 노래를 부르고만 있는 것이었어요. "저런, 이를 어쩌면 좋을까?" 바우는 어찌해야 할지 몰랐어요. 순간 바우는 커다란 돌맹이 하나를 발견했어요. "옳지, 이 돌맹이면 문제 없어." 바우는 돌을 하나 집어 있는 힘을 다해 뱀을 향해 휙 던졌어요. "에잇, 불쌍한 아기새를 잡아먹으려고 하다니." 바우가 어찌나 돌을 잘 던졌는지 그만 바우가 던진 돌에 한꺼번에 5마리 뱀이 맞아 죽어 버렸어요. 아기새는 바우에게 "고마워, 짹짹짹"하며 감사했으나 겸손한 바우는 "뭘, 그 정도 갖고는" 하며 쑥쓰러워했지요. 그 이후로 바우는 숲 속에서 많은 동물들을 보살펴 주었어요. 이 때 바우의 나라에 적군이 쳐들어 왔어요. 그러나 아무런 준비도 하지 못했던 임금님은 그만 나라를 빼앗기게 되었어요. 군인들은 죽어 가고 먹을 식량도 다 떨어져 가고 있었어요. 이 소식을 들은 바우는 산에서 돌맹이를 지게에 싣고는 임금님께 갔어요. "임금님 저를 전쟁터로 보내 주세요. 제가 나가 적군을 물리치겠습니다." 그러나 임금님은 바우의 말을 들으려 하지 않았어요.

"뭐라고 네가? 너같이 어린 아이가 무엇을 할 수 있단 말이냐, 또한 너는 무기도 없지 않느냐." 임금님은 바우가 어리석어 보였으나 바우의 간청에 못이겨 전쟁터에 내보내 주었어요. 바우는 어찌나 돌을 잘 던졌는지 바우가 한 번 던진 돌에 적군이 30명하고도 2명이 더 맞아서 쓰러졌어요. "야! 바우는 정말 이 세상에서 가장 돌을 잘 던지는 사람이야. 바우만세!" 친구들은 바우를 칭찬했어요. 임금님은 바우에게 큰 상을 내리고 그 나라의 군대를 지휘할 수 있는 장군이 되게 하였어요. 그 후로 바우같이 훌륭한 장군이 되고 싶어하는 아이들은 돌을 세워 놓고 그 돌을 던져 쓰러뜨리는 놀이를 했다고 하며, 지금까지도 이 놀이가 전달되어 "비석치기"라는 놀이가 생겼다고 해요.

연날리기

활동목표

1. 간단한 전통놀이를 경험해 본다.
2. 다양한 우리 나라 연의 종류와 연날리기에 관한 우리 조상의 지혜를 배운다.

활동자료 여러 가지 물체(종이, 봉투, 손수건, 비닐백, 하드지 등), 연 만드는 재료(창호지, 대나무, 실타래 등), 여러 모양의 연, 연날리기하는 그림 또는 슬라이드 자료

활동과정

〈활동 1〉 여러 가지 물체 날려 보기

1. 여러 가지 물체를 땅 위에서 혹은 미끄럼틀 위에서 날려 본다.
2. 잘 날으는 것과 잘 날지 않는 것을 구별한다.
3. 물체가 어떤 모양으로 떨어질 때 더 잘 날으는가를 관찰, 발견한다(평면, 봉투가 뒤집힌 모양, 낙하산 모양 등).
4. 여러 가지 물체를 제시하며 교사가 질문한다(기존 물리적 지식활동과 연결됨).
   · 여기 있는 물체 중 어떤 것으로 공중에 잘 날 수 있는 연을 만들 수 있을까?

〈활동 2〉 여러 모양의 연 관찰하기

5. 이름과 모양이 다양한 연, 연날리기하는 실제그림 또는 슬라이드를 통해 관찰하고 토의한다.

〈활동 3〉 연만들기와 연날려 보기

6. 이야기 내용을 상상하면서 연의 모양과 크기에 대해 토의한다.
7. 연날리기가 어떤 목적으로 사용되었나를 이야기한다(편지를 써서 날려 보낼까?, 종이인형(어린 병사)을 매달아 날려 보낼까?, 씨앗 봉지를 매어 달아 보낼까?, 장난감을

매여 달아 보낼까? 등).

8. 연을 만들어 연줄을 조종할 수 있게 실타래와 100㎝ 이내의 줄을 준비한다. 6세 어린이를 위해 평면얼레와 100㎝ 이상의 줄을 준비해 준다.
9. 각 어린이는 자기가 만든 연을 50㎝ 정도에서부터 점차 긴 줄에 매어 달아 날려 본다.
10. 바람 부는 날과 바람이 불지 않는 날에 날려 보게 하여 그 차이를 알아보게 한다.
11. 연날리기 활동은 민속의 날과 관계없이 옥외놀이에 포함될 수 있다.

우리 나라를 빛내는 발명품

활동목표

1. 우리 나라의 발명품에 대해 알고 자긍심을 가진다.
2. 이야기를 주의 깊게 듣고 우리 나라 발명품의 훌륭한 점을 안다.

활동자료 사진자료 또는 그림자료(거북선, 첨성대)

활동과정

〈그림자료 만들기〉

· 종이를 두 부분으로 나누어, 왼쪽에는 그림을 그리고 오른쪽에는 발명품에 대한 설명을 그림으로 읽는 이야기로 구성한다.

1. 그림자료를 한 장씩 보며 이야기 나눈다.
   · 이런 것을 본 적이 있니?
   · 무엇을 할 때 사용하는 것일까?
   · 무엇으로 만들었을까?
   · 누가 만든 것일까?
2. 발명이라는 단어의 뜻에 대해 이야기 나눈다.
   · 발명이라는 말을 들어 본 적이 있니?
   · 발명한다는 말은 무슨 뜻일까?
3. 유아들이 알고 있는 다른 발명품이나 발명가에 대해 이야기 나눈다.
4. 그림에 있는 발명품과 발명가에 대해 알아본다.
5. 그림자료의 오른쪽에 있는 그림으로 읽는 이야기를 듣는다.
6. 발명품의 그림과 이야기를 들은 후 느낀 점을 이야기 나눈다.
   · 발명 이야기를 듣고 나니까 어떤 생각이 드니?
7. 자신이 발명가가 된다면 무엇을 만들어 보고 싶은지 이야기 나누어 본다.
   · 너희들이 발명가가 된다면 어떤 것을 만들어 보고 싶니?

· 왜 그런 것을 발명하고 싶니?

〈그림자료〉

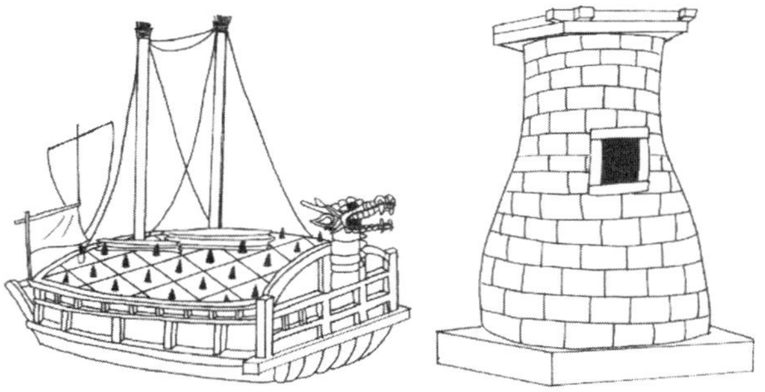

〈거북선〉

 (이순신)장군은  (왜군)을 물리치기 위해서

쇠로 배를 만들기로 했습니다. 배 위에는 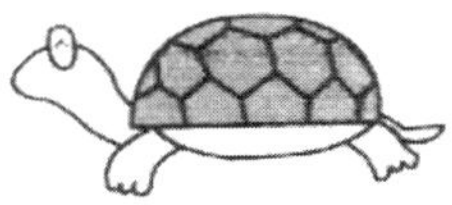 (거북이) 등 모양의

천장을 덮었고 천장에는 뾰족한  (쇠못)을 박았습니다.

배 양쪽에는 스물두 개의  (대포 구멍)을 만들고 배

앞쪽에는  (용)의 머리를 달았습니다. 그 배의 생김새는 꼭

 (거북이) 같았습니다. 그래서 그 배를 '거북선'이라고 부르게 되었습니다.

〈첨성대〉

지금으로부터 1천 3백 50년 전 신라는  (선덕여왕)이 다스리고 있었습니다. 어느 날  (선덕여왕)은 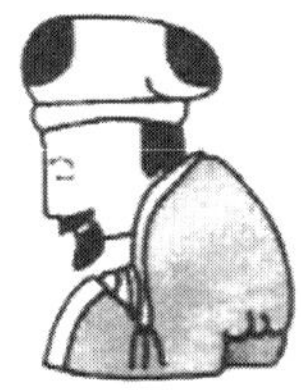 (신하)에게 말했습니다.

“농사를 잘 지으려면 하늘에 있는 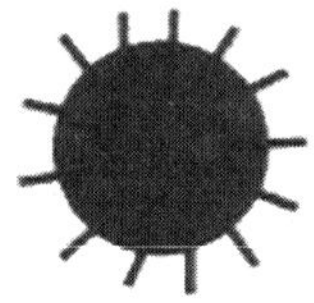 (해)와  (달) 그리고  (별)의 움직임을 잘 살펴야 하오. 하늘을 정확하게 관찰할 수 있는 장소, 천문대를 쌓도록 하시오.”

사람들은 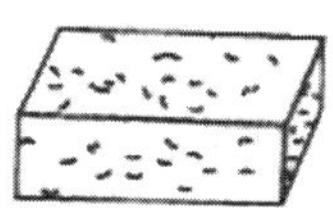 (돌벽돌)로 천문대를 쌓기 시작했습니다.

천문대는 곧 완성되었습니다. 그리고 이름을 ‘첨성대’라고 지었습니다.

♣ 출처 : 유치원 교육활동 지도자료 10.

우리 나라 지도

활동목표

1. 우리 나라의 분단현실에 대하여 알 수 있다.
2. 통일에 대한 마음을 기를 수 있다.

활동자료 전지, 연필, 사인펜, 물감, 크레파스, 색종이, 풀, 스카치테이프, 실

활동과정

1. 유아들과 함께 전지에 우리 나라 지도와 경계를 그려 놓는다.
2. 유아들이 몇 명씩 짝지어 각각 도를 선택하고 지도 위에 무궁화꽃이나 태극기를 그려서 붙이거나 색종이로 모자이크하여 꾸며 본다.
3. 다 만들어진 지도 위에 실로 휴전선을 만든다.
4. 휴전선 이북과 이남의 명칭에 대해 묻는다(북한, 남한 - 대한민국).
5. 통일에 대해 유아들과 이야기 나눈다.
   - 통일이 되면 무엇이 좋을까?
   - 통일을 위해 우리의 할 일은?

조선여행 윷놀이

활동목표 북한도 우리 땅임을 안다.

활동자료 윷지도판, 윷, 말

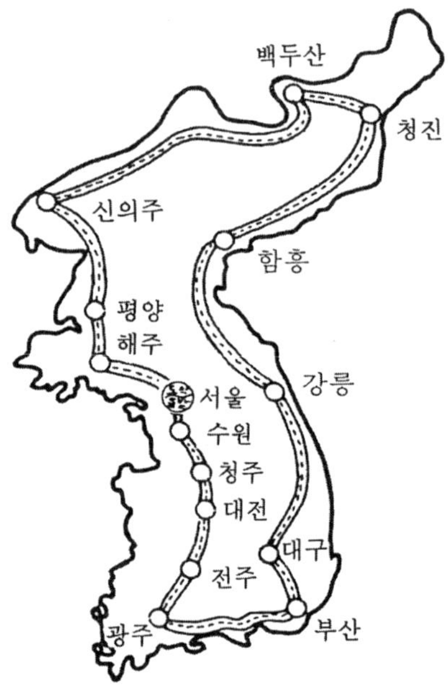

활동과정

1. 우리와 북한 사람의 같은 점을 이야기 나눈다.
   · 언어, 역사, 조상, 음식, 성격, 민요, 풍습, 한민족
2. 북한 사람은 우리와 같은 민족임을 강조한다.
   · 우리 나라에서 제일 높은 산은 백두산이다.
   · 북한에는 이산가족이 살고 계시므로 북한도 우리 겨레가 살고 있는 우리의 땅이다.
3. 그림과 같은 윷지도 판을 제시한다.
   · 길을 따라 지명을 함께 읽어 본다.

4. 이 판으로 어떻게 놀이할 수 있을지 생각해 보게 한다.
   · 게임규칙과 말을 정한다.
5. 짝, 편을 나누어 게임을 해 본다.

〈규칙의 예〉

· 상대편과 말을 3개씩 나누어 가진다.
· 윷을 던져 도(1칸), 개(2칸), 걸(3칸), 윷(4칸), 모(5칸)에 따라 진행해 나간다.
· 3개의 말이 먼저 도착하는 사람(편)이 이긴다.

13. 다양한 문화에 관심 가지기

하위 내용	수준별 내용	
	I	II
13. 다양한 문화에 관심 가지기	· 여러 나라 사람에 대해 관심을 가진다.	· 여러 나라의 사람에 대해 알아보고 존중한다.
	· 여러 나라의 문화에 관심을 가진다.	· 여러 나라의 문화를 알아보고 존중한다.

비행기 여행

활동목표 다른 나라가 있음을 안다.

활동자료 끈(8㎝ 정도) 3개, 판지, 사인펜 등

활동과정

1. 나라의 이름, 국기나 의상이 그려진 안내판을 각 영역에 비치하여 놓는다.
2. 몇 명씩 짝이 되어 비행사 1명을 정하고 나머지는 승객이 된다.
3. 비행기(둥글게 묶은 끈) 안에 들어간 후, 영역마다 비치해 놓은 여러 나라를 차례로 여행한다.
4. 비행사는 비행기가 착륙할 때, 그 나라의 이름을 부르며, '프랑스입니다, 내리실 분 내리세요.' 등과 같이 말하도록 한다.
5. 그 나라에 머무르고 싶은 유아는 비행기에서 내리고 그 나라에 머무르고 있던 유아가 타고 싶으면 비행기에 타고 다음 나라로 간다.

유의사항 여러 나라에 대한 관심과 호기심을 불러일으킨 후에 활동으로 연결한다. 동화 '바다로 간 편지' 등을 통해 다른 나라에 대한 관심을 유도할 수도 있다.

만국기 만들기

활동목표

1. 나라마다 국기가 다름을 안다.
2. 세계 여러 나라도 평화를 지키기 위해 규칙이 있음을 안다.

활동자료 크레파스, 16절지 크기의 흰색 마분지, 비닐끈

활동과정

1. 만국기(6 · 25에 참전했던 16개국)를 게시판에 나라 이름과 함께 전시한다.
2. 게시판에 전시된 만국기에 대해서 유아들과 함께 이야기를 나눈다.
   · 각 나라마다 나라를 나타내는 국기를 가지고 있다.
   · 게시판에 국기가 전시된 나라들은 6 · 25전쟁이 있을 때 우리 나라를 도와 주었음을 이야기하고 고마운 마음을 갖도록 한다.
3. 유아들에게 만국기를 그리게 한다.
   · 16절지 크기의 흰 마분지의 한쪽 끝은 1.5㎝ 가량 접어 주고 앞뒤로 같은 나라의 국기를 그리도록 한다.
   · 유아들이 그려온 만국기를 줄에 매단다.
   · 앞서 태극기를 그려서 매단 줄에 태극기와 태극기 사이에 만국기를 매달아 준다.

유의사항

1. 유아들이 보고 그릴 수 있도록 교실에 줄을 매달아 만국기를 전시할 수도 있다.
2. 유아들이 그리기 쉬운 국기에만 열중하지 않도록 지도한다.
3. 과거에 사용했던 몽당 크레파스 중에 만국기에 많이 사용되는 색깔(빨강, 파랑, 검정, 초록 등)을 골라 내어 사용하게 한다.
4. 운동회에 만국기를 사용할 때 풍선과 함께 매달면 보기가 좋다.

여러 나라의 노래

활동목표 외국 민요를 통해 여러 나라의 다른 모습을 안다.

활동자료 악보 '열 작은 인디언'

열 작은 인디언

외 국 곡

활동과정

1. '열 작은 인디언' 노래를 불러서 주의를 집중시킨 후, 세계 여러 나라를 찾아가 보자고 이야기한다.
2. 유아들을 두 줄 원형으로 세워 서로 마주 보게 한다.
3. '열 작은 인디언' 노래를 부르며 서로 오른쪽으로 한 걸음씩 돌면서 악수한다.
4. 노래가 끝나면 교사가 도착한 나라의 이름을 말하며 그 나라의 인사법을 알려 준다.

   우리나라 : 허리를 굽혀 인사하며 "안녕하셔요."라고 한다.

   인도 : 손끝을 부드럽게 입에 대었다 떼면서 "살라모어"라고 말하며 오른쪽, 왼쪽 손으로 계속한다.

중국 : 양 팔꿈치를 잡고 허리를 굽히면서 “셰셰”하면서 인사한다.
이스라엘 : 서로 양팔을 펼쳐 상대방 어깨를 주무르며 “샬롬”한다.
스페인 : 서로 정답게 껴안으면서 “부에노스 디아스” 한다.
네팔 : 두 손으로 이마를 감싸안고 숙이면서 “나마스데”라고 5번 한다.
에스키모 : 양 손으로 코주부 코를 만들고 서로 비비면서 한 사람이 “부댄니” 하면 상대방은 “응흥”하면서 큰 소리를 낸다.
하와이 : 한 사람은 상대방의 목, 다른 사람은 상대방의 허리를 감싸안고 왼쪽 뺨을 비비면서 “알로하”라고 인사한다.

5. 세계 여러 나라의 인사가 모두 끝나면 어느 나라의 인사가 재미있었는지 묻고, 한 번 더 해 본다.

유의사항 40명인 학급에서는 매번 같은 유아와 인사하게 되므로, 이 때에는 노랫말을 요일로 바꿔 부른다.

뱅뱅 돌아라

활동목표 각 나라마다 풍습이 다르듯이 인사법이 다름을 안다.

활동자료 노래 '뱅뱅 돌아라'

활동과정

1. 유아들과 함께 다양한 인사법에 대한 이야기를 나눈다.
   - 우리는 인사를 어떻게 하는가?(고개를 숙임, 허리를 굽힘, 큰 절을 할 때 남녀가 다르다)
   - 다른 나라 사람들은 어떻게 인사를 하는지 알아본다(유아들이 이야기할 때 나라의 이름과 인사하는 모습이 그려진 시청각 자료를 보여 준다).

㉮ (인사말) · 한국 – 안녕하세요, 안녕히 가세요.
· 미국 – 헬로우, 굳바이
· 하와이 – 알로하
· 이스라엘 – 샬롬
· 이탈리아 – 챠오

(인사법) · 마주보고 고개를 숙임, 껴안음, 볼에다 뽀뽀함, 큰절, 악수, 코와 코를 서로 마주 대고 부빔, 귀를 만져 줌, 두 손을 소매통에다 넣고 목을 까딱거림 등

2. '뱅뱅 돌아라' 노래를 배운다.
3. '인사하여라' 할 때 희망하는 유아에게 친구들 앞에 나와서 자기가 하고 싶은 인사를 하도록 한다(앞에서 한 친구들과 다른 인사법을 보여주도록 장려한다).
   - 여러 명이 한 조가 되어 율동을 한다.
   - 노랫말 그대로 몸을 움직이면 된다.
   - '인사하여라' 할 때는 제각기 하고 싶은 인사를 하도록 한다.
   - 율동을 여러 번 하는 동안 계속 다양한 방법으로 인사하도록 한다.

유의사항 '열 작은 인디언' 노래를 부르며 서로 오른쪽으로 한 걸음씩 돌면서 악수하다가 노래가 끝날 때 교사가 나라의 이름을 말하면 그 나라의 인사를 한다.

참고 문헌

경기도교육청, 「전통음식을 이용한 유아 간식」, 1996.

__________, 「제6차 경기도 유치원 교육과정 편성, 운영 지침」, 1999.

__________, 「유치원 교육활동 우수실천 사례」, '95 유치원 장학자료, 1995.

__________, 「우리 놀이 우리 가락」, '97 유치원 장학자료, 1997.

고려대학고 심리학과편, 「심리학개론」, 서울 : 고려대학교출판부, 1989.

교육과학기술부, 「유치원 교육과정 해설 I 총론」, 2008.

____________, 「유치원 교육과정 해설 II 건강한 생활, 사회생활」, 2008.

교육부, 「유아사회교육 활동 자료 안내서」, 1995.

______, 「유아 도덕성 함양을 위한 토의자료」, 1996.

______, 「유치원 교육과정 해설」, 1998.

______, 「바르고 좋은 생활습관」, 1998.

______, 「유아 기본생활습관 교육활동 자료」, 1998.

______, 「유아를 위한 친사회적 교육활동 지도자료」, 1998.

______, 「유아를 위한 전통문화 교육활동 지도자료」, 1998.

국방대학유치원편, 「유아의 절제생활습관 형성을 위한 교구대여 활동」, 경기 : 양서원, 1997.

김수영 외, 「유아의 사회성 발달」, 서울 : 학지사, 1996.

김충기, 「교육심리와 생활지도」, 서울 : 동문사, 1998.
______, 「21세기 자녀교육」, 서울 : 교육과학사, 1998.
김태련 외, 「발달심리학」, 서울 : 박영사, 1992.
보건복지부, 「표준보육과정의 구체적 보육내용 및 교사지침」, 2007.
서봉연 외, 「발달심리학」, 서울 : 중앙적성출판부, 1993.
서울특별시교육청, 「유치원환경교육 활동자료」, 유치원 장학자료 40, 1993.
______________, 「유아를 위한 전통예절 지도자료」, 유치원 장학자료 38, 1993.
______________, 「유아를 위한 전통명절 지도자료」, 유치원 장학자료 45, 1993.
______________, 「기본생활습관지도 우수사례집」, 1994.
서울특별시 강동교육청, 「생각하며 행동하는 어린이」, 1994.
서원대 부속유치원, 「유치원 학부모 365일」, 서울 : 도서출판 서원, 1996.
손봉호 외 역, 「인성교육론」, 서울 : 교육과학사, 1997.
유안진, 「한국전통사회의 유아교육」, 서울 : 서울대학교출판부, 1997.
유효순 외, 「유아사회지도」, 서울 : 한국방송통신대학 출판부, 1990.
이경우, 「유아를 위한 컴퓨터 활동의 접근 방향」, 서울 : 창지사, 1995.
이경우 외, 「유아를 위한 사회교육」, 서울 : 교문사, 1991.
이소희, 「부모가 알아야 할 인터넷 교육」, 서울 : 동문사, 1997,
이영자 외, 「유아사회교육」, 서울 : 교문사, 2001.
이은화 외, 「유아사회교육」, 경기 : 양서원, 1998,
이인철 외, 「우리 아이 사회 우등생 만들기」, 서울 : 동아일보사, 1998.
윤기영, 「현장교사들이 풀어 쓴 유아사회교육」, 경기 : 양서원, 2008.
이항재 외, 「아동발달」, 경기 : 교육과학사, 2004.
이화여대 부속유치원, 「유치원 교육과정 운영의 실제」, 경기 : 교문사, 1997.
장선철, 「유아생활지도」, 서울 : 동문사, 1998.
______, 「유아 부적응 행동의 이해와 지도」 유아지도교실 7, 서울 : 창지사, 1990.
조순옥 외, 「개정 유아사회교육」, 서울 : 창지사, 2010.
조연순 외, 「아동의 세계」, 경기 : 양서원, 1994.
조희숙 외, 「아동발달심리」, 서울 : 학지사, 1994.
중앙일보, 「신문 살아있는 교과서」, 서울 : 중앙일보, 1996.
________, 「열려라 글귀 뚫려라 말귀」, 서울 : 중앙일보, 1999.
지성애 외, 「유아사회교육의 이론과 실제」, 서울 : 학지사, 2003.

차경수 외, 「유아사회교육」, 서울 : 학문사, 2002.
최경숙, 「아동심리학」, 서울 : 민음사, 1992.
한국교육개발원, 「유치원용 민주시민교육 프로그램」, 1994.
한국행동과학연구소, 「유치원 교육과정 해설집」, 서울 : 문교부, 1988.
홍미리 외역, 「열린공간, 열린교육」, 서울 : 동문사, 1997.
홍순정, 「어린이의 사회 · 도덕성 발달」, 서울 : 창지사, 1992.

Bell, R. O., and Ainsworth, M. D. S., Infant crying and maternal responsiveness, Child Development, 1972, 43.

Brenner, C., An Elementary Textbook of Psychoanalysis, New York : International Universities Press, Icn., 1973.

Bruner, J., The Process of Education, 16th ed., Cambridge : Harverd Univ. Press, 1978.

Burlingham, D., and Freu, A., Young Children in War-Time, London : George Allen and Unwin, 1942.

Freud, S., An Outline of Psychoanalysis, New York : W. W. Norton and Co., Inc., 1949.

Good, T. L. & Brophy, J., Looking in classrooms (3rd ed.), New York : Harper & Row, 1984.

Hilgard, E., and Atkinson, R., and Atkison, R. C., Introduction to Psychology, New York : Harcourt Brace Jovancvich Inc., 1979.

Hurlock, E. B., Child Development, New York : McGraw-Hill, 1978.

Lavatelli, C. S., Piaget's Theory Applied to an Early Childood Curriculum, 2nd ed., Boston : A Center for Media Development Inc., 1973.

Michaelis, J. U., Social studies for children : A guide to basic instruction(7th ed), Englewood Cliffs, N.J. : Pretice Hall, Inc., 1980.

Mussen, P., The Psychological Development of the Child, 2nd ed., London : Prentice-Hall International Inc., 1973.

NCSS, Social studies curriculum planning resources, National Council for Social Studies, 1990.

Pagano, A. L.(ed.), Social studies in early childhood : An interactionist point of view,

National Council for the Social Studies, Bulletin 58, 1978.

Perry, D. G. & Bussey, K., Social development, Prentice Hall, 1984.

Prichard, K. W., Concepts and Theories in Sociology of Education, Professional Education Publications, Inc., 1973.

Schickedanz, J. A., York, M. E., Stewart, I. S. & White, D. A., Strategy for teaching young children(3rd ed.), New Jersey : Prentice Hall, Inc., 1990.

Seefeldt, C., Social studies for the preschool-primary child (2nd ed.), Columbus : Charles E. Merrill Publishing Co., 1984.

Skeel, D. J., The challenge of teaching social in the elementary school (3rd ed.), Santa Monica, CA : Goodyear Publishing Co., 1979.

Smith, C. A., Promoting the social development of young children, Mayfield Publishing Company, 1982.

Taba, H., Durkin, M. & Fraenkel, J., A Teacher's handbook to elementary social studies, Reading, MA : Addison-Wesley Publishing Company, 1971.

Walsh, H., Introducing the Young Child to the Social Worlds, New York : Macmillan Co., 1980.

Wolf, L., Children making decisions and solving problems, In A. L. Pagano (ed.), Social studies in early childhood : An interactionist point of view(pp. 33 39). National Council for the Social Studies, Bulletin 58, 1978.

저자 소개

✍ 장선철

- 대구교육대, 대구대 사범대학 졸업
- 고려대에서 석사 학위, 건국대에서 교육학박사 학위 취득
- 부산교육대, 대구대, 조선대, 오산대, 상명대, 건국대 강사, 안산1대 겸임교수
- 부산경상대 유아교육과 교수
- 고려대 대학원, 상명대교육대학원, 건국대교육대학원 외래 교수
- 유아생활지도(태영출판사), 유치원교육과정(동문사), 유아교육실습(동문사), 유아부적응행동의 이해와 지도(창지사), 현대인의 정신건강(동문사), 아동상담(동문사), 특수아동상담(태영출판사) 외 저서 30권
- 현, 전주대학교 상담심리학과 교수, 한국카운슬러협회 이사, 전주대학교선교지원처 처장

✍ 김수영

- 제주교육대학 졸업(초등교육 전공)
- 한국방송통신대학교 졸업(행정학사)
- 연세대학교 교육학 석사(교육행정 전공)
- 홍익대학교 교육학 박사(교육행정 전공)
- 한국 아 · 태 교육학회 이사 및 논문편집위원, 한국교육행정학회 정책연구위원, 강원상담학회 이사, 강원유아교육진흥원 유치원 종합컨설팅 지원단 컨설턴트
- 방과 후 아동지도를 위한 놀이 활동(교육과학사, 2008), 예비교사를 위한 실기교육방법론(교육과학사, 2006), 신교육행정의 이해(양서원, 2005), 유 · 초 연계교육론(양서원, 2002), 초등학교 방학생활(서울특별시 교육연구원, 1995), 초등학교 교육과정(교육부, 1992)
- 현, 강릉영동대학 교수, 한국교원교육학회 이사, 교원양성기관 대학평가위원(현장실사)

✍ 윤성운

- 강릉영동대학 졸업
- 한국방송통신대학교 졸업(유아교육 전공)
- 중앙대학교 교육대학원 교육학 석사(유아교육 전공)
- 중앙대학교 대학원 박사과정 수료(유아교육 전공)
- 고은유치원, 신일유치원, 하나유치원 교사, KIM 연구소 연구원 및 교사
- 강릉시 보육정보센터 보육시설 평가인증 조력전문가
- 국제대학, 대전보건대학 겸임교수
- 대원대학, 경인여자대학, 고구려대학, 공주영상대학, 백석문화대학, 세경대학 외래 강사
- 현, 강릉영동대학, 강원도립대학 외래 강사

유아사회교육의 이론과 실제

초판인쇄 2011년 8월 25일
초판발행 2011년 8월 30일

저 자 장선철 · 김수영 · 윤성운
발행인 김현태
발행처 태영출판사

2011. 8.

주 소 (152-705) 서울 구로구 구로동 104-10 동남오피스텔 201호
전 화 02 · 839-3757, 839-3752
팩 스 02 · 837-3754

등 록 2005년 5월 30일 제12-421호
http://www.taeyeongbook.co.kr
E-mail tys2005@paran.com
ISBN 978-89-6302-066-2 93370
정 가 18,000원

NAVER 태영출판사

* 잘못 만들어진 책은 교환해 드립니다.